U0633593

文本关键词的语篇功能研究

宋姝锦 ◎ 著

中国社会科学出版社

图书在版编目(CIP)数据

文本关键词的语篇功能研究 / 宋姝锦著 . —北京：中国社会科学
出版社，2020.12
　ISBN 978-7-5203-7073-8

　Ⅰ.①文…　Ⅱ.①宋…　Ⅲ.①汉语—语言学—研究　Ⅳ.①H15

中国版本图书馆 CIP 数据核字(2020)第 164062 号

出　版　人	赵剑英	
责任编辑	慈明亮	
责任校对	杨　林	
责任印制	戴　宽	

出　　　版	中国社会科学出版社	
社　　　址	北京鼓楼西大街甲 158 号	
邮　　　编	100720	
网　　　址	http://www.csspw.cn	
发　行　部	010-84083685	
门　市　部	010-84029450	
经　　　销	新华书店及其他书店	

印刷装订	北京君升印刷有限公司	
版　　　次	2020 年 12 月第 1 版	
印　　　次	2020 年 12 月第 1 次印刷	

开　　　本	710×1000　1/16	
印　　　张	14.5	
插　　　页	2	
字　　　数	231 千字	
定　　　价	86.00 元	

凡购买中国社会科学出版社图书，如有质量问题请与本社营销中心联系调换
电话：010-84083683
版权所有　侵权必究

序

"符号是被认为携带着意义的感知。符号用来传达意义，传达意义必用符号，意义就是一个符号被另一个符号所解释的潜力。"（赵毅衡，2015）宋姝锦博士在著作《文本关键词的语篇功能研究》中潜心推演的正是赵毅衡教授所言的"关键词"符号与意义间的互动关系。

20世纪70年代，伴随着信息社会日新月异的科学进步，带有抽象符号性质的关键词应运而生。其超强的意义传递、阐释能力和超强的信息索引、管理功能，使其符号功能迅速被开发利用，成为语言文字符号化的一种特有表征，成为社会语言生活传情达意的一种便利工具。

根据关键词服务于信息系统的功能，姝锦将关键词归结为四种基本类型："文本关键词""密钥关键词""索引关键词""搜索关键词"。本书主攻"文本关键词"，她从语篇角度将其定位为：参与语篇整体构成，是业已给出的结构体，具备文献系统的标示、索引和组织功能；并描写其生成路径为：通过摘录或提取信息集合中的主要内容或关键信息，以词语形式固定下来，并按照一定的顺序排列汇集。

不同于自然科学领域关键词现代生成的严格程式，人们对人文社会科学关键词概念的体验与感知，毋庸讳言，大大早于现代科学运用规律的总结认定，而且由社会历史检验、经时间的洗礼确定。从历史发展进程看，凡社会文化所经历的重大事件、历史演进，都会由语言文字记录下来，作为重要的文化现象留存。而关键词作为社会文化观念集合的映射物，自然成为语言文字留下的一类"痕迹"和认知积累，而且成为人们追溯历史记忆的焦点、捕捉信息的核心和再阐释的中心。如传统文化留有关键词："儒教""佛教""道教""仁""义""礼""智""信"

"孔子""孟子"等；修辞学有关键词"亚里士多德""伯克""刘勰""陈望道""题旨情境""修辞的两大分野""语体""风格""篇章"等；西方文论有关键词："阐释""大众文化""经典""俄国形式主义""结构主义""后现代诗学""文学性"等；现代语言学有关键词："索绪尔""语言""言语""组合""聚合""乔姆斯基""转换生成""功能主义"等。在社会语言生活中，"关键词"意识古已有之，遍布中外；"关键词"现象也时时可见、处处可及，但始终未被作为重要的理论范畴来系统探讨，"关键词"概念也一直未被总结概括，作为一个正式的学科术语来开启。追溯源头，直至 1973 年，key-words 才正式由 R. R. K. Hartmann 和 F. C. Stork 主编的英语辞典 *Dictionary of Language and Linguistics* 收录，才有了范畴归属：Those terms which represent the concepts and ideals typical of a period or social group（表示某一时期或某一社会团体的典型思想和概念的术语）。1976 年，英国学者雷蒙·威廉斯从当时的社会文化现象中整理出 131 条关键词，系统考察其反映的历时发展轨迹和共时存在现状，对社会文化整体进行批评性分析。至此，开了关键词专题研究的先河，关键词概念所代表的范畴现象才逐渐进入人们的研究领域。

宋姝锦有敏锐的语言学意识和把握重要选题的眼光，确立了"关键词研究"这个有理论价值和发展空间的选题，并将研究领域确定为"文本关键词"范畴中已经高度学术规范化的"学术文本关键词"和"新闻文本关键词"。并将"关键词"界定为"客观存在于且仅存在于特定论域空间内，向上具有阐释性，向下具有统领性，有稳定的语言形式与语义内涵的结构体，其客观所指通常为一个概念、一种现象或一个事件。"她借鉴前沿理论，集中探讨语篇系统中学术文本关键词和新闻文本关键词的意义生成与功能分化表征。从自然科学到人文社会科学，作者用小小的却极富能量的关键词导引出一个宏大的论题，并带来了一系列令人惊喜的结论。

宋姝锦通过阅读大量文献发现，关键词的普及推广，信息革命是重要的催化剂。关键词先应用于计算机科学领域，随即跨学科进入科技文献写作、情报学、图书馆学、文献学、文学、语言学、翻译学、新闻写作等学科领域。其间，雷蒙·威廉斯的《关键词——社会和文化的词语》（刘建基译，2005）功不可没，将关键词研究建构为一种方法论。他开创的"关键词法"通过分析浓缩和承载特定论域核心内容的关键词来展开研究，使关键词成为解读和剖析某一论域的切入口。这种理论意识在姝锦的著作中体现为一种价值判断，她认为关键词的运用既显示自然科学意义，又显示社会科学意义；"关键词在文献索引和信息检索等科技领域表现出的对特定论域的信息凝练、资源激活、核心凸显等功能，使其从文献主题标引与检索的狭隘窠臼里跳脱出来，而成为概括、总结、整理、突显、解读信息的一种新工具"。

宋姝锦梳理了学界关于关键词的诸种界定和在各学科发挥的功能作用，归结为以下四种理论维度：

1. "关键词"（包括文本关键词、密钥关键词、索引关键词、搜索关键词）自身作为研究对象，作为一个词条的释目，进入综合类或专科类词典，被界定其词典意义、概念意义。

2. 总结概括某一领域的相关关键词，形成术语汇编。通常以业已形成的关键词为中心形成术语汇编，是专门学科以词典体体例呈现关键词集合意义的主要范式。

3. 以某一领域的相关关键词为切入口对其进行专门研究，形成新的写作体例。宋姝锦这种理论维度的研究充分体现出一种创新意识。姝锦在分析大量语料的基础上提出"关键词写作范式"，认为：关键词"不仅是一种检索入口，它还是进入某一论域的切入口。要想深入研究某一论域，只有进入到它的核心范畴才能从根本上深入这一论域"。在这种范式中，关键词不再是词典中词汇语义的解释对象——释目，其话语功能已经转化为一个话题，其后的说明阐释，则是围绕话题核心进行的历史回顾、理论阐释、观点博弈或系统论证。区别于上述两种"关键词解释范式"，这属于作者提出的"关键词写作范式"。

4. 语篇系统中的文本关键词。这是姝锦用力最甚、开掘最深的部分。她认为，自20世纪70年代始至今，文本关键词在语篇写作领域广泛运用，功能迅速分化，从词汇词已演变成语篇词，单一的概念功能已发展出多元的语篇功能、人际功能。而且基于这种发展的关键词研究也已经开拓出新格局。

著作的基本理论框架是：语篇理论、互文性理论、系统功能语言学视域下的语篇是由处于不同结构层级、发生不同功能关系的语篇单元组构而成的系统结构体。语篇系统包括主文本系统与副文本系统,关键词就是副文本系统中的语篇单元成分。

著作的理论贡献是以学术语篇和新闻语篇为分析实例,主体探讨了学术文本关键词和新闻文本关键词与主文本系统、副文本系统中的摘要、标题、注释、参考文献等语篇单元不同层级上的互文关系,推导出关键词的语篇功能与人际功能。

著作的研究方法直接受益于澳大利亚学者韩礼德、哈桑的衔接理论与法国学者朱莉娅·克里斯蒂娃的互文性理论,后者的影响力更为显著。

2012年,姝锦与我和复旦大学中文系黄蓓教授共同将克里斯蒂娃首次提出互文性理论的纲要性论文《词语、对话和小说》翻译为汉语(《当代修辞学》2012年第4期)。译文被收入2015年由复旦大学出版社出版发行的"克里斯蒂娃学术精粹选译"译丛的《符号学:符义分析探索集》。该丛书获得上海文化出版专项基金资助和法国驻华使馆"傅雷图书资助出版计划"出版资助。其后,数次学术活动也推动姝锦逐渐走近了互文性理论的核心。

2012年11月3日至13日,克里斯蒂娃教授接受复旦大学"光华人文杰出学者讲座"邀请,围绕"主体·互文·精神分析"主题发表了系列演讲。黄蓓教授担任了杨玉良校长会见、四场讲座和记者采访等场合的法语翻译,姝锦则担任了其他场合的英语翻译。

2012年10月11至13日,鉴于克里斯蒂娃研究成果已经形成的历史意义和学术影响,国际学术组织"克里斯蒂娃研究会"在美国纽约州锡耶纳学院成立,姝锦参加了成立大会暨第一届年会。

2014年3月28日至30日,她参加了"克里斯蒂娃研究会"在美国田纳西州范德比尔特大学举办的第二届年会。

2014年9月,她在《当代修辞学》上发表了实践互文性理论的论文《关键词写作范式的多元化语篇功能》。

这些学术活动和大量阅读文献、进行实例分析的工作作为一种积累,为她顺利完成著作的撰写做了部分理论准备。

姝锦从复旦大学毕业后就职于郑州大学文学院,担任了数门专业课程的教学和指导研究生的工作，业绩颇佳。面对前沿科学突飞猛进的发展，她意识到已有的对"关键词"的描写解释范式已经面临新的挑战，于是，一方面"惟日孜孜，无敢逸豫"，拓展面向、深化思考；一方面又在策划新的课题，如从历时与共时发展角度考察社会文化关键词、流行语、热词的生成机制、语体分化及盛衰规律，关键词在中西文化交融背景下的翻译与传播等。这既是源于她割舍不了的"关键词"情结，也是源自她内心追求科学真理的动力。

大数据时代，人类语言信息生产力迅速提升，语言数据已然成为一种新型生产要素。我们无论是仰取俯拾吸收精华、继承传统，还是潜心研习中外硕果、获取真知，关键词都是助益我们凝成精锐思想、淬炼表达的理论原则和分析工具，都是推动我们提炼核心元素，开掘原动力的利器。"关键词"表意功能强大，生命力蓬勃，像能量源，于学术研究，反映着学科基础和文化传统，预示着发展方向；于社会文化生活，可在特定的文化语境中以简洁凝练的语言表达个体思想甚至民族意志，描写人生百态和社会面貌。

看到姝锦硕博连读五年倾力研究的成果《文本关键词的语篇功能研究》即将出版发行，倍感欣喜！她对"关键词"客观存在和主观认知的卓见智识和理论建树，作为导师，除了祝贺，还希望她百尺竿头更进一步，拓展研究领域，在学术道路上越行越远、愈行弥坚，持续爆发超大科研能量，迎接即将到来、给予个体更给予群体无限可能的智能社会，努力实现属于年轻人的学术理想！

祝克懿

2020 年 6 月 15 日于复旦书馨公寓

目　　录

第一章

绪　　论

第一节　研究对象

本书的研究对象为学术论文语篇以及新闻语篇中作为独立语篇组成成分出现的文本关键词，运用语篇语言学和互文理论对文本关键词以及文本关键词与语篇其他组成成分之间的关系进行系统分析。

关键词，也叫关键字，英文是 keyword(s) 或者 key word(s)，本书采用"关键词"这一书写形式，英文采用 keyword(s)。

关键词，顾名思义是起着关键作用的词语，这种关键作用主要表现在它能够承载最主要、最核心、最重要的信息，是获得更多信息资源的入口，是掌握重要信息的关键所在，能够激活更大范围的信息储备。而深入探讨关键词所具有的功能作用和语言学本质，则是本书研究的核心。

关键词最早是一种文献索引工具。将一个信息集合中的主要内容或关键信息以词语的形式摘录下来，按照一定的顺序排列集合，以供查阅资料，这些词语就是"关键词"。随着计算机科学的发展，关键词的索引功能被应用到计算机信息检索系统中，成为一种信息检索语言，是最常见的搜索引擎命令格式，广泛应用于网络信息搜索。无论是文献索引还是计算机信息检索，关键词都表现出极强的信息储备与激活功能；通过关键词，我们能够获得更多与之相关的信息。

为了便于信息系统的收集、存储、处理、加工、检索、利用、交流和传播，中国国家标准委于 1987 年颁布了国家标准 GB 7713—87《科学技术报告、学位论文和学术论文的编写格式》文件，其中明确规定："每篇报告、论文选取 3—8 个词作为关键词，以显著的字符另起一行，排在摘要的左下方。"自此之后，科学技术报告、学位论文和学术论文逐渐开始将关键词纳入编写范围之内。到目前为止，绝大多数科学技术报告、学位论文和学术论文在摘要之后都会列出该文的关键词，关键词成为科学技术报告、学位论文和学术论文必不可少的组成部分。关键词的标引，不是随便地信手拈来，它是"学术论文进入流通和引用的窗口"，而且"表示全文主题内容信息"。

到如今，关键词的这种信息检索、加工与表征核心信息的功能，已不单纯是一个技术性的计算机应用，还是一个富有学术性的知识载体。就关键词的现实功能来看，关键词就是从具体语篇中挑出若干个具有最普适性意义的词语输入电脑软件以备日后检索之用。但是，对具体研究者来说，这一工作不仅仅是为了方便电脑信息处理，更主要的是，研究者能够以此为线索找到清晰的研究角度，保持清晰的逻辑思路，并进行更为有条理的叙述和研究。英国文学批评家、文化研究学者雷蒙·威廉斯以社会与文化的关键词为考察核心，从词语的历时发展轨迹和共时存在现状对社会文化整体进行批评性分析，开创了"关键词法"，即通过分析浓缩和承载特定论域核心内容的关键词来深入研究此论域。这种方法得到了学术界的广泛认可与运用，此类作品不断涌现。关键词成为解读和剖析某一论域的切入口。

近几年来，新闻报道语篇中也出现了运用"关键词法"进行写作的大量新闻报道，以关键词概括、总结新闻事件，并通过对关键词的解读和评析进行新闻报道，成为一种新兴的、具有很强生命力的新闻写作范式。这种新闻写作范式正受到越来越多的运用与关注，给新闻写作注入了一股开拓创新的活水，也给我们语言学研究特别是语篇研究提供了新的领域。

科技文献与新闻语篇中的关键词与信息情报学、图书馆学、计算机科学中用于检索与标引的关键词不同，它们是参与到语篇整体当中的一种独特的词类。本书将这种关键词称为"文本关键词"，即参与语篇整体构成的关键词。

语篇是"一段有意义、传达一个完整信息、前后衔接、语义连贯具有一定交际目的和功能的言语作品"（郑贵友，2002：16）。奥地利语言学家 De Beaugrande 和 Dressler 提出语篇的七个特征：衔接性、连贯性、意向性、信息性、可接受性、情境性和互文性。学界的众多学者也充分认可语篇区别于一组句子的特征是其形式上的衔接与语义上的连贯以及表达内容的完整性。文本关键词作为语篇整体的一部分，并不是独立于语篇之外的成分，而是语篇整体的有机组成部分，只有与语篇的其他部分产生各种联系，才能共同构成一个语篇整体。文本关键词这种特殊的词语类型及其在语篇整体内部的衔接与连贯特征以及表现出的独特的语篇功能，正是本书的研究重点所在。

用于信息检索及信息加工的关键词，在互联网应用当中的搜索关键词，更多地涉及图书馆学、情报学、计算机科学等学科领域，由于课题涉及面很广，问题复杂，以及研究对象的多样性与不确定性，就目前搜集语料而言，还不能全面展开讨论。因此，本书将重点讨论科技文献，特别是学术论文内，以及新闻语篇中业已给出的文本关键词。

第二节　关键词研究综述

要研究一个课题，对研究对象的相关研究历史与成果进行梳理与总结是必不可少的。本节将从关键词的定义、关键词的相关研究以及关键词的功能发展与变化三个方面对关键词的相关研究进行总结。

一　关键词的定义

要进行科学研究之前，首先应该理清研究对象是个什么的问题，只有在对研究对象的内涵和外延有了一个充分认识之后，才能进行下一步的分析研究。

关于什么是关键词，各类辞书以及相关理论著作已经给出了相当多的定义，现举出其中具有代表性的一些定义。

（一）辞书定义：

"关键词"一词被权威词典收录较晚，大约出现在20世纪70年代。

1. 英语辞书收录情况

汉语中的关键词译自英语单词 Key word（关键词）。在英语辞书中，较早收录 key word 一词的是1973年的 *Dictionary of Language and Linguistics*。

1973 年出版的 *Dictionary of Language and Linguistics*（Hartmann，R. R. K. and F. C. Stork，1973：122）中对 key – words 做了如下定义："Those terms which represent the concepts and ideals typical of a period or social group, e. g. *automation*, *free enterprise*, *technocrat*."（表示某一时期或某一社会团体的典型思想和概念的术语，如自动化、自由企业、技术统治论者。）

WEBSTER'S Ninth New Collegiate Dictionary（1984：660）收录 key word 条目，给出的定义是："①a word exemplifying the meaning or value of a letter of symbol；②a significant word from a title or document that is used as an index to content"（①一种例示一个字母或符号意义及价值的词。②一种取自标题或文献、用于目录索引的一个有意义的词）。

Concise Oxford Dictionary（2000：172）给出的定义是："【Key word】1. the key to a cipher etc. 2. **a** a word of great significance. **b** an informative word used in an information retrieval system to indicate the content of a document etc."（1. 暗号密码等的关键。2. **a** 一个具有重要意义的词。**b** 一个用于信息检索系统，表示文献等内容信息的词。）

The New Oxford Dictionary Of English（2001：1005）给出的定义是："【Key Word】a word or concept of great significance ■a word which acts as the key to a cipher or a code. ■an informative word used in an information retrieval system to indicate the content of a document. ■a significant word mentioned in an index."（一个具有重要意义的词或术语。■一个具有解开暗号或密码作用的词。■一个用于信息检索系统，表示文献等内容信息的词。■索引中所提及的一个具有重要意义的词语。）

ISO 给出的关键词（key word）定义是："Significant term selected from a document or from a controlled list of terms to denote a major concept that appears in the document."（从文献中或某个可控术语集中选取并出现在文献中的表示主要概念的重要的词。）ISO 是从文献索引角度定义的 key word。

Dictionary of Language and Linguistics 对 key word 的定义是从语言学角度，将关键词作为术语的一种，从社会文化角度对其作出的描述。*WEBSTER'S Ninth New Collegiate Dictionary* 对 key word 的定义是从标引

和检索功能角度对 key word 所作的定义。*Concise Oxford Dictionary* 对 key word 的定义包括了三个方面，一个是 key word 的密码学意义，一个是 key word 的信息检索意义，而 "2.**a** 一个具有重要意义的词" 则已从更大范围内定义了 key word。*The New Oxford Dictionary Of English* 对 key word 的定义综合了以上三本词典的定义。继承 *Dictionary of Language and Linguistics* 明确了 key word 是一个词或术语，同时综合了 *WEBSTER'S Ninth New Collegiate Dictionary* 和 *Concise Oxford Dictionary* 的定义，从密码学、信息科学角度对 key word 作出了定义。

英文辞典主要是从 key word 的密码学意义和信息科学意义两个方面作出的定义，对 key word 较少作更为抽象概括的定义。只是简单地说是 "具有重要意义的词或术语"。但是 *Dictionary of Language and Linguistics* 从语言学角度对 key word 的定义却早于其密码学、信息科学定义，并充分指出了 key word 的社会文化意义。

2. 中文辞书收录情况

在我国，"关键词" 一词，最早收录于图书馆学、情报学等相关专业的专科词典中，之后才进入到综合类词典中。

（1）专科词典收录情况

《图书馆常用词汇手册》（1987：84）中，收录 "关键词" 这一术语，定义为："关键词：（Key-Word）从文献题目或摘要中抽选出来的，一般未作规范化处理的，用来表示文献内容的具有检索意义的自然语言词汇。"

《标准化词典》（1990：121）："关键词（key words）是指对揭示和描述文献主题内容来说带有关键性的、可作为检索入口的那些词语（一般是名词、动词等实词，虚词不能充当关键词）。"

《图书馆学、情报学、档案学简明辞典》（1991：71）中，收录 "关键词款目" 这一术语，基本上等同于 "关键词"。定义为："将文献标题（篇名、章节名）以至摘要、正文中带关键性的语词作为标目所组成的款目。每条款目后附文献地址。关键词款目有多种类型，如题内关键词索引款目、题外关键词索引款目、双重关键词索引款目、单纯关键词索引款目等。"

《简明信息词典》（1991：107）收录 "关键词法" 条目，其中给出了"关键词"的定义："所谓关键词，指的是出现在文献标题、摘要和正文中，对表征文献内容具有实质意义的语词，亦即对揭示和描述文献主题内容来说是至关重要的、带关键性的语词。"

《电子出版小词典》（1994：64）中，简单地定义了关键词："关键词：key word，指计算机在信息处理、信息检索时，进行信息分类、索引所需用的关键性的单词。"

《信息情报语言学词典》（2000：147）从信息情报学角度给出的定义是："【关键词，非关键词】关键词检索语言（关键词法）的语词。关键词是指那些出现在文献的标题（篇名、章节名）以至摘要、正文中，对表征文献主题内容具有实质意义的语词，亦即对揭示和描述文献主题来说是重要的、带关键性的（可以作为检索'入口'的）那些词语，简称键词。关键词以外的词，称为非关键词。非关键词又称索引不用词、禁用词、停用词、非用词。非关键词虽能帮助描述文献主题，但不起重要作用，不能作为检索入口。关键词法将关键词不加规范或只作极少量的规范化处理，按字顺排列，以提供检索途径的方法。所以关键词的结合构成一条索引款目，说明一篇文献的主题内容；但全部关键词在系统中却是彼此孤立。而且同义词、准同义词甚至一个词的不同形态都并存，不显示相互关系，按其性质是一种准情报检索语言。"

2006年科学技术文献出版社出版的《新编图书馆学情报学辞典》（2006：233）中给出的定义为："【关键词，关键字】Keyword（s）在文献检索中，指题名、主题标目（叙词）、内容说明、文摘、在线目录或书目数据库中一条记录的内容中有实际意义的一个词或词组，在自由文本检索中能用作检索词以检出所有包含有这个词的记录。绝大多数在线目录和书目数据库都包含了一种选项，允许用户输入描述研究主题（可用任何顺序）的词汇，并从该系统设计用来在不管什么时候选择了关键词都会在检索的数据段中检索出包含有检索词的记录。关键词检索的不足在于它不考虑所输入的检索词的含义，因此，如果一个关键词有一种以上的含义，就会检索出不相关的记录（误检）。在关键词和上下文、题内关键词和题外关键词索引中，关键词被用作检索点。"

以上辞书主要是图书馆学、情报学、信息科学领域的相关专科词典，对关键词的定义也是紧紧围绕着学科意义进行的。主要是指从文献中抽取出来的，能够标识文献主要内容的，具有检索和标引意义的词语，早期应用于人工检索，计算机技术出现之后，也用于计算机半自动和自动化检索。

2005 年化学工业出版社出版的《信息技术词典》（2005：153）对关键词的定义最为全面地涵盖了专科词典的定义："【关键字】keyword 1. 在编程语言的语法中所用到的单词的集合。典型的关键字如 if，then，else，print，goto，while，switch 等。通常这些单词不能作为用户自定义的对象（如变量和过程）的名称。2. 保存在记录关键字段中的一个特征词、短语或编码，用于记录的排序或查询操作。3. 在文献检索中，称作主题词，通常是标题或文件中最有意义的词。可用于标识或检索文件，或描述文件的内容。可以是一组用来概括一篇科技论文的主题的关键词汇。有些出版物规定了一组固定的关键词作为相关论文所能使用的关键词的选择范围。4. 在密码学中，称作密钥字，有时和 password（口令）意义相同。"《信息技术词典》从计算机编程、索引技术、文献检索和密码学四个方面，总结了关键词的相关定义，对我们系统认识关键词概念，有很大的参考意义。

（2）综合类辞书收录情况

综合类辞书对"关键词"一词的收录要晚于专科辞书，这主要是因为，关键词最早是作为一种科学应用技术术语被介绍到我国的。综合类辞书在 20 世纪末开始收录"关键词"一词。

《辞海》（2010：629）中给出的定义是："关键词：英语 keywords 的意译。①指从文章中选取出来的，对表达全文主题内容有关键作用的词语。学术论文正文之前，一般都要列出关键词。②用计算机检索资料时，在搜索框里输入的、与所查资料相关的词语。"

2005 年商务印书馆国际有限公司出版的《现代汉语新词语词典》（2005：273）将"关键词"一词作为新词语收录其中，定义为："①指反映特定时期内最受关注的事件或现象的词语。②指在电脑中查找资料时输入的与所查资料内容相关的文字。"

《现代汉语词典》（2005：416）2005 年 6 月第五版才正式收录"关键词"这一词条："【关键词】①指能体现一篇文章或一部著作的中心概念的词语。②指检索资料时所查内容中必须有的词语。"

2009 年上海辞书出版社出版的《现代汉语新词语词典》（2009：114）给出的关键词定义是："①指在电脑中查找资料时输入的与所查资料内容相关的词语。②指能体现一篇文章或一部著作的中心概念的词语。"

2009 年四川辞书出版社出版的《新中国 60 年新词新语词典》（2009：159）给出的关键词定义是："①最能体现学术论文中主要观点的词语。②泛指能反映人们关注的事件或现象的词语。③计算机查找资料时输入与所查资料内容相关的文字。"

关键词在综合类辞书里被作为一种新词语。这种"新"，主要表现在人们对"关键词"的认识发生了新的变化，发现了"关键词"新的价值：在综合类辞书中，不仅指出了关键词的科学技术含义，而且描写出了关键词的人文意义。它不仅是一个信息情报科学的应用工具，也是一面能够折射社会现实的镜子。对关键词的这种认知，同早期英语词典（Hartmann，R. R. K. and F. C. Stork，1973：122）从人文学科角度对 key word 所做的定义 "Those terms which represent the concepts and ideals typical of a period or social group，e. g. *automation*，*free enterprise*，*technocrat*"（表示某一时期或某一社会团体的典型思想和概念的术语）不谋而合，关键词的人文学科意义日益凸显，并越来越受到重视。

（二）文献及著作论述

1. 图书馆学、信息科学领域

1976 年吉林市科学技术局出版的《科技文献检索》（1976：53）最早将关键词索引法作为单独一节内容进行著述，其中将关键词定义为："所谓关键词，是从文献的题目、正文或摘要中选出的，表征文献主题内容的具有实质意义的词汇。"

进入到 80 年代之后，信息技术取得了突飞猛进的发展，情报检索理论的研究日新月异，其中对关键词索引法都有比较详细的介绍。针对各种文献的检索集册也相继出现，其中也含有关键词索引。关键词索引从人工发展到机器，与计算机半自动化、自动化检索结合起来，迅速发展起来，成为信息检索的主要手段，应用范围不断扩大，越来越受到信息科学领域的重视。

1980 年，中国科学院第一次图书馆学情报学科学讨论会上，中国科学院沈阳自动化所研究员杨廷郊作了报告《机编关键词文摘索引的形态及特征》，介绍了采用计算机编制的关键词文摘索引。文中描写关键词为："所谓关键词，简言之，就是揭示文献内容借以存取文献的主题特征的词。"关于它的范围，此篇论文将其限定为："指从文献题目或原文中抽出的自然语言形式的词，不包括规范化的从叙词表中选出的词。"这可以说是最早在学术会议的报告中，对关键词的具体描写。

张琪玉在其著作《情报检索语言》（1983：214）、《情报语言学基础》（1997：230）中写道："所谓关键词，是指那些出现在文献的标题（篇名、章节名）以至摘要、正文中，对表征文献主题内容具有实质意义的语词，亦即对揭示和描述文献主题内容来说是重要的、带关键性的（可以作为检索'入口'的）那些词语。"这一定义可以说全面地概括了关键词的特征、功能与意义内涵，也是后来学者定义关键词的重要参考。

谢天吉在《科技情报检索课程教材第 1 篇：情报检索基础知识》（1983：77）中提到："关键词是从文献的标题以至摘要和正文中，直接抽取出来的对标注文献主题有实质意义的词汇，作为标引文献内容特征的语言。……关键词与标题词、单元词、叙词同属主题法系统的检索语言。……关键词就是为了适应目录索引编制过程自动化的需要而产生的。"在这里，谢天吉不仅描写了关键词的定义，而且说明了为什么这些词语可以称为"关键词"："因为这些具有实质意义的词汇，对能否检索到这篇文献起着关键性的作用，所以称为关键词。"这个解释是从文献检索角度进行阐发的。

图书馆学、情报学和文献检索相关著作中，对关键词的定义基本上与张琪玉和谢天吉的定义相同，如赖茂生（1985），欧阳绵（1990），陈光祚（1987），孙圣薇（1987），冯惠玲、李宪（1989），孟庆湖（1992），夏旭初（1989），王其庄（1991），等等。

2. 科技文献写作领域

以上定义，是图书馆学家、情报学家从信息检索的角度对关键词的定义。有关科技文献中的关键词，在一些著作中有着不同角度的描写。

司有和、蒋瑞松在《大学写作教程》（1987：170）中讲到科技论文的一般格式时，对科技论文中的关键词有如下描写："关键词，又称主题词。它是为了检索的需要，从论文中选出的最能代表论文中心内容特征的词或词组。……关键词是论文信息的最高度概括，因此，也有助于读者掌握论文的主旨。"在这里，两位学者将"关键词"与"主题词"看作同一种语词，并指出了关键词除信息检索之外的另一个重要功能，那就是"有助于读者掌握论文的主旨"功能。

大多数学者还是将关键词作为主题词的一种，与"叙词"一起并列为主题词的下位类型。

傅德岷、钱国纲在《学术论文写作导论》（1991：286）中写道："关键词是主题词的一种……关键词则是直接从文章的文题和正文中抽取出来的，是自然形态的词。"

潘宇鹏在《科技写作与规范》（1989：107）中讲到科技论文的标准结构形式时，对科技论文的关键词作出了与张琪玉先生等大致相同的描述："关键词是从文献的题名、摘要、正文中抽取出来的，且对表述文献的中心内容有实质意义的词汇。它是用作标引文献内容特征的语言。关键词是文献中的现成词汇，是论文作者所用的语言，因此它是未经规范化或只经过少量规范化处理的'自然语言'。它是为适应计算机自动编制各种文献的关键词索引的需要而产生的。关键词在检索该文献的过程中起了关键性的作用，因此而得名。"

在对科技论文的写作与规范的研究论著中，大多都会将关键词的写作作为一节来论述。对关键词的定义也与张琪玉等信息情报学家的相同。如何家梁的《科技文风与语言规范》（1992），钟书华、刘玉的《科技论文写作100问》（1992），张积玉的《社科期刊撰稿与编辑规范十二讲》（1994），李兴昌的《科技论文的规范表达——写作与编辑》（1995），姚衍春、赵文智的《论文写作基础》（1996），常思敏的《科技论文写作指南》（2008）及曹天生、张传明的《本科生学士学位论文写作概论》（2008）等。

除了对科技论文整体进行研究的著作之外，各个学科领域也相继出版了许多本学科领域的科技论文写作的相关研究论著，都认为关键词是科技论文前置部分中必不可少的一部分。如徐致光（1990），周形海、陈卫的《医学文献查阅与论文撰写》（1992），黄栩兵的《实用医学论文写作》（1992），霍杰的《实用护理论文写作》（1992），刘苏君、谢贞的《护理研究与论文写作》（1996），曹金盛、邹宜昌的《现代医学写作教程》（1999）等。

通过梳理关键词的定义发展，我们能够发现，关键词的功能在不断地发生变化，应用领域不断地扩大。从最早的文献手工索引，到计算机机编索引，再到计算机信息检索，而后从自然科学领域进入到人文科学领域，外延不断扩大，认知不断加深，显示出这种词语类型持续发展成长的生命力。

通过总览以上辞书和著作中有关关键词的相关描写，我们可以将关键词的定义总结为关键词是指：①由特定文本中抽取出来的能体现与反映其最主要、最核心信息内容的词语；②在信息存储与检索过程中所使用的与文献信息内容相关的词语。后者更多地涉及计算机科学、情报学与图书馆学的专业知识，且研究对象复杂多变，故本研究将更多地着力于研究分析特定文本中抽取出来的文本关键词。

二　关键词的标引与检索功能研究

从关键词的诸多定义我们可以看出，关键词与科技文献写作、情报学、图书馆学、文献学、计算机科学等有着密切联系。而在以往的研究中，此类研究不仅数量巨大，而且颇有建树。

（一）科技文献写作研究

科技文献是"记录有科学技术知识或信息的一切载体。是人们从事科学技术活动的劳动成果的表现形式之一和记录、传播科技情报的主要手段"（《图书情报词典》）。科技文献按照编辑出版形式主要有十大类：科技图书、科技期刊、科技报告、政府出版物、会议文献、技术标准、专利文献、产品样本、学位论文、技术档案。关键词的标引主要出现在科学报告、科技期刊中的各类学术论文以及学位论文中。

1987年国家标准委颁布的 GB 7713—87《科学技术报告、学位论文和学术论文的编写格式》文件中指出，关键词是科学技术报告、学位论文和学术论文的重要组成部分，是"为了文献标引工作从报告、论文中选取出来的用以表示全文主题内容信息款目的单词或术语"。文件颁布实施之后，国内的科技文献写作陆续按照此规范执行。中国学术期刊（光盘版）编辑委员会1999年颁布的《〈中国学术期刊（光盘版）〉检索与评价数据规范》（CAJ-CD B/T1—1998），国家标准委员会 2009 年发布、2010 年实施的 GB/T 3860—2009《文献叙词标引规则》，中华人民共和国教育部办公厅 2000 年颁布的《中国高等学校社会科学学报编排规范》、国家标准委员会 1992 年颁布实施的 GB/T3179—92《科学技术期刊编排格式》、中国科协学会学术部 2002 年颁布的《关于在学术论文中规范关键词选择的决定（试行）》等相关文件先后从文献学角度出发，对关键词的标引做出了明确的规定，认为关键词与文献的关系是：关键词反映文献主要内容，关键词的语言形式是词或词组，位置是放于摘要之后、正文之前，作用是用于文献检索，选取范围为《汉语主题词表》以及专业术语，也可以酌情选取人名或地名，并应用语言标记凸显出来。作为一种写作规范，关键词日益受到重视，被应用到各种科技文献写作当中，成为科技文献不可缺少的一部分，是衡量科技文献标准化的一个重要指标。

　　进行学术研究，推进科学技术发展，撰写科技文献是必不可少的。自科技文献的撰写规范文件问世之后，有关科技文献撰写规范的相关研究也迅速展开，其中关键词的提取与撰写，也成为学者们关注的焦点，主要集中于讨论词表与科技文献关键词的标引关系、科技文献关键词标引过程中存在的问题、科技文献关键词的标引原则及标引方法、对特定专业领域科技文献关键词的标引研究以及基于科技文献关键词的应用研究。

　　这些研究多是对学术论文的标引问题及方法以及关键词的应用研究，而缺少对科技文献关键词进行系统的本体研究，这就导致了提出的标引方法笼统、标引标准不统一等问题。比如很多研究指出选取科技文献关键词要反映论文的核心内容，但是没有具体说明如何反映、为什么能够反映等问题。再比如说，选取科技文献关键词要选取词或词组，要选取术语，并且排序要体现一定的层次性，但是没有解释为什么以及按照什么标准选词、排序。

　　要解决这些问题，就要从科技文献关键词本体特征出发进行研究。科技文献关键词首先是一类词语的聚合。词是语言的物质材料，所以，关键词这类词语本身具有其语言学意义和特征。只有从其语言学本质上对关键词词语类型进行分析，才能从根本上解决科技文献关键词所存在的各种问题。

（二）图书馆学与情报学领域相关研究

关键词最早是一种图书馆学词汇，是一种情报检索语言，是从报告、论文中选取出来的，用于文献标引工作的词语或术语，最早应用于图书馆业务与情报工作当中，在图书馆学与情报学领域至关重要。

图书馆学主要是研究图书馆的发生发展、组织管理，以及图书馆工作的规律与实践经验，此方向对关键词的研究主要是与档案学紧密结合在一起，集中于编辑工作、档案管理、文献标引与编目、图书馆自动化、文献检索等领域。

情报学是研究情报的产生发展、传递和利用，以及用现代信息技术与手段传递情报的科学方法。此方向对关键词的研究多集中于情报资料处理、情报检索方法、情报检索工具，以及与计算机科学结合在一起的半机械化、机械化检索系统和计算机情报检索系统两个方面。

其中，更为学者所关注，且研究最为深入的有两个领域，一个是关键词索引及检索方法，另一个是基于关键词的文献计量学研究。

关键词索引及检索方法在 20 世纪 50 年代就已应用，经过大半个世纪的发展，不断地革新与变化。

1976 年吉林市科学技术局出版的《科技文献检索》最早将关键词索引法作为单独一节内容进行著述："关键词索引，就是将文献分析成几个关键词，然后按照每个关键词的字顺加以排列，以便从关键词入手来检索文献的一种工具。"书中详细举例说明关键词索引的编排形式，并指出了关键词索引的缺点。在此基础上，介绍了"上下文关键词索引法"。从 80 年代至今，对关键词索引与检索的研究日益完善，一批卓有成就的图书馆学、情报学专家对关键词索引与检索进行了全面的介绍。

从图书馆学和情报学角度对关键词进行研究的重要学者之一是张琪玉。张琪玉从 80 年代开始致力于图书馆学与情报学研究，特别是文献索引方面的研究。早在 90 年代初期，张琪玉指出了关键词索引法所具有的蓬勃生命力："由于检索工具的编制实现了计算机化，速度极快，而且对人员水平的要求不高，同时，以文献标题中的词作为标引—检索用词，其质量在一定程度上还是可以被接受的，所以，它在标引人员不足、时间要求紧迫等具体条件下具有优越性。"（张琪玉，1993）此后，张琪玉一直致力于汉语关键词索引的相关研究，提出了三种汉语题内关键词索引的编制方法（张琪玉，1998a；1998b；1999）。进入 21 世纪，计算机应用迅速发展，自然语言检索与情报检索计算机化成为信息检索的发展方向。"50 年代开始的情报检索计算机化，促进了情报检索语言的创新和改造。"（张琪玉，1996）而关键词检索是两者的核心内容。张琪玉自 21 世纪初开始研究自然语言检索，指出自然语言检索"只有关键词索引及数据库、全文检索、搜索引擎已经实现。其实，这三个方面的实质都是关键词检索。所以可以说，自然语言检索目前仅在关键词检索的层次上已经实现"（张琪玉，2004）。并指出，"自然语言与人工语言发展的大趋势是两者的融合"（张琪玉，2001a），但是他也承认"关键词作为一种文献检索用法虽很流行，但质量不是很高"（张琪玉，2004）。张琪玉（2001b）还详细介绍了 22 种国外有关关键词检索的研究成果中提出的增强关键词检索功能的措施。

张琪玉长时间、高密度地对关键词的索引及检索功能进行了一系列研究，从情报学和图书馆学方向为学界研究关键词提供了参考与指导，具有较高的学术价值。

其他学者也对关键词索引及自然语言检索相关领域进行了探讨。如马莎莎的《简单型检索关键词性能及检索功能》、周全明的《汉语题内关键词索引双向排序的自动实现》、陈光祚的《谈谈关键词索引》、曹飞的《关键词索引——检索 CA 的钥匙》、王立诚的《用比较分析法谈谈 CT、CA、BA 中的关键词索引》、曹青的《情报检索中对自然语言的控制》、杨柳的《空间数据全文检索方法研究》。

另一方面，文献计量学领域中的词频规律统计分析不断地发展，词频统计的对象和分析深度广度都在扩展，关键词也成为其统计和分析对象。1935 年，美国语言学家齐普夫（Z. K. Zipf）对大量单词使用频率统计法分析，开发了文献计量学的重要定律——齐普夫定律，同时，这也是语言学上的一个重要定律。通过统计反映文献内容性质的词如主题词、关键词的出现频率，分析文献主题的变化、学科间的联系、术语的分化与合并和写作用词风格等文献信息。之后，文献学家 Joos 和 Mandelbrot 对齐普夫定律做了推广；50 年代初，美籍法国数学家芒代尔布罗对齐普夫定律作出了修正，提出了芒代尔布罗三参数序号分布定律；

1973 年，Donohue 提出了一个高频低频词界分公式；1976 年，布茨提出了布茨公式用来分析词频。

词频分析于 20 世纪 70 年代引入我国，我国学者首先对汉语切词进行探讨，然后将词频分析法用户文献信息分析当中，特别是对文献主题词与关键词的统计分析应用，直接从知识的产生、发展上正面剖析科学文献的动态规律，分析学科知识结构分布、学科间知识关联，成为一种研究知识运动轨迹的可视化的最有效的方法。

20 世纪 70 年代中后期，法国文献计量学家在词频分析统计方法的基础之上，开创了基于关键词的共词分析。近半个世纪以来，共词分析的方法也得到了长足的发展。而基于关键词的共词分析也是我国文献计量学中最为常见的一种研究方法，该方法主要是用论文关键词在数据库中成对出现的统计学特征来分析关键词之间的亲疏关系，从而揭示这些关键词所代表的主题之间的关联结构。许多学者基于关键词的词频统计进行相关分析研究，如罗式胜的《科学文献关键词链的概念———一种统计分析方法》，李纲、李轶的《一种基于关键词加权的共词分析方法》，李文兰的《中国情报学期刊论文关键词词频分析》，钟伟金、李佳的《共词分析法研究》，吴晓秋、吕娜的《基于关键词共现频率的热点分析方法研究》，孙海生的《作者关键词共现网络及实证研究》，郭树行、谈斯奇的《关键词共现研究趋势分析》，陈翀等的《一种词汇共现算法及共现词对检索系统排序的影响》等。

图书馆学、情报学专业对关键词的相关研究为其他学科领域对关键词的研究提供了一定的理论参考和方法借鉴，对本书的研究也有极高的参考价值以及方法论意义。

图书馆学及情报学专业对关键词的分析与应用研究，从 70 年代开始，至今已有近半个世纪。其研究深度与广度不断地发展提高，从未停止过挖掘关键词在信息情报领域的价值所在。这充分说明关键词的重要研究地位：关键词蕴含了丰富的信息含量，处于文献信息的核心地位，最能表现所处领域的焦点、重点与切入点。研究和分析关键词，对分析文献信息具有举足轻重的作用。本书也将继承这一优良的研究传统，继续从语言学角度挖掘关键词的核心价值。

同时，文献计量学中的词频统计分析方法与共词分析方法，对本研究也有较高的借鉴价值。

（三）计算机科学领域相关研究

在计算机科学广泛应用的大环境之下，关键词成为一种文献检索的工具性词语，在计算机科学中，属于一种用于处理信息的语言。从 20 世纪 90 年代后期，有关基于关键词检索的计算机科学研究发展极快，迅速取代了传统的文献检索研究，并在 internet 和 Microsoft 等计算机与互联网的迅猛发展趋势之下，不断更新换代，蓬勃发展。

计算机科学领域对关键词的研究主要集中在信息处理（信息加工）、计算机网络、程序设计、软件工程等方向。其中，对本研究启发最大的是基于关键词的搜索引擎方面的相关研究。

搜索引擎是一种信息检索工具，它搜集互联网上的信息，对其进行组织和处理，然后根据用户的指令提供检索服务。根据学者们的研究，搜索引擎产生于 1990 年加拿大蒙特利尔大学的三位学生开发出的一种名叫 Archie 的程序，这个程序在搜索互联网上的匿名 FTP 网站文件时，需要用户输入精确的文件名称。到了 1993 年，美国内华达州系统计算机服务大学开发出了一款地鼠检索工具 Veronica，这个搜索工具主要用 Spider 程序检索信息。同年 10 月，英国 Nexor 公司的马丁·科斯特创建了 Archie 的 HTTP 版本——ALIWEB。但是这些都不算是现代意义上的搜索引擎。到了 1993 年底，才出现一些现代意义上的搜索引擎——索引 HTML 文件正文。1994 年 4 月，美国加利福尼亚州斯坦福大学的两名博士生共同创办了雅虎。雅虎的诞生开辟了搜索引擎的新纪元。1995 年 7 月美国华盛顿大学学生 Eric Selbery 和教师 Oren Etzioni 研究并开发出了第一个元搜索引擎——Metacrawler。

1995 年 12 月，DEC 公司推出了第一个支持自然语言搜索的搜索引擎——Alta Vista，它也是第一个实现高级检索语法的搜索引擎。至此，作为自然语言的关键词搜索才真正进入搜索引擎的开发与研制，并迅速成为第二代搜索引擎的主要特征。从而也推动了对关键词应用于搜索引擎的研究。"几乎所有的网络搜索工具都是采用关键词对网络信息进行标引和检索，特别是搜索引擎更是如此。"（刘延章，2007：18）

关键词主要用于搜索引擎的数据组织机制与用户检索机制。在搜索引擎的数据组织过程中，它"将网站、网页及文献原有的、能够描述网站、网页及文献主题概念的关键性语词抽取出来，不加规范或只作少量的规范化处理，按字顺排列、以提供检索途径"（刘延章，2007：108）。这些词，必须能够作为检索入口，用来标引网站、网页及文献。搜索引擎将这些关键词进行索引，建立起索引数据库的全文搜索引擎，用于信息检索。建立好数据库之后，当用户输入关键词搜索后，"由搜索系统程序从网页索引数据库中找到符合该关键词的所有相关网页。……由页面生成系统将搜索结果的链接地址和页面内容摘要等内容组织起来返回给用户"（袁津生等，2008：2）。数据组织过程中标引的关键词，与用户检索过程中可能输入的关键词匹配率越高，那么，这个搜索引擎的功能越完备，查全率与查准率就越高。

可见，关键词在信息网络中，具有标引文本核心信息并激活信息储备的功能。这些研究，提供给研究者一种超文本、超领域的研究视角与方法指导，从而将关键词存在于无形的计算机网络中的这种功能，落实到具体的文本书写与分析当中。

三　关键词的功能转向

关键词在文献索引和信息检索等科技领域表现出的对特定论域的信息凝练、资源激活、核心凸显等功能，使其从文献主题标引与检索的狭隘窠臼里跳脱出来，而成为概括、总结、整理、突显、解读信息的一种新工具。学者对关键词的研究，也从早先的关键词标引、关键词检索等问题，慢慢转入到对其内容的运用与解读价值方面，最有代表性的就是雷蒙·威廉斯创立的"关键词法"，从词语角度对社会文化整体进行分析，在国内学界越来越受到关注和研究。

"在威廉斯看来，词语是社会实践的浓缩，是历史斗争的定位，是政治智谋和统治策略的容器"（伊格尔顿，1998），从而威廉斯开创了从词语角度对社会文化整体进行分析的先河，被学界称为"关键词法"。其著作《关键词：文化与社会》于1976年出版，全书彰显着他对词语的文化思想的解读，表达着他的文化研究思想。汪晖在其著作《旧影与新知》（1996：103）中指出："他（威廉姆斯①）是在这样两

---

① 威廉姆斯即雷蒙·威廉斯。

层相关的意义上将这些词汇称为'关键词'的：它们是在特定的活动及其阐释中具有意义和约束力的词汇；它们是在思想的特定形式中具有意义和指示性的词汇。"

由于关键词对某一领域或某一事件的高度概括与反映能力，使得越来越多的作家、学者运用"关键词法"对某一领域或某一时间进行总结、介绍，使得"关健词"受到了广泛的关注，成为人们热衷的研究对象。

黄擎从文学批评方法论意义角度对雷蒙·威廉斯的《关键词：文化与社会的词汇》（1976）进行了重新审视，提出了"关键词批评"这一文艺批评理论，认为此书确立了"关键词批评"的两大理论特质："一是以关键词钩沉为写作模式，对基本术语进行历史语义学的考察梳理，呈现问题的起源、发展与流变，注重关联性，揭示词语背后的政治立场与人文踪迹；二是体现了充满学术张力的思维特点，主张概念的意义与鲜活的理论活动、阐释实践密不可分，关注关键词的开放性与流变性，重视其生成语境、基本涵义及在批评实践中的发展变异。"（黄擎，2011b）并勾勒出了"关键词批评"在批评实践层面的发展："不再仅以对关键词的词源学追溯为批评中心，而是以关键词在批评实践中的衍生为考察重心，以期有益于文学批评理论与相关学科的建构和发展；表现出注重紧密联系文学文本进行批评实践的趋向；编撰体例有所突破，文论性得以进一步彰显。"（黄擎，2011c），也指出了"关键词批评"要避免视角的单一与关键词的霸权化和快餐化（黄擎，2011c）。

陈平原从学术史的角度探讨了"关键词"在梳理学术发展史上的重要作用，并为我们描绘了关键词写作的蓬勃发展势头。"关键词的独特魅力从学界蔓延到百姓的日常生活，各行各业都有了自己的'关键词'图书。"（陈平原，2008a）在讨论到在当今中国学界为什么"关键词写作"具有如此强大生命力的时候，陈平原认为有两个原因："第一，通过清理各专业术语的来龙去脉，达成基本共识，建立学界对话的平台；第二，理解各'关键词'自身内部的缝隙，通过剖析这些缝隙，描述其演变轨迹，达成对于某一时代学术思想的洞察。"（陈平原，2008a）相应的，中国的关键词写作也倾向于这两类方式。

一种是总结概括某一领域的相关关键词，形成术语汇编。关键词既然是由特定论域中抽取出来的能体现与反映其最主要、最核心信息内容的词语，那么要想掌握某一论域的关键所在，就可以通过总结概括关键词的方式来实现。

如洪子诚、孟繁华主编的《当代文学关键词》（2002），敏春芳编著的《文明的关键词：伊斯兰文化常用术语疏证》（2002），业宏的《经济学 210 个关键词》（2005），廖炳惠的《关键词 200》（2006），赵一凡主编的《西方文论关键词》（2006），陶东风主编的"文化研究关键词丛书"（2006）等。

这类著作不仅只存在于学界当中，社会上的任何一个领域内，都有此类书籍。如刘士林的《人文江南关键词》（2003），法国食品协会主编的《法国葡萄酒关键词》（2006），斯培光的《人生八大关键词》（2008），高敬编著的《2008 年代值得关注的 95 个关键词》（2009），正一编著的《影响一生的 60 个关键词》（2010）等。

另一种是以某一领域的相关关键词为切入口对其进行研究。在信息情报学专家给出的定义中，不止一个人认为关键词是"最重要的、带有关键作用的、作为检索'入口'的"词语。它不仅是一种检索入口，还是进入某一论域的切入口。要想深入研究某一论域，只有进入它的核心范畴才能从根本上深入这一论域。因此，许多学者通过研究某一论域的关键词来研究论域本身。

如陈思和的《中国当代文学关键词十讲》（2002），管怀国的《迟子建艺术世界中的关键词》（2006），王先俊主编的《十七大报告关键词解读》（2008）等。

这种写作已经成为一种研究方法，被学者广泛用于研究当中，撰写了数不胜数的学术论文。如余中华的《雨季·梦境·女性：格非小说的三个关键词》，张荣翼的《现代性、对话性、异质性——中国当代文论的内在关键词》，杨扬的《一部小说与四个批评关键词——关于孙惠芬的〈上塘书〉》，林平乔的《北岛诗歌的三个关键词——北岛前期诗歌简论》，付玉辉的《十二个关键词透视微博客——传播学视野下的微博客现象》，吴廷俊的《"政治家办报"——研究二十世纪五六十年代中国新闻史的一个关键词》，等等。

运用关键词写法进行写作的书籍与文章越来越多，并呈现出强有力的增长势头。同时，新闻报道也陆续有人采用关键词法进行写作。

关键词新闻正处于蓬勃发展之际，具有旺盛的生命力和宣传力度，是一种新兴的新闻写作范式，越来越多的新闻报道者选用关键词新闻这一新的新闻写作范式进行报道与写作。这种新的新闻写作范式的出现，有其特定的社会历史原因：一是信息的快速膨胀与生活节奏的加快，人们倾向于用最快的速度获取信息；二是受众对新闻报道要求的提高，即从接受信息发展到解读信息；三是新闻报道的作用从传播信息发展到引导受众解读信息。从而关键词新闻应运而生。近几年来，特别是 2010 年之后，关键词新闻如雨后春笋般出现在各大媒体中，成为新闻工作者和读者广受欢迎的一种新闻类型。

综上所述，我们可以发现，无论是理论建构与方法，还是实际运用方面，关键词都表现出其特有的功能与学科地位，体现出关键词的重要性与必要性，值得我们深入研究。

第三节　研究理论与方法

本研究以系统功能语言学与篇章语言学为理论基础与指导思想，将传统的衔接连贯理论与互文理论结合在一起，运用大量的语言事实描写与数据统计方法，对"关键词"进行系统全面的分析研究。

一　语篇分析与系统功能语言学

从 20 世纪 60 年代中期语篇分析成为一个独立的研究领域至今，语篇分析一直以来都是语言学界研究的一个重要问题。

到目前为止，语篇分析的研究工作，微观方面较多地集中在语篇的衔接、连贯、主题、话题结构、前景化和背景化等，宏观方面的研究内容还有语篇结构形式、会话分析、语篇的社会文化和政治因素、语篇理解等。这些研究中也涉及大量不同类型的语篇题材以及人类交际活动，如小说、诗歌、散文、日常谈话、科技语篇、法律文件、医学著作、名人演讲，等等。

从语篇分析研究诞生之初到现在，语篇分析的研究理论无时无刻不在推陈出新，开拓深化。在学界，虽未形成公认的理论指导，也没有提出公认的分析步骤与分析方法，但从篇章语法到篇章性语言分析，国际及国内知名学者都提出了许多具有较高科学性、分析性、实用性的语篇分析理论方法，都值得我们借鉴与学习，对不同的语篇现象选取最恰当的理论指导方法。

本书选取系统功能语言学作为基本的指导理论，认为语篇是指"一个任何长度的、语义完整的口语或书面语的段落"（韩礼德、哈桑，2007：1）。本书将语篇视为一个语义单位，"表达意义而非形式"，"语篇无论以何种形式出现，都必须合乎语法，并且语义连贯，包括与外界在语义和语用上的连贯，也包括语篇内部在语言上的连贯"（黄国文，1987：7）。

另一方面，我们认为语篇是一个层级系统，由低一级的单位组成高一级的单位"层次性是语言的本质属性之一。""所谓层次性是与线性相对的。语流可以看成是各个离散单位组成的……各个单位前后相继，以此排列，显然存在着线性关系。除此而外，各单位之间还体现结构层次关系。"（徐烈炯，1989）

语篇也是语言单位之一，也具有层次性。

传统语法中认为篇章是由小句→复句→段落→篇章组成。

廖秋忠（1992）认为，在句子与篇章之间存在着段落这个层次，"我们认为需要有段落这样一个中间单位的另一个主要考虑是需要它来说明句子之间语义联系或功能联系疏密的不同"。

黄国文（1987）认为"语篇是篇章结构中的最高层次，句子是最低层次"。语篇中的每一个层次单位之间有机组合在一起，构成更高层次的单位。

徐赳赳（2010：6）认为，"篇章通常看作最高层，典型的篇章一般包括小句、复句、段落等层次，但在实际运用中的篇章，不一定同时具备这些层次"。他认为典型的（常见的）篇章的层次可以分为严式和宽式两种：

严式：小句→复句→段落→节→章→篇章
宽式：小句→复句→段落→篇章。（徐赳赳，2010：369）

修辞结构理论提出的层次观是，"整个篇章中的各个小句的组合都是有层次的"。

聂仁发将语篇的层级分为小句、句组（复句和句群）、次语篇（大段或部分）、篇。其中，句组是"为了研究语篇的微观结构，即研究小句是如何排列起来进而能够表达更为复杂的意义的"（聂仁发，2002：21）。次语篇是篇的直接组成成分，是"为了要研究语篇的宏观结构"（聂仁发，2002：22）。

从宏观结构来说，篇章也具有层次性。

如传统文章学提出的"起、承、转、合"。

吴启主（2001）提出的完全结构和不完全结构，以及扩展结构和变式结构。

廖秋忠（1988）概括了论证体的宏观结构模式：

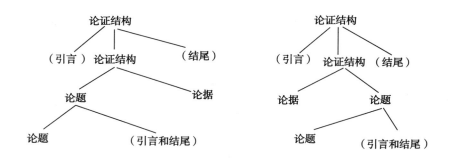

梵·迪克（Van Dijk，2003）认为，语篇的宏观结构是一个基本的图式（schema），每一个完整的语篇都有一个基本的图式，"这种图式有着一系列按等级排列的不同范畴"，这些不同范畴的排列与联系受到宏观结构的制约。梵·迪克总结了新闻体的宏观结构。

Rumelhart（1975）总结了故事体的宏观结构（张必隐，1992：237）。

其他文体的宏观结构研究还不是很多，有待进一步展开。

无论是从微观结构角度，还是从宏观结构角度，语篇都是由不同层级单位构成，且各个层级之间是有机联系在一起的。一个单一组成成分的语篇单位自然是一个语篇整体，本书将具有前置部分和后置部分的学术论文也看作是一个语篇整体，并且是一个完整的层级系统。

　　沿用国家标准规定，学术论文包括前置部分、正文和后置部分。它们共同构成学术论文语篇整体。学术论文中的前置部分和后置部分，如摘要、关键词、附录、参考文献等，相对独立，与正文属于不同的层级，是正文的附属，对正文起到补充、说明、概括等辅助作用。

　　祝克懿（2010b）认为，学术论文具有六个层面互文形态的互文本：

　　第一层：论文正文≒注释；

　　第二层：（论文正文≒注释）≒参考文献；

　　第三层：摘要（中文≒英文）≒［（论文正文≒注释）≒参考文献］；

　　第四层：摘要（中文≒英文）≒关键词（中文≒英文）；

　　第五层：关键词（中文≒英文）≒标题（中文≒英文）；

　　第六层：论文全文作为当下文本 x（A、B、C……）≒源文本 y（a、b、c……）。

　　从而，我们基于上述诸多学者对语篇层次性的认知，从结构的角度看待语篇，学术论文的前置部分、正文和后置部分是一个语义整体，学术论文正文与前置部分和后置部分发生联系，有机地构成一个意义完整体，传递统一的信息。他们之间的这种层次关联与单一语篇整体一样，也具有形式上的衔接与语义上的连贯。

二　语篇的衔接连贯与互文理论

　　语篇的衔接与连贯问题一直是学界所关注的焦点，连贯被认为是使语篇获得完整性、统一性的重要前提。

　　韩礼德和哈桑是从语言形式分析衔接与连贯问题的代表。他们（2007）认为，语篇与互不相关的一组句子之间的区别就是，语篇有组篇机制，这也是语篇的特性，而语篇机制由衔接关系实现。后来，学界从此观点出发对语篇进行形式上的衔接与连贯分析，并提出了对韩礼德和哈桑相关研究的修正，即语篇连贯并不一定表现为语篇表层形式上的衔接，也可以表现在语用层面与认知心理层面，也就是说连贯是语言成为语篇的必要条件，而形式上的衔接则是充分条件，如胡壮麟（1994）、朱永生（2001）、刘辰诞（2001）、冯晓虎（2004）、王寅

（2005）、Brown 和 Yule（1983） 等。

黄国文（1988：9）将是否具有语篇特征（texture）视为语篇与非语篇的最大区别，而语篇特征最重要的一个方面就是一个语篇必须是语义连贯，表达完整的意义："一个连贯的语篇必须具有衔接成分，而且必须符合语义、语用和认知原则，句与句之间在概念上必须有联系，句与句的排列应该符合逻辑。"

奥地利语言学家 De Beaugrande 和 Dressler（1981）提出判断语篇的七项标准：衔接性（cohesion）、连贯性（coherence）、意图性（intentionality）、可接受性（acceptability）、信息性（informativity）、情境性（situationality）和互文性（intertextuality）。其中，衔接性与连贯性是最明显的语篇特征。

对语篇的衔接与连贯问题，不同学者从不同的理论角度进行分析，但是，诸多学者都承认语篇是一个语义完整的语言单位，在这个整体中，所有组成部分之间应该是相互关联的。语义连贯是语篇的深层特征，这种深层特征表现到语言表层，则是语言形式上的衔接。

本书将语篇看作一个由不同层级单位构成的意义完整体，这些层级单位之间具有形式上的衔接与语义上的连贯。

法国学者茱莉亚·克里斯蒂娃（2012）在 20 世纪 60 年代提出了"互文性"理论，认为"每一个语词（文本）都是语词与语词（文本与文本）的交汇，至少有一个他语词（他文本）在交汇处被读出。……任何文本的建构都是引言的镶嵌组合；任何文本都是对其他文本的吸收和转化"。这说明语言的另一个事实：每一个语词或文本自身都承载了超越自身的更丰富的内容，而这个内容的凸显与表达依赖于更多的语词或文本，要将他语词或他文本引入到当下语词或文本当中，才能对它进行更深入的理解。

这一思想与后来韩礼德和哈桑提出的衔接概念有异曲同工之妙。韩礼德和哈桑在《英语的衔接》（2007：3）一书中指出："衔接概念是一个语义概念，它指形成语篇的意义关系。当在语篇中对某个成分的意义解释需要依赖于另一个成分的解释时便出现了衔接。其中一个成分'预设'了另一个，也就是说除非借助另一个成分，否则无法有效地说明它。这时，衔接的关系就建立起来了。"

成分与成分之间的这种"预设"关系，与克里斯蒂娃的互文性思想存在一个共同点，那就是：在我们的语篇建构与解读过程中，有些成分的建构与解读必然要借助于对另一个成分的认知，这个成分存在于上下文的文字当中，也可以存在于更广阔的文本集合中。存在于上下文的文字当中，就是韩礼德和哈桑所说的衔接；存在于上下文的文字当中或者存在于更广阔的文本集合当中，则是克里斯蒂娃所提出的"互文性"。

作为学术论文组成部分的关键词，一方面，它是相对独立的语篇单位；另一方面，它又附属于学术论文语篇，是学术论文语篇整体的有机组成部分。它与其他语篇单位之间的关系，既包括韩礼德和哈桑提出的衔接关系，也包括克里斯蒂娃提出的互文性，体现出两种语篇关系的交汇融合。

本书将韩礼德和哈桑的衔接理论与克里斯蒂娃的互文性理论结合在一起，分析关键词作为语篇的一个相对独立成分与属于同一语篇整体的其他成分之间的衔接与连贯关系。

三 其他研究方法

本书综合运用语法分析、篇章语言学、修辞学、话语分析、句法学、语用学、语义学、认知语言学等领域的相关理论与方法进行研究，同时，还借鉴了图书馆学与情报学专业的词频统计分析方法、共词分析方法以及统计学方法。

本书采用词频统计分析方法重点分析学术文本关键词在正文中的出现频率以及学术论文正文中高频词与关键词的关系特征，从而研究学术文本关键词与正文发生的互动关系。

本书使用统计学方法，重点统计分析学术文本关键词与学术论文摘要之间存在的衔接手段以及关键词新闻的发展特点。根据统计数据，能够很好地反映出学术文本关键词如何进入学术论文摘要，学术论文摘要如何对学术文本关键词进行阐述，以及关键词新闻在历时与共时层面的发展状况。

第四节　研究意义

一　关键词研究传统的继承

关键词自 20 世纪六七十年代被引入到我国图书馆学、情报学界以来，就一直受到图书馆学及情报学学界众多学者的关注，如张琪玉对关键词索引的研究从 20 世纪 80 年代开始，直到现在仍在不断地挖掘关键词的索引意义。关键词在文献信息的处理与研究中，不仅是一个研究对象，也是一种研究方法。

进入 20 世纪 90 年代，随着计算机科学的蓬勃发展，特别是计算机网络与网络信息检索系统的发展，使得关键词的信息检索功能从纸质的传统的图书馆学方向进入到了半自动化、自动化的现代的计算机科学领域。不仅传统的信息情报学界对关键词的信息检索功能展开了研究，一大批计算机领域的学者也对关键词在网络空间内的信息检索功能产生了研究兴趣。不少学者肯定了关键词在计算机科学发展过程中的重要地位，认为搜索引擎这一现代计算机网络科学必不可少的工具正是基于关键词的索引与检索功能才得以实现的。

关键词的索引与检索功能的进一步发展，从科学技术工具上升到了学术研究工具，"词语梳理"成为一种学术思路，"关键词批评"成为一种学术研究方法，并在此基础之上，产生了一大批运用关键词写作范式进行书写的书籍，内容也从学界蔓延到百姓的日常生活，"各行各业都有了自己'关键词'书籍"（陈平原，2008a）。"关键词批评"与"关键词写作"逐渐成为一种新的理论方法与写作范式，更多的人自觉或不自觉地选择了关键词这种工具进行研究和书写。

从索引关键词的研究，到计算机搜索引擎的发展，再到关键词成为一种理论与书写工具，关键词从一个小小的词语发展成为一种思想和工具，学界对关键词的研究从未停止过，并取得了重要的成果。

在前人的研究基础之上，本书继续对关键词进行研究，深入探讨关键词写作的文本范式，揭示关键词具有强大信息能量的原因，探索关键词这样一个小小的文本单位如何与广袤的文本集合、社会空间发生紧密联系，彰显其网络性与关联性本质特征，从而也希望能够为图书馆学、情报学、计算机科学以及科技文献写作规范等学科领域提供一些参考。

二 关键词研究的语言学向度探索

综上所述，以往的研究主要是将关键词作为一种工具进行研究，或是对"关键词"做具体应用分析，而缺乏对其这种"关键"功能进行本体研究。从语言学角度对关键词的生成机制，关键词类型的区分，关键词作为语篇组成部分与所在语篇的关系，特别是从语体功能域角度进行的系统研究几乎没有。

因此，本研究选取关键词作为研究对象，对关键词在语言学上的功能进行系统的研究，从语言学角度对关键词进行描写与定义。关键词首先是一个一个词语，当它平静地放置在字典里的时候，它只是一个普通的词。而之所以成为"关键词"，具有高度概括与反映的功能，源自于其本身与它所存在的文本空间及空间内部各要素之间的关系。

因此，本书从语篇角度和功能语言学角度出发，研究它与不同层面上的语篇组成成分的关系，讨论关键词从词汇词到语篇词后所起的互动作用和关联作用，揭示关键词的语篇功能与本质，系统描写出关键词与语篇各组成要素、语篇整体以及篇外社会语境的联系，是一次从语言学角度对关键词本质进行研究的尝试与探索。

三 关键词提取原则的确立

无论是标引科技文献的关键词，还是使用关键词索引，都不得不面临一个至关重要的问题，那就是对词的选择，即所选择的词是不是关键词。如果选词不当，就可能不能正确标引出文献内容，不能准确概括出论域的核心，不能查找到所需内容。

不少研究文献标引以及关键词析取的著作都曾提出一些方法及原则，但都流于空洞，泛泛而谈，只是将"反应文献核心信息"扩展开来补充说明，如"关键词应是具有独立、完整意义的词，是反映学术观点、结果、结论的具有最高概括性的词"（朱姝，2003），或是提出一些并无具体内容的实施方法，如"从题名或者文献和全文中直接抽取关键词……依据文献题名、文摘或全文进行主题分析，凭借标引人员的智慧并参照有关工具书，人为地提炼出能够表达主题概念的关键词"（邵永强，2003）。这些方法或原则，并没有从关键词的本质入手提出切实可行的策略方法。

要提出选取和判断关键词的根本方法，就要更进一步地回答"为什么关键词能够反映文献核心信息"。因此，本书从关键词的语言本质入手，通过揭示关键词与语篇其他组成成分之间的各种联系，从而指出关键词之所以成为关键词的本质属性，也进一步从理论和案例分析两方面，得出一些选取和判断关键词的原则、策略和标准，从而有效地指导作者及编辑工作人员，更好地选取与规范学术论文中的关键词。

四　语篇分析的有益尝试

一方面，从已有的研究成果来看，对语篇衔接与连贯的研究主要集中在连贯的内部机制及特征方面，互文理论的引进使得更多的学者开始关注语篇连贯的外部拓展，即语篇与语篇之间的关联。

本研究在传统的衔接与连贯分析与克里斯蒂娃提出的"互文性"理论之间发现了理论研究的生长点，运用研究衔接与连贯的语篇分析方法与互文性理论视角，将研究对象定位在语篇内部的层级结构当中，以关键词为实例，研究语篇不同层次之间，如何发生联系，以期能够探索出一条对语篇内部层级间进行分析的可行道路。

另一方面，本书通过对大量语料进行分析，确立了一种新的写作范式，即关键词写作范式。关键词写作范式是一种以"词典体"为基础发展而成的写作范式，是以词条展开方式对"关键词"进行阐述的叙事手法，其文本结构主要是关键词+叙文构成单元共同体，这些单元共同体再组成一个更大的语篇。并以运用关键词写作范式进行书写的新闻语篇为实例，分析关键词新闻语篇的语篇特征及关键词在这种新闻文体中的语篇建构与信息解读功能，凸显此类新闻文体蓬勃的生命力与成长活力，以期能够促进新闻语篇写作的创新与突破。

第五节　研究结论

1. 本书从语言学角度对关键词进行描写分析，我们可以发现，关键词是这样一类词语：

客观存在于且仅存在于特定论域空间内，向上具有阐释性，向下具有统领性，稳定的语言形式与语义内涵，其客观所指通常为一个概念、现象或事件。

并总结出关键词的类型特点是：

（1）依赖于特定论域，客观存在于且仅存在于特定论域空间内：这就决定了它的强制接受性与隔离性。

（2）具有稳定的语言形式与语义内涵。

（3）其客观所指通常为一个概念、现象或事件，具有论域意义。

（4）具有空间性，一般不具有时间性。

（5）与所在论域空间发生的关系有关，与出现频率没有必然联系。

2. 本书确立"文本关键词"这一关键词下位类型，与密钥关键词、索引关键词、检索关键词共同构成关键词的下位类型。文本关键词是指参与语篇整体构成的业已给出的关键词。文本关键词作为语篇整体的一部分，并不是独立于语篇之外的成分，而是语篇整体的有机组成部分，只有与语篇的其他部分产生各种联系，才能共同构成一个语篇整体。

3. 本书基于大量的学术论文语料，对学术文本关键词进行了系统分析，总结出学术文本关键词具有名词化倾向，关键词群之间的排列呈现出一定的规律性，以及关键词群内部之间的横向关联性和关键词与学术论文其他组成部分之间的纵向关联性。

4. 本书提出一种新的写作范式——关键词写作范式，并分析这种新的写作范式的语体特征与优点。关键词写作范式是一种基于词典体发展而成的，由关键词及其叙文构成的写作范式，它具有信息加工、信息组织、切入相关论域等功能，以及形成具有较高开放性、客观性的文本空间。

5. 本书基于大量的新闻语篇，系统描写了运用关键词写作范式进行书写的关键词新闻的发展过程以及发展特点，重点描写了关键词新闻的语体特点与关键词在新闻语篇中的重要作用。

第六节 语料来源

本书的研究语料主要分为两类，一类是标注关键词的学术论文，一类是采用关键词写作范式进行撰写的新闻语篇。

一　学术文本关键词语料来源

　　学术文本关键词语料来源于中国人民大学复印报刊资料的《语言文字学》。中国人民大学复印报刊资料是精选公开发行报刊上的重要论文，全文重新录入排版。入选条件严格，对论文质量要求高，收录的学术论文可以说是学术论文中的典范，所以其中的关键词具有极高的规范性和参考性，能够作为分析的语料来源。选取的时间跨度为1995年到2011年，17年共3543篇，其中有关键词的学术论文共2220篇。收集情况如下表：

年份	收录文献数/篇	标注关键词文献数/篇
1995 年	288	47
1996 年	259	61
1997 年	264	69
1998 年①	281	48
1999 年	231	54
2000 年	233	153
2001 年	227	172
2002 年	186	169
2003 年	180	164②
2004 年	185	173
2005 年	197	186③
2006 年	198	181④
2007 年	162	147
2008 年	160	148⑤
2009 年	166	149

　　① 1998年3月收录《西夏文〈杂字〉研究》三篇，由于题目、作者、关键词、发表刊物、发表期数等皆相同，故作为一篇处理。
　　② 不包括原文出处为《纪念王力先生百年诞辰学术论文集》的4篇无关键词论文。
　　③ 包括一篇无关键词的译文。
　　④ 不包括一篇无关键词的译文。
　　⑤ 2007年和2008年，《语言文字学》新增《论点编辑》，摘录重要论文的论点。2007年有12篇，2008年有17篇。因不是完整的学术论文语篇，故不计算在内。

续表

年份	收录文献数/篇	标注关键词文献数/篇
2010 年	164	153
2011 年	163	146
总计	3543	2220

二　新闻语篇语料来源

本书的第二研究对象：运用关键词写作范式进行报道的新闻语篇选自以下八种新闻报刊：中央级党报《人民日报》，省部级机关报《解放日报》，综合类日报《新京报》和《文汇报》，综合类晚报《新民晚报》，都市报《南方都市报》，行业报《经济日报》和对象报《中国青年报》。这八种报纸都是办报时间长、内容质量高、影响范围广、受众群体大，在全国报业中占有举足轻重的地位，是同类报纸中的代表与典范。因此，刊登在这些报纸上的新闻作品，都经过了记者们的精心撰写、编辑们的细心筛选，报道的事件也都具有一定的影响力与重要性，是进行新闻文体分析的上乘之选。时间跨度为 2007 年 1 月 1 日至 2012 年 6 月 1 日。并会选取 2007 年 1 月 1 日之前的一些典型报道加以补充。

新闻语篇语料共计 926 篇，近 150 万字。

语料收集情况见下表(时间：2007 年 1 月 1 日—2012 年 6 月 1 日)：

报纸名称	文章数量（篇）
人民日报	84
解放日报	74
新京报	173
文汇报	83
新民晚报	166
南方都市报	107
经济日报	86
中国青年报	153
总计	926

第二章

关键词本体研究

第一节　关键词的启用、发展与类型

一　关键词的启用与发展

汉语中的"关键词"一词，译于英语单词"key word"。"Key word"与"Keyword"为同义异形词。"key word"一词在 1800 年左右出现，但之后并没有得到广泛的使用，直到 1900 年之后才出现增长趋势，1930 年之后得到迅速发展，越来越多的人使用 key word 一词（参见下图）。

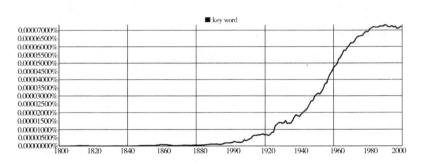

此图表来源于 Google BooksNgram Viewer 书籍词频统计器。这是 Google 利用手里的 520 万本数字化书籍制作而成的一个书籍词频统计器，可以对比多达 5 个词语在每年出版的图书里出现的次数多寡。上表即是对 key word 一词从 1800 年至 2000 年之间出现频率的统计数据。由于此数据库并未收录较多的中文书籍，故无法应用到对汉语词语"关键词"的词频分析中去。

在我国，关键词的应用经历了文献索引、信息检索、科技文献标引以及关键词批评四个阶段。

关键词最早是作为一种索引语言，用于文献索引。这种文献索引方法来源于我国基督教学会早期对西方圣经的译介。1912 年，广学会出版的《圣经纲目》① 一书，就是以圣经中的某一关键词为目进行索引。1963 年人民出版社编译出版的《列宁全集索引》中就采用关键词索引，"各条目均把关键词放在前面"，"卷末索引按关键词首字笔画多少排列"。②

1963 年，《图书馆杂志》期刊上刊登了一篇名叫《什么是关键词索引》的学术论文，初步对"关键词索引"进行了介绍。

1976 年吉林市科学技术局出版的《科技文献检索》将关键词索引法作为单独一节内容进行著述，其中将关键词定义为："所谓关键词，是从文献的题目、正文或摘要中选出的，表征文献主题内容的具有实质意义的词汇。"之后，越来越多的书籍采用关键词索引。

1983 年，全国第三次机器检索学术交流会上，学者顾耀芳学者作了《介绍一种机器标引方法——WPI 检索系统中抽取题中关键词》学术报告。此后，随着互联网的日益发展壮大，搜索引擎的出现与广泛应用，检索关键词成为人们最为熟知的关键词类型。

1987 年，中华人民共和国国家标准局在颁布的 GB7713-87《科学技术报告、学位论文和学术论文的编写格式》中，也对"关键词"从学术规范的角度作了规定："关键词是为了文献标引工作从报告、论文中选取出来用以表示全文主题内容信息款目的单词或术语。"这也是之后所有词典对"关键词"进行定义的重要参考。

而"关键词"一词出现在报纸中，最早是 1995 年 11 月 17 日《人民日报》上的一篇文章，名叫《反应 APEC 精神的七个关键词》："在人们围绕亚太经济合作的基本方针所展开的讨论中，可以发现以下几个词出现的频率很高，它们是：开放、渐进、自愿、协商、发展、互利与共同利益，我们或许可以把它们称作 APEC 精神的七个关键词。"并在

---

① 《圣书纲目》，书名原文为 *Topic index of the bible*，William Muirhead 编，广学会 1912 年版。

② 《列宁全集索引（第 1—35 卷）上册·中文版使用说明》，中共中央马克思、恩格斯、列宁、斯大林著作编译局译，人民出版社 1963 年版。

文章的后面部分对这七个关键词进行了解读和评说。

"关键词"一词被正式定义并收入《现代汉语词典》始于 2005 年："①指能体现一篇文章或一部著作的中心概念的词语。②指检索资料时所查内容中必须有的词语。"

商务印书馆 2005 年 1 月出版的《现代汉语新词语词典》也将"关键词"作为一个"新词语"收录其中，并作出如下定义："①指反映特定时期内最受关注的事件或现象的词语。②指在电脑中查找资料时输入的与所查资料内容相关的文字。"

二　关键词的类型

根据关键词的功能，我们可以将关键词分为"密钥关键词""索引关键词""检索关键词"和"文本关键词"四种类型。

（一）密钥关键词

密钥关键词，又称密钥关键字，是密码学中的术语。是指加密和解密时，将明文转换成密文或将密文转换成明文时所需要用到的表示变换规律和要素的文字或符号。只有掌握这个要素，才能解开密码，否则，密码只是一堆杂乱无章、毫无意义的符号而已。

密钥关键词主要用于列转置加密与多表替换加密。

列转置加密是指，"把明文逐行写到一个预先规定了宽度（列数）的矩形内，再按列读出，即构成密文"（翁瑞琪，1993：664）。为了便于记忆读取密文的顺序，则需要选择一个关键词。它既"决定了书写明文时的矩形宽度，又决定了读取各列的先后顺序"（翁瑞琪，1993：664）。

如选取的密钥关键词为 HOLIDAY。这个关键词含有 7 个字母，说明明文被写在有 7 列的矩形内，读取的顺序即为字母顺序，即

$$\text{H O L I D A Y}$$
$$\text{3 6 5 4 2 1 7}$$

多表替换加密是替换加密的一种，主要是以"其他字母替换明文中字母并构成密文"（翁瑞琪，1993：665）。多表替换采用多个替换字母来隐匿明文字母。多表替换加密中的密钥关键词主要用于"确定移位字母表加密明文中每一个字母"。

如：

明　文：B3A14

关键词：D3CE1

密　文：E1CAE

	A	B	C	D	E	1	2	3	4
A	A	B	C	D	E	1	2	3	4
B	B	C	D	E	1	2	3	4	A
C	C	D	E	1	2	3	4	A	B
D	D	E	1	2	3	4	A	B	C
E	E	1	2	3	4	A	B	C	D
1	1	2	3	4	A	B	C	D	E
2	2	3	4	A	B	C	D	E	1
3	3	4	A	B	C	D	E	1	2
4	4	A	B	C	D	E	1	2	3

关键词"D3CE1"通过移位给出的"ABCDE1234"移位字谜表，将明文所对应的文字通过移位的方式进行加密，解密的人必须同时掌握密文、关键词以及移位字母表来解密，获得明文信息，是一种极为保险与复杂的加密方法。

密钥关键词是加密和解密的核心所在，往往记录了密码的解读方式，是获得明文信息必不可少的一部分。

（二）索引关键词

"索引关键词"是指用于索引法的关键词。是指"出现在文献题名（或正文及文摘）中的描述文献主题内容的关键词"，以此为标目形成的字顺索引叫作关键词索引。

具有索引功能的关键词在西方 15—16 世纪出现的《圣经索引》中已初具雏形。我国古代也有大量按照某种内容的字顺排列的类书。这些都可以看作是早期用于索引的关键词。19 世纪欧洲一些图书馆已经开始采用关键词编制目录或索引。只是当时人们并不将其称作关键词，而是叫作主词或要词，英文写法是 catchword。

1856 年英国 A. 克里斯塔多罗的《图书馆编目技术》（*The Art of*

Making Catalogues of Libraries) 一书中出现了对关键词索引法的最早论述。此书可以看作是最早研究关键词索引技术的专著。

1958 年美国 H. P. 卢恩和 P. B. 巴克森德尔同时向在华盛顿召开的国际科学情报会议提交了一篇关于用穿孔卡片式的分检机来编制关键词索引的论文。次年，卢恩发表了题为《技术文献的上下文关键词索引》的论文。70 年代以后，随着情报图书馆学科的发展，关键词索引法应用到了计算机领域，得到了长足的发展。目前，在许多书籍著作最后，都有附上一份"关键词索引"以供读者查询信息。

起初，关键词索引只是用于检索书刊的临时性的索引，后来发展为数据库的关键词索引，从而代替了人工标引。现在，关键词索引则应用于自动主题标引和自动分类研究的前期处理。

常见的关键词索引类型有以下几种（蒋永新等，1999：96）：

	类型名称	款目结构排列
有句法关系①	题内（上下文）关键词索引（KWIC）	说明语+关键词+说明语+文摘号
	题外关键词索引（KWOC）	关键词（左上方）+说明语（左下方）+文摘号
无句法关系	简单（单纯）关键词索引	关键词+文摘号
	词对式关键词索引	采用 n！法排列索引款目
	准轮排关键词索引	按词义之间的相互关系轮流排列款目

（三）检索关键词

目前，关键词已很少用于机编的书本式检索工具，而是更多地应用于数据库信息检索，如题录数据库、全文数据库，可自动抽取关键词作为检索入口，在计算机信息搜索中用于信息检索。这类关键词可以称之为"检索关键词"。

随着计算机技术的发展，一种基于关键词索引的数据库——WAIS发展起来，也就是 Wide Area Information Servers，即在 Internet 互联网上的"广域信息服务器"。这是一种重要的信息资源查询工具。用户需要提供想要查找信息的关键词，WAIS 就会搜索出相应的信息资源，然后

---

① 此处"句法关系"是指计算机语言中的句法关系，而不是语言学中的句法关系。

WAIS 会把内容中包含有关键词的所有记录条目在屏幕上显示出来，并且按照一定的顺序排好次序，最后，用户可进一步从中选择自己最感兴趣或最希望获取的记录条目或文档的具体内容。

搜索引擎的大力发展使得关键词的检索作用得到了最大程度的发挥。搜索引擎是获得可访问网站的地址、说明及链接等信息的重要工具。用户可以在搜索引擎的"关键词"文本框内输入关键词或由关键词及条件运算符组成的条件式，再单击"搜索"按钮，搜索引擎就会根据关键词的内容在数据库中查找，再将结果传送到用户电脑，在网页上显示出符合关键词的网站记录。搜索引擎建立的数据库是全文数据库，搜索引擎的检索实际上是全文关键词匹配检索，也就是全文关键词检索的应用。

（四）文本关键词

从 20 世纪 70 年代开始，关键词的功能发生了巨大的变化。主要表现在三个方面：一是关键词作为一个工具，从自然科学领域转入到了人文科学领域；二是关键词的索引功能发生了变化；三是在以往的加密、索引与检索功能之上，又增加了语篇功能。

随着关键词的功能发生变化，关键词的词汇属性也随之发生改变。关键词从词汇词衍变成了语篇词，也就是说，关键词已不仅只是具有概念意义的孤立的词语，而是与其所在文本发生各种联系，与其他文本内容产生互动，从一个静态的使用工具，变成了一个动态的组篇单位，在与文本的互动当中，获取新的价值与意义。

在关键词发生变化的大背景下，一种新的关键词下位类型应运而生，那就是"文本关键词"。文本关键词是指参与语篇整体构成的业已给出的关键词。这种关键词出现在语篇当中，充当语篇整体的组成部分，并与语篇的其他部分发生联系，处于一个动态的信息场内。它与密钥关键词、索引关键词、检索关键词的不同之处在于以下 3 点：

1. 文本关键词是作者已经直接提取出的关键词，具有一定的强制性。索引关键词和检索关键词，特别是检索关键词，是计算机用户自己选择并使用的，具有较高的任意性。

2. 文本关键词的功能是语篇功能。索引和检索关键词仍然停留在概念功能和人际功能两个层面，最大的价值在于它具有较高的检索意义，有利于文献信息的二次处理。而文本关键词的功能是将信息组合成文，将处于同一论域内的信息组织起来，按照一定的书写范式，将其组织成一个语篇或一部著作。它已经表现出一种语篇功能。

3. 文本关键词的词语价值由词汇词衍变成了语篇词。索引关键词和检索关键词的本质还是只具有词汇概念意义，是一个静止的词汇。而文本关键词进入到具体语篇当中，与语篇的其他成分发生关系，成为一个动态的语篇词。

我们日常生活中接触到的、最常见的文本关键词有两种：一是科技文献中，位于摘要之下、正文之上、用以标识文献主题内容的文本关键词；二是作为语篇信息组织单位的文本关键词。

第一种文本关键词，它取自科技文献的标题、摘要或正文，对文献具有标引作用，并表征文献的主题内容，是科技文献语篇整体不可或缺的一部分。它处于科技文献语篇整体的层级体系当中，依附于文献主体，对文献信息的获取和解读起到辅助作用。

第二种文本关键词，存在于采用对某一论域的关键词进行详细论述的写作手法进行谋篇创作的语篇当中，语篇小的可以是一篇独立的新闻报道，大的可以是多个语篇组成的一部著作。此类关键词参与语篇内容的建构，具有概括、总结文本信息，提取信息核心内容，以及衔接语篇各部分的作用，并且常常位于单行单列、突出醒目的位置。

这种新的关键词类型，其功能与特点都是值得我们重点研究的问题，也是本研究之后几章的着力点。

第二节　关键词的类型特征

"关键"在《大辞海·语词卷》（2003：1180）中的释文为：①键，亦作"楗"。闭门的横木和加锁的木闩。《老子》："善闭，无关楗而不可开。"②比喻事物中最关紧要的部分，对于事物发展起决定作用的因素。如关键时刻；关键问题。《文心雕龙·神思》："神居胸臆，而志气统其关键。"释文的第一个义项交代了"关键"一词的词源来历，第二个义项是从第一个义项生发出来的比喻义。有关"关键"在其他辞书和著作中的释义，也都与这两个义项相近，只是语言表达不同。从这两个义项，我们可以发现，"关键"最初的作用是关门和开门，这与其相应的英文单词"key"的本义相近；后来，词义逐渐扩大，产生了比喻义，这也与英文单词"key"的词义发展相同，都是指在事物中极为重要、不可或缺，决定事物发展的因素。

关键词就是"关键"的词，所指就是在某一事物中起关键作用的要素、部分等，提供打开一扇门的钥匙。

无论从内容方面还是从形式方面，关键词都与我们平时更为熟悉的主题词、标题、流行语和热词相似，它们之间同中有异。本节将通过比较分析的方法，从语言学角度对关键词与主题词、标题、流行语、热词进行比较，分析关键词与后四者之间的差异所在，从而归纳出关键词的特征。

一 关键词与主题词

关于关键词以及其与主题词之间的联系与区别，许多学者已从情报学、图书馆学、出版学等多个角度进行分析，从信息科学的角度区分了关键词与主题词。

关键词是文献主题标引词，是未经规范或很少规范的自由词，不受词表控制，作用是用于数据库的检索入口；主题词是规范化了的关键词。

信息科学对关键词和主题词的区分，标准本身就存在人为因素，未能深入到两类词语的本质层面，只能作为技术上的参考，而不能作为真正解释二者存在差异的根本原因。本节从关键词、主题词和标题的词语内涵与作用功能入手，分析关键词与主题词之间的区别，为归纳关键词的类型特征提供一定的参考依据。

（一）"关键"与"主题"

从"关键词"和"主题词"的词语自身构成方式来看，"关键词"和"主题词"都属于定中偏正式复合词，词素分别是"关键"和"词"、"主题"和"词"，中心词都是"词"。

要辨析关键词与主题词的联系与区别，首先从区分"关键"和"主题"两个修饰成分入手。

偏正式复合词的词素之间的关系是"前一个词素修饰、限制后一个词素"（胡裕树，1995；宋均芬，2002），具体说来，又可分为表示性质、用途、领属、程度等。它们之间的逻辑基础是通过前一个词素的概念限定说明后一个词素的概念，从而限定说明的后一个词素概念变小，葛本仪（2006：80）认为："在增加了内涵的情况下，从一个外延较大的概念，过渡成为一个外延较小的概念。所以通过限定关系，就会使外延较宽的类概念，成为外延较窄的种概念。"词素"关键"和词素"词"，词素"主题"和词素"词"之间具有前者限定、说明、修饰后者的逻辑关系，"关键词"就是起到"关键"作用的词，"主题词"就是反映"主题"的词。

主题"是作品内容的要素之一。分为狭义和广义两种。狭义指作者通过描绘社会生活而展现出来的总贯全文的思想和情感；广义指从一些具有相近意蕴的作品中概括出来的思想观念，通常用于对文学作品进行归类。比如'母亲主题''生命主题'等"［《中国大百科全书（第二版）》2009：29-572］。广义的主题概念还"指社会生活或现象的某一方面，如'改革主题''爱情主题'等"（胡欣，2011：53）。但无论是广义的主题，还是狭义的主题，都是文章、作品、社会生活、现象的核心，蕴含一种基本的、具有抽象意义的思想、观念、主张、态度和倾向等。

主题词就是这种核心的、抽象的文本主题内容的具体语言形式。

（二）关键词与主题词的关系

主题词最基本的功能和作用就在于它能够概括表达文本主题概念，直接指向文本的中心。关键词是对表达全文主题内容有关键作用的词语。关键词与主题词的关系就是阐释与被阐释的关系。关键词的作用是为主题词提供全方位、多角度、多层次的诠释入口。

一个文本可能有一个，或者有两个，甚至是多个主题，而且各个主题之间并不一定是平行关系，而可能是互相融合，互相缠绕。但是，每一个主题都能够概括为一个主题词。主题词对文本内容进行归纳，是文本内容的结晶。而每一个主题词往往是由一个或若干个恰当准确的关键词构成，分别从不同的层面和角度对主题词作深刻而准确的阐释。主题词以词这种语言形式对文本主题内容进行归纳提炼，而关键词是通过对主题词的诠释对文本主题进行全方位的演绎，成为文本内容生发的起点。如果说主题词是对主题内容的抽象化，那么关键词就是将抽象化的主题概念再具象化、细致化。

文本、主题词、关键词三者的关系可由下图表示：

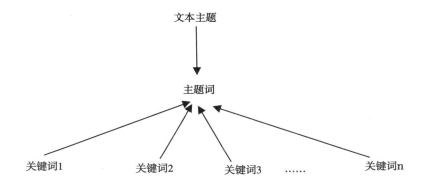

文本主题提炼为主题词，是阅读理解文本主题的切入点和突破口，所有的文本解读活动都紧紧围绕着主题词而展开。另一方面，以主题词为圆心，与各个关键词的连线为半径，形成了一个个的同心圆，对以主题词为核心的内容进行深入剖析，从纵深层次和横切面上对文献的思想和内容进行深度解析。如《人民日报》2011年3月7日的一篇新闻报道。

全国政协十一届四次会议举行记者会
七大关键词聚焦"加快转变经济发展方式"

本报北京3月6日电（记者陈星星）3月6日上午，全国政协十一届四次会议举行记者会，主题是"加快转变经济发展方式，促进'十二五'时期经济社会科学发展"。全国政协委员、国家统计局原局长李德水，全国政协常委、北京大学光华管理学院名誉院长厉以宁，全国政协委员、中央农村工作领导小组副组长陈锡文，全国政协常委、致公党中央常务副主席王钦敏，全国政协常委、国家发改委原副主任王金祥，全国政协委员、中国工商银行行长杨凯生，全国政协委员、亿利资源集团总裁王文彪出席并回答记者提问。

　　关键词：扩大内需 ……

　　关键词：通货膨胀 ……

　　关键词：农民增收 ……

　　关键词：自主创新 ……

　　关键词：新兴产业 ……

　　关键词：商业银行 ……

　　关键词：民营企业 ……

（《人民日报》2011 年 3 月 7 日）

　　由上述报道的内容我们可以看出，该篇新闻语篇是对全国政协十一届四次会议举行记者会的报道，此次报道的核心内容，也是这次记者会的主题是"加快转变经济发展方式，促进'十二五'时期经济社会科学发展"，主题词可以进一步提炼为"加快转变经济发展方式"。记者将记者会发言人有关这一主题的发言内容概括为 7 个关键词，以此来解读这一主题，为读者提供了深入了解、深度解析与会代表发言内容的切入点和关键所在。这 7 个关键词将抽象化的主题概念具象化为一个个现实问题，共同发掘主题精华所在。

　　同时，"主题是作品所有要素的辐射中心和创作虚构的制约点"（《辞海》2010：2518），主题处于限制和约束文本其他要素的核心位置，关键词的选取自然也处于主题的控制范围之内。这就决定了，关键词只能是以主题词形成的"主题概念"为指导，从以主题词为核心的文本空间中提取出来的，即一组关键词具有同一个主题意义，形成一个以主题词为核心的话语场。主题词与关键词是一对一或一对多的关系。也只有文本的主题内容确立了，相应的关键词才能够显现出来。关键词是由文本的主题内容决定的，主题词限制了关键词选取的文本范围，关键词补充了主题词的具体指向。两者是相辅相成、相得益彰的。如上例所示，7 个关键词全部是与主题词"加快转变经济发展方式"有关的各个方面，它们紧紧围绕着主题词，形成了 7 个同心圆，共同揭示主题内容的精华所在。

　　"关键词"在一定条件下也可以升级为"主题词"。将"关键词"

及其统领的文本单位作为一个单独的个体来看，"关键词"就反映了文本的中心思想、主题内容，整个文本单位围绕"关键词"展开论述，那么，此时的"关键词"就是这个文本的"主题词"。同样的，当一个"关键词"升级为"主题词"，就产生了自己的论域范围，也就可以拥有指向自己的"关键词"。相反，一个"主题词"一旦纳入到特定的论域中，与其他具有同等身份地位的词语发生平行并列关系，共同对另一个词语 A 概括的论域进行补充、说明、阐释、解读，那么，它就转变成了一个"关键词"，另一个词语 A 就是统辖它所处论域的"主题词"。

二　关键词与标题

"标题"是文章或作品的名称，是文章或作品的重要组成部分。《现代汉语词典》（2012：372）将其解释为："标明文章、作品等内容的简短语句。"《辞海》（2010：123）中对标题做了这样的解释："标题是报刊上新闻报道和文章的题目。通常特指新闻的题目。标题以文章内容为命题依据，有提示报道内容、吸引并引导读者阅读理解、美化版面等作用。"

从"关键词"和"标题"所处的语篇位置与形式特征来看，"关键词"和"标题"，特别是语篇内部的"小标题"位置相同，都是处于正文上方，单列一行，有时居中显示，字体和字号都与正文不同，以示区别。这就使很多人认为"标题"就是这个语篇的"关键词"，"关键词"就是用一个词语来做语篇的"标题"。

其实，"关键词"与"标题"之间，存在着很大的区别，这些区别，能够帮助我们从本质上认识关键词的类型特征。

（一）"关键词"与普通标题的区别

"关键词"与"标题"最显而易见的不同表现在语言形式上的不同。"关键词"顾名思义，其语言形式只停留在"词"的层面，结构形式一定是词语。而"标题"的形式就多种多样，可长可短，短则一字一题，如鲁迅《药》，长则一句话也可，甚至是一个复句，如陈宇欣《我就是想停下来，看看这个世界》。

"关键词"与"标题"的另一个最大的区别是，"关键词"与"主题"的关系是紧密联系、密不可分的。"主题"决定"关键词","关键词"提供进入"主题"的视角和通道。而"标题"与"主题"的关系却较为松散,可以紧扣主题,如毛泽东的《论持久战》,余师的《身体和灵魂,总有一个要在路上》;也可以与"主题"相差千万里,如李娟的《走夜路请放声歌唱》,标题中有"走夜路",有"放声歌唱",其实整本书与走夜路和唱歌并没有什么关系,她只是用这句话来代表自己对人生的思考,表达自己内心的坚强。本书是一本散文集,写的是她以前充满艰辛与辛酸的生活,没有户口,以捡垃圾为生,常年见不到自己的母亲,只能和七十多岁的外婆相依为命,还要照顾瘫痪在床的九十多岁的老外婆等等。全书的标题"走夜路请放声歌唱"与全书的主题相差较远。

但是,有的"标题"的语言形式为一个词语,而且也突出地反映主题的内容,与主题息息相关,如一篇文章中的小标题。无论是语言形式,还是与"主题"的关系,都与"关键词"极为相似,如严歌苓的《寄居者》。"寄居者",语言形式上是一个词语,又是这本小说所讲述的主要人物。"寄居者"一词显然是这本小说的题目,那么,它是不是这篇小说的"关键词"呢?为了表述方便,我们暂且将这种词语形式的标题,称为"词语标题"。

确实,当一个语篇的"标题"是一个词语时,的确从语言形式上很难区分这个"词语"是"标题"还是"关键词"。如张金明、岩波的《青花》,夜纤尘的《闪婚》;《新民晚报》2012 年 8 月 24 日的新闻《"数码阿姨"》等。如果这个词语的语义内容与语篇的主题内容又密切相关,那么就更增加了我们判断的难度。很显然,这些书名号里的词语,肯定都是"标题"。但如果是去掉书名号的,在篇幅较长的文章或著作中使用的"词语小标题"呢?它们是不是所统领语篇的"关键词"呢?这就有待考证了。那么,"关键词"和"词语标题",特别是"关键词"与出现在语篇中间的"词语小标题",到底有什么本质的区别?我们看到一个词语出现在显要位置时,是应该将它判断为"关键词",还是定性为"标题"呢?接下来我们将着重解决这一问题。

(二)"关键词"与"词语标题"的功能区别

"关键词"之所以被称为"关键"词,是因为它在某个时间或空间范畴内，对某一事物的存在、发展以及当人们与某一事物发生关系时对人们的认知起决定作用。也就是说，"关键词"之所以具有"关键"的作用，是相对的，是由它与同处于同一时空范畴内的其他因素之间的关系产生的。如果它脱离了这个时空范畴，离开了其他因素，那么它就只是一个普通词语，是一个只具有理性意义的能指符号。因此，它的存在，必然受制于他者，具有相对性和指向性。这主要表现在两个方面，首先，关键词的存在不是客观的，而是相对的。在这个时空范畴之内，相对于其他词语来说，它具有"关键"的作用，但是一旦离开这个时空范畴，进入另一个，那么它的"关键"地位就可能随之消失，成为一个普通的、居次要地位的词语。其次，关键词必然有所指向，即是什么的"关键词"，在文本空间内，它指向的往往是文本的主题内容。此时，作为能指和所指结合体的"关键词"，是通过其所指，也就是语言所反映的事物的概念内容，与文本空间内的其他因素产生联系的。

"词语标题"具有一般标题的基本属性，那就是"文章或作品的名称"，是一个名字，是相对独立而又客观存在的文章或作品的组成部分。它一旦生成，无论是在什么样的时空范畴之内，它都以这个"文章或作品的名称"的身份而存在，并以书名号为形式标记显现，成为一个专名。在这个过程中，它的身份已经发生了变化，它已经成为一个单纯的符号，隐匿了它作为词语时含有的各种意义，作为能指符号的"词语标题"，其所指是整个文章或作品，代表一个事物，而不再是事物的概念，也不是文本的主题内容。"词语标题"是通过符号形式与所处空间内其他因素发生关系的。

如《中国青年报》中"阅读周刊"版面的"特别推荐"栏目，有一次推荐一本书，名叫《饭局》，而给出的关键词，也同样是"饭局"。这篇报道是这样写的：

《饭局》
关键词：饭局

请托办事，联络感情，商场博杀，权钱交易，凡有人处，就有饭局。在中国，有 99% 的事情是从饭局上开始，到饭局上解决，最后又回到饭局。而最能体现交际手段的，便是这饭局。"饭"与"局"被组合成一个词，是古代文人对汉语及中国文化的一大贡献。

李国征著　河南文艺出版社　2009 年 9 月出版

（《中国青年报》2009 年 10 月 13 日）

"饭局"一词，显然具有双重身份，一是这部著作的题目，二是这部著作的关键词。作为题目的"饭局"，标明这部著作的内容，同时以题目的身份，指向整部著作或者整部著作的内容。我们会说："今天我看了一本书，叫《饭局》。""《饭局》好不好看？""《饭局》主要讲什么？"等。这里的"饭局"一词，是一个书名，亦即专名，仅仅是一个符号，指代的是李国政著、河南文艺出版社 2009 年 9 月出版的一部书以及这部书的内容。而作为关键词的"饭局"，却是我们一般理解的词汇意义上的宴会、聚餐，以及饭局上的各种应酬、礼节和相关事项。但是，它除了具有词汇意义之外，关键词"饭局"还给读者提供了阅读、理解、分析书籍《饭局》的切入点和背景知识。但是，一旦离开了《饭局》这部书的文本空间，它就不再具有这一重要作用，就只具有词汇意义，恢复了它原有的身份，成为我们日常词语库中的一员了。

由上可知，"关键词"与"词语标题"具有相同的语言形式，可是它们的功能却是不同的。"关键词"作为音义结合体而存在，具有词语的词汇意义，此意义向上是指向一定的主题，存在于由特定主题限定的论域之内；向下是某一文本的阐述对象，并与其他同组的"关键词"处于平行关系，"关键词"存在于关系之中。而"词语标题"，特别是"词语小标题"主要是"做一个文本的名字"，是一个象征性符号，指代一个文本，不具有词语意义，不从属于特定的时空范畴，具有相对独立性。

"关键词"与"词语小标题"在语篇中的形式功能却是有异曲同工之妙。在一个较大的语篇内，"关键词"与"词语小标题"都起到了划分层次、段落的功能。

综上所述，一个词语，如果其形式是一个标题，其语义内涵又是文本的叙述重点，如上例所说的"饭局"一词，那么它可以是一个"关键词"，同时也可以是"词语标题"。这个词语就具有了双重身份，是同形异质的关系。当一个词语消除了自身的词汇意义，成为一个纯粹的符号来指称一个文本时，它就是"词语标题"。如果它凸显自身所反映的事物的概念，用来补充、说明、解读主题内容，概括所领属文本的主要内容时，它就成为"关键词"。

所以，"关键词"与"标题"是两种不同性质的符号，当它们具有不同的能指符号，或者与文本主题内容关系不同时，我们能够清晰地分辨出两者的差异。但是，如果它们具有相同的能指符号，同时，所反映的事物概念与文本主题内容向上有补充说明关系，向下有总结核心关系，那么，这个词语就同时具有"关键词"和"标题"两种身份，含有两个所指对象，形成同形异质词。

三　关键词与流行语、热词

以词或语作为传递信息的载体，对特定信息进行压缩、提炼、综合、指代等多方面处理的表述方式，越来越受到社会大众的认可与好评。"关键词""热词""流行语"等词语，被广泛运用到文章、言谈之中，成为划分一些词类或语类的术语，用这些词或语来总结、概括、反映某一事件、某一时期或某一现象。而对此三类相似而不相同的词类或语类的概念意义、语言特征、类别特征、分类标准却不清不楚、无一定法、纷纭杂沓，常常在同一篇文章中混用此三种概念，或者错用概念。那么，这三者之间到底是什么关系，又有什么区别和联系呢？

学界对"热词"和"流行语"的研究起步较早，且深入广泛，社会学、心理学、语言学、传播学、新闻学、文化研究等各个不同学科都对其进行过分析探讨，对"热词"和"流行语"的认知丰满而翔实，能够很好地指导我们使用这两个概念和划分语言单位类型。很多学者都给出了"热词"和"流行语"的定义，本书认为，崔蓬克（2012）对"热词"和"流行语"的定义比较全面：

> 热词是以一个阶段的非基础语汇作为参照系，以（如在媒体或搜索引擎中出现的）频度作为标准提取的语言单位。频度高的即是热词，即热门词汇。热词反映的是媒体与读者对某事物的关

注度。

流行语指在一定时期内的某语言社区内，反映社会热点和社会心态，具有民间性、可复制性、传染性和变异性的新生语言单位。

但是，对"关键词"这一特殊而又广泛存在的词类进行的本体研究却少之又少。此部分通过对"关键词"与"热词"和"流行语"进行对比，找出"关键词"的词类特征。

（一）关键词与流行语

1. 稳定性与多变性

关键词的稳定性与流行语的多变性首先体现为关键词语言形式的单一性和流行语语言形式的多样性。

首先，语言形式是意义的载体，是一种可观的、可直接触摸到的外在表现形式。关键词与流行语的不同，最突出的、最易为人们感知到的就是其语言形式的表现不同：关键词的语言形式一般来说只是单个的词或短语，而流行语的语言形式可谓是多种多样，包括词汇、短语、句子，甚至是构词成分、语义框架等。

其次，关键词的稳定性与流行语的多变性表现在关键词语言形式的稳定性与流行语语言形式的变异性。关键词的语言形式一般不能发生变异，而流行语却具有高度的变异性和模因性。

最后，关键词的稳定性与流行语的多变性表现在关键词语义的凝固性和流行语语义的演化性。关键词是一种固定的语言单位，不仅在形式上具有稳定性，而且在词义上也是要求一词一义，且不可发生演化。而流行语中有相当一部分的语义是开放的，可以随意地增删、泛化。

学术论文里标引的关键词，都是某一学科的专门术语或词语，自然具有固定的语义内容和语言形式。新闻语篇和书籍中的关键词，也同样具有固定的语义内容和语言形式。

例如，2008年6月28日《南方都市报》的一篇新闻报道《四个关键词解读08下半场》，用四个关键词"股市拐点""企业盈利""3A股估值吸引力"和"配置策略"评论2008年下半年的股市情况。这四个词的语言形式都是固定的，也不含有别的其他意思。

而流行语却是多种多样，语义可以增删，形式可以改变。

如，流行语"神马"。"神马"并不是异于寻常、具有非凡神力的马，而是"什么"这个词的谐音。

又如，流行语"贾君鹏，你妈妈喊你回家吃饭"就形成了"×××，（谁）喊你（做什么）"的固定结构。可以填充进入不同的内容，表达多种意思。

2. 语言单位的旧与新

很多学者将"流行语"描述成一种"新生语言单位"，"绝大部分都是一些新产生的词语或旧词语的新用法"（崔蓬克，2012），"流行语的最大特点是新鲜感"（刘大为，1995），特征是"新奇性"（韦唯，2012），流行语是"赋予新的意义的词语"，具有"形式新颖"的特性（丁加勇，2004），胡培安（2012）给出的流行语的语言学界定也说明"当流行以语言为载体，而且具有语法组合和语义组合的创新时，就形成了流行语"。由此可知，流行语或者在语言形式层面，或者在语义内涵层面，都会有一定的新意。而且，最重要的是，这种创新性负载的是"流行涵指"，意即流行文化因素，而不是一般的语言符号能指对应的理性所指。

如流行语"××门"，从"水门事件"开始，"××门"就成为了一种表示丑闻的固定结构，"××"就是丑闻产生的原因。如"艳照门""解说门""虐囚门""奶粉门"等，在这里，"门"字具有了新的用法，能不断地产生新的意义。

而关键词在创新性方面则保守得多。一般来说，关键词倾向于沿用已在语言世界与人类认知层面稳定下来的语言形式和语义内涵与外延。即使有新的词语形式出现，与之对应的所指也只是一种新的理性意义或客观现实，一旦提出，就随即成为具有固定语言形式和语义内涵和外延的语言成分。

同样是"××门"，作为关键词的"××门"就消隐了它的流行意味，成为一个客观指向一种造词手法、一种抽象事件。

如论文《试论类词缀"门"构成的"××门"》的关键词：

"门"/类词缀/汉化/"××门"

关键词"××门"也是一个新的词语形式，但是在这里，它是一个关键词，已经成为一个一般的语言符号，其客观所指是指××门这种造词方法。它不会发生词形和语义的变化。这与作为流行语的"××门"不同。

也就是说,与其说一个新的关键词的出现是创新,不如说只是身份的转变。它的"新"是指其具有了新的身份,成为某一论域中的具有关键作用的词语,它的语言形式与语义内涵和外延一般并不发生改变。而流行语的创新却是一个持续的过程,它不仅在出生那一刻是"全新的",而且始终处于成长的过程中,不断发生变化和创造,直到它突然消失的那一刻,才会停止。

3. 客观所指与流行涵指

任何语言符号都是由能指与所指构成的,"能指"指语言的声音形象,"所指"指语言所反映的事物的概念。关键词与流行语都是包含了能指和所指的符号。语言形式是它们的能指,所指就是相应的事物的概念。但是,它们却具有不同的语义内涵。

刘大为(1995b)也提出,流行语除了具有理性意义之外,更多的是承载了丰富的文化含义。流行语扩散时"仍然携带着它根深蒂固的文化含义"。并且"流行语凭借着群体行为的压力以及潜意识影响的力量,把这种文化含义强加给每一个接受了该流行语的人"。

李明洁(2012)在其研究中用"流行涵指"一词对应"客观所指",表示流行语独特的内涵意义,"(流行语)与一般词语的区别在于,流行语作为流行文化的符号,其所指还必须额外承载人们生成和传播流行语的内在动因",即"流行涵指"。"涵指"是指,"人的心智包含知情意三部分。在语言层面,知识对应着概念,存在于所指;情感和意志则隐含在符号的使用过程中,我们将其称为'涵指'"。

流行语这一种语言符号,不仅包含有对应的表示事物概念的所指,还承载着与一般"涵指"所不同的"文化含义""流行涵指",反映的是一种流行文化。而且,这种"流行涵指"往往代替了其客观所指参与言语活动。

而关键词一旦提出,就成为一种具有稳定、客观的能指与所指的语言单位,只反映事物的概念,具有客观所指,不包含其他特殊"涵指"。关键词的所指往往是事物的概念、某一事件或现象。

例如"躲猫猫"一词,其作为流行语参与言语活动的时候,不再指一种"儿童游戏",也不仅指其新的含义"隐瞒事实、躲躲藏藏",更反映了一种对特定事件的讽刺、嘲弄、质疑和不满的社会文化心态；而作为关键词出现在言语活动中时，如一篇名为《公务员考试面试热点之建设服务性政府》的新闻报道中，将"躲猫猫、发烧死"列为"政府信息公开和公信力建设"的"关键词"。此时，"躲猫猫"一词就自然地剥落掉了它身上的那种流行涵指，而仅仅成为"犯下错误后故意隐瞒事实，或故意躲躲藏藏"这一现象的能指。

4. 客观性与社会性

流行语无论是产生动因，还是形成过程，甚至在语言生活和社会生活中的传播，都充满了社会性和主观性。刘大为（1995a）指出，流行语是"流行以语言为载体"而出现的，"某些语言成分产生于特定的社会群体，或者长期为该群体使用，因而渗透着该群体所赋予它的含义。然后由于种种原因，这些语言成分以该社会群体为扩散源向社会扩散，形成流行语"（刘大为，1995b）。崔蓬克（2012）也指出，"流行语反映的是当下流行的话语和社会心态"，"是基于'流行'的次生概念"，"流行语是大众通过语言形式表达社会性心理诉求的一种手段"，也就是说"流行语具有自愿性的动力机制"（李明洁，2012）。流行语从根本上说一种社会现象，它产生于社会生活，在社会生活中成长发展，并反过来折射社会生活，与社会生活有着千丝万缕的联系。

而关键词，原指学术论文中，"从文章中选取出来的，对表达全文主题内容有关键作用的词语"（《辞海》，1999：346），后逐渐发展成"泛指能反映人们关注的事件或现象的词语"（《新中国60年新词新语词典》，2009：159）。也就是说，一个词语之所以能够成为"关键词"，并不是个人或某一社会团体规定的，而是由于它自身与所在"文章"和所处"情景及诠释"的关系决定的。即使是"选取"这么一个个人化意味浓郁的动作，也是在这种关系限定下进行的。而这种关系，却是不以主观意志为转移的，具有高度的客观性。

5. 强制接受性与自主选择性

刘大为（1995b）认为，流行语起源于特定的社会群体，蕴含着这个社会群体的价值取向与文化含义，流行语的扩散同时也传播着特定的文化，"接受一个流行语的同时也就接受了它的文化含义，意味着你就会按照它特定的观念、心态或偏见去认识和处理相应的对象"。而"如果你敏感地觉察到这种文化含义与你固有的信念相矛盾而你又要坚持后者的话，你就会拒绝那个流行语，起码不会正面使用它"。也就是说，对于流行语，人们可以接受它，也可以不接受它，甚至是否决它、排斥它、批判它。作为接受者的一方，对于是否使用它，是否接受它，拥有绝对的自主权，就像对待流行趋势一样，有人跟风，有人敬而远之，有人嗤之以鼻。作为"'流行'的次生品"的"流行语"当然也会受到同样的待遇。

关键词则不同。关键词与所在论域的客观联系，决定了当接受者跨入这个论域的时候，就必须接受这些关键词，甚至有时候必须去主动寻找关键词的信息，否则就无法进行正确或者说是恰当的社会实践活动。因此，对于信息的接受者，是要必须接受并充分理解关键词的，具有强制性。就像是一把钥匙开一把锁，只有用这把钥匙，才能顺利打开这把锁。

6. 空间范畴与时间范畴

空间和时间是物理学上描写物质运动的一对术语。空间是指物质存在的位置和性状，时间是用来描述物质运动的先后顺序。

流行语的运动表现出时间性。流行语是流行文化的一个载体，是社会生活、流行元素投射到语言层面的结果，而"流行"这一种社会现象具有周期性的特点。流行从形成到消失的时间较短，"流行的事物在量上必定有一个突然的增加，然后经历了一段时间后迅速降低"（崔蓬克，2012）。因此，"流行语"是一个历史范畴，具有时段性的特定，存在于特定的时间段内，从产生到顶峰，然后迅速消失，整个生命轨迹呈开口向下的抛物线状。"如果这一社会热点不再成为热点，相关的词语也就不再流行"（夏中华，2012）。流行语随着社会流行的变化而变化，在时间轴上升降起伏，显现隐匿。

关键词存在于空间范畴内。总是针对某一论域而言，"必须依赖于一定的论域"（李明洁，2012），它存在于特定的关系空间内；切断与特定论域的关系，它将不再是关键词，而只是苍茫词海中的一粒微尘，与其他万千词语没有任何区别，不具有任何独特的身份特征，是一个只拥有理性意义的普通词语。可是，一旦将其放置于特定的关系空间内，它就成为关键词，无论时间长短，只要这个论域空间存在，那么这个词与这个论域的关系就存在，它作为关键词的身份就不会改变。因此，关键词是一个空间范畴，一般来说，它不随着时间的变化而变化。

7. 隔离性与传染性

语言的传染性是指语言传播速度快，范围广，从少到多，从单一到复杂，从一个社会群体扩展到众多社会团体，甚至整个社会，使用范围也会扩大。流行语一开始总是在特定的社会群体中运用，而后逐渐地甚至是迅速地扩散开去，传播到整个社会。而且其使用的语境范围也呈放射性扩展，不断地扩大。比如"山寨"一词，最早是粤语方言词，后来成为形容依靠抄袭、仿制、克隆的产品，再后来，不仅可以形容有形的物质产品，还可以形容爱情、友情等无形的东西。不仅在地域和社会群体中蔓延，也在语义上不断地泛化。

语言的隔离性是指语言传播的受限制性与封闭性。它的存在只囿于一定的范围之内，自身不具有传播能力和扩散能力。关键词一般来说，由于其总是限于一定的论域之内，因此在其他论域和语境的适用范围较小，只能囿于自身所在的论域，与同在一个论域的其他成分发生关系。如"民生"是今年"两会"的关键词。"民生"一词本身就属于附有政治意味的官方话语，是只有在谈及一些官方文件、官方报道时才会选用的词语，在其他领域，我们很少会说到"今年的民生"怎样怎样。因此，大多数的关键词对外是有一定的隔离性的。

通过以上的比较，我们可以看出，关键词是这样一类词语：具有稳定的语言形式与语义内涵，其客观所指通常为一个概念、现象或事件，客观存在于且仅存在于特定论域空间内。

（三）关键词与热词

1. 关键词与热词的词语属性不同

在进行关键词与热词的比较之前，为了深化对热词的认知，可以先将流行语同热词进行比较，总结出热词的特点，从而以流行语为中介，对关键词和热词进行比较。

流行语和热词有很多的相似之处，崔蓬克（2012）提到："流行语很多都是热词，但热词不一定都能够成为流行语。"并在文章中概括了流行语同热词的参数比较：

类型＼参数	新词	反映社会热点	变异性传染性	阶段性	全民性	语言社区	反映社会心态	民间性
流行语	+	+/-	+	+	-	+	+	+
热词	+/-	+	-	+	+	-	+/-	+/-

由上表可知，热词的特点是：可以是新词，也可以是旧词，反映社会热点，具有全民性和阶段性特点，不具有"变异性"和"传染性"，有的能够反映社会心态，有的不能，部分具有民间性。

参照上表，我们可以总结出流行语同关键词的不同点：

	新词	反映社会热点和心态	变异性传染性	阶段性	全民性	语言社区	民间性社会性	强制接受性
流行语	+	+/-	+	+	+	+	+	-
关键词	+/-	+/-	-	-	-	+/-	-	+

综合两个表我们可以发现，关键词同热词有一些相似之处，它们的语言形式都以词语形式表现，都不具有变异性和传染性，可以是新词，也可以是旧词。不同之处在于：

（1）热词必须反映社会热点，有的能够反映社会心态，有的不能；而大多数关键词不能反映社会热点和心态，只有一小部分具有反映社会热点和心态的功能。

（2）热词具有阶段性和全民性的特定；而关键词则不具有阶段性和全民性的特点。

（3）热词不属于特定的语言社区；而关键词有的属于特定的语言社区，有的不属于。

（4）热词大多数具有民间性；而关键词不具有民间性和社会性，具有官方性和客观性，较之热词和流行语，规范性更强。

（5）热词反映了公众和媒体的关注度，也是一种自发自愿的行为，不具有强制接受的要求；而关键词具有强制接受性。

通过中介物"流行语"，我们对热词和关键词进行了初步的对比，得出了以上的结论。

2. 关键词与热词的选取和判断标准不同

关键词与热词之间最重要，也是最关键的区别在于二者的选取和判断标准的不同。

"热词以在媒体或搜索引擎中出现的频率为标准"（崔蓬克，2012），这是选取和判断一个词语是否是热词的一个重要标准，关键在于它是否够"热"。"热"在《新华字典》中的释义其中一项为"受很多人普遍欢迎、关注的：热销、热门儿"。"热词"反映的就是公众和媒体对某事物的关注度。关注度越高，这个词就越"热"。从而，有专家认为，从某种意义上讲，热词就是互联网在信息爆炸和信息泛滥时代自我筛选的过程，最后通过网友的群体智慧，呈现出最精炼、最能代表社会形态的词语。

判断一个词语是否是"关键词"的标准则是看其在特定论域中是否"关键"。"关键"在《现代汉语词典》（2005：416）中的释义为"事物最关紧要的部分；对情况起决定作用的因素"。确定一个词是否是"关键词"，就要通过判断它是否是"某事物最关紧要的部分"，是否对"某情况起决定作用"。关键词是由它与所在论域及论域中其他成分之间的关系决定的。是否受到关注、欢迎只是可有条件，不是必备条件。它的存在由论域空间决定。这也是关键词和热词之间最重要的区别。

如果一个关键词在某一时间段内，受到公众和媒体的广泛关注，那么，它就能够成为这一时段的热词；反过来，如果一个热词进入了某一论域，并起到了决定作用，那么在这个论域中，它就成为一个关键词。因此，"热词"在不违背"关键词"的基本特点（如上文所述）的情况下，与"关键词"之间可以相互转化，转化的条件是"是否受到公众和媒体的广泛关注"。当然，也有二者合二为一的情况。

"关键词""流行语"和"热词"三者之间的联系与区别，在下面这篇新闻报道中得到了很好的阐释：

浙江卫视跨年晚会主打梦想牌

今年之所以以"梦想盛典"的形式跨年，浙江卫视副总监杜昉表示，主要是因为2011年播出的两季《中国梦想秀》无论在收视

方面，还是在反响方面，效果都特别好："因为这个节目，'梦想'
这个词已经成为年度热词，甚至说是 2011 年的关键词也不为过，
你们可能也看得到，很多广告现在都以'梦想'为关键词，而更有
不少电视台模仿《中国梦想秀》，包括我们的那句'你还有梦吗'，
现在也成了流行语。所以，以'梦想盛典'的形式进行跨年，可谓
水到渠成。"

（《杭州日报》2011 年 12 月 31 日）

首先，两季《中国梦想秀》，使得"梦想"一词在社会中引起了广
泛关注和强烈反响，出现的频率大幅度提高，成为"年度热词"；之
后，杜昉又将其定位为"2011 年的关键词也不为过"，"很多广告现在
都以'梦想'为关键词"。从杜昉副总监的用词"也不为过"，说明
"关键词"的地位要比"热词"更高，或者说更重要、更正式，当我们
提及 2011 年时，"梦想"一词已经成为举足轻重的、不可或缺的，是
对我们描述、解读、概括 2011 年度起到关键作用的词语。"梦想"一
词在很多广告中也是至关重要的，成为它们的"关键词"。最后，杜副
总监说"我们的那句'你还有梦吗'，现在也成了流行语"，点出了
"关键词"和"热词"只不过是一个词，而流行语可以是一句话，而且
这句流行语是在"梦想"一词的基础上生发出来的，在公众之间广泛
流传，要在我们这个缺少"梦想"的年代里，唤起人们心目中对"梦
想"的挚爱，对"梦想"的追求。杜昉副总监的一番话，不仅解释了
浙江卫视以"梦想盛典"形式跨年的原因，还凭着一位资深媒体人士
对语言的敏感度，道出了"热词""关键词"和"流行语"之间微妙
的、千丝万缕的联系和差异。

四　关键词的类型特征

（一）关键词的类型特征

通过关键词与主题词、标题、流行语和热词的比较分析，我们可以
发现，关键词的特点是：

1. 依赖于特定论域，客观存在于且仅存在于特定论域空间内：这
就决定了它的强制接受性与隔离性。

2. 具有稳定的语言形式与语义内涵。

3. 其客观所指通常为一个概念、现象或事件，具有论域意义。

4. 具有空间性，一般不具有时间性。

5. 与所在论域空间发生的关系有关，与出现频率没有必然联系。

这正如英国学者雷蒙·威廉斯在其经典著作《关键词：文化与社会的词语》（2005）导言部分对"关键词"所作出的解释一样：

> 我称这些词为关键词，有两种相关的意涵：一方面，在某些情景及诠释里，它们是重要且相关的词。另一方面，在某些思想领域，它们是意义伸长且具指示性的词。

(二) 关键词的内涵

关键词是这样一类词语：客观存在于且仅存在于特定论域空间内，向上具有阐释性，向下具有统领性，具有稳定的语言形式与语义内涵，其客观所指通常为一个概念、现象或事件。具体说来，其内涵包括如下几个方面：

1. 自上而下来看，本书所提出的"关键词"，主要是就其在特定论域空间内的地位与作用而言的。它们对于人们理解和把握特定论域的本质特征、功能价值、内涵外延、规律价值等都起着十分关键的作用。它们之所以"关键"，就因为它们不是可有可无的，而是人们在涉及特定论域时所必不可少的话语资源；它们不仅体现了人们对于特定论域的基本认知，而且规定了当下此论域的话语方式。所以，"关键词"的产生与发展、出现与消失，都是基于一定的论域范畴。只有存在于特定的论域空间内，它才具有"关键性"的地位和作用，才具有"关键词"的身份。脱离了特定论域，它将只是普通词汇材料中的一员。

比如，只有在新闻报道《国庆阅兵后勤保障关键词》（《人民日报》2009 年 9 月 19 日）中，"节俭"一词，进入"国庆阅兵后勤保障"这个论域内，它才具有核心地位，成为"关键词"，如果从这个论域中抽离出来，以一种裸露的状态出现在我们面前，那么只是"用钱等有节制；俭省"的一种抽象概念。

同样地，由于"关键词"存在于特定论域中，那么，它所负载的语义内涵就不仅仅只是概念意义，而更多的是社会意义、语境意义。而这个社会意义、语境意义是由其所处论域赋予的，它承载了多一层的论域意义。仍以"节俭"一词为例，它的概念意义是"用钱等有节制；俭省"，社会意义可能包括多种多样，但是它所处的论域"国庆阅兵后勤保障"加上一层国庆阅兵后勤保障的财务工作，做到了节俭每一分钱，用好每一分钱，为国家，为部队，为人民做好每一件事的含义，体现了后勤保障工作人员勤俭节约的美德。也正如《奢华档案》的编著者米苏在前言中所说的那样"时装品牌的流行关键词，已经不单是传递字或词的意义，它们总携着完美的时装形象而来的……"一个简单的词语，一旦进入特定论域，成为"关键词"，那么它自身所散发出来的光芒，将触动所有接触此论域的人的敏感神经。它们经过某种理论化的过程，自身意义几乎都被消解，从而使我们不可能再以通常惯用的词语形式来识别它们。它只有进入特定论域才能获取价值。

2. 自下而上地看，"关键词"是构成特定论域体系的基本要件，它们构成了一个论域体系的基本框架，就像一座大厦的每一块砖，而它们之间各种各样的关系，则是盖大厦时将每一块砖紧密牢固地粘在一起的黏合剂。

如果我们要阅读和理解一个文本，就要了解两方面的语言知识，一是词汇的意义，一是语法关系。也就是说，一方面要明了它的每个关键词语或者说是核心概念，另一方面是要掌握这些词汇之间的内在关系。那么，我们不妨将某个特定论域看作是一个文本，"关键词"就是这个文本的词汇，而"关键词"之间的关系，就是将这些词汇联系起来的语法关系。这些词语经由语法串联成句，表达一定的意义；也只有通过这些词语彼此之间这样或那样的内在关系，才能真正凸显某一词语个体的意义，以及这些词语相加后体现出的整体意义。这些词语作为一个整体要大于各部分简单相加的总和："整体的意味大于个体的言说。"

本章小结

本章主要是对关键词进行本体研究。

本章首先对关键词的启用、发展进行梳理。关键词最早在 1800 年左右出现，在我国，关键词的应用经历了文献索引、信息检索、科技文献标引以及论域解读四个阶段。根据关键词的功能，将关键词分为密钥关键词、索引关键词、检索关键词以及文本关键词四类，并分别对四类关键词进行介绍。

在这一部分，主要提出一种新的关键词下位类型——文本关键词。它是指参与语篇整体构成的业已给出的关键词，它是作者已经选择出来的，直接提供给读者的，在建构和解读语篇时不可缺少的一部分。与密钥关键词、索引关键词和检索关键词有着很大的区别。

我们较为常见的文本关键词一种是科技文献语篇中的关键词，一种是采用对某一论域的关键词进行详细叙述的方式进行写作的新闻和书籍中，作为论述对象的关键词。

然后，本章运用对比法从语言学角度探讨关键词的类型特征。无论是从形式上还是从内容上，关键词都与主题词、标题、流行语和热词相似，但其实关键词同后三者之间存在的本质的不同。

第一，关键词与主题词不同。主题词是对文献主题内容的概括，而关键词是对表达全文主题内容起到关键作用的词语，关键词的作用是对主题提供多角度、多方位的切入口，关键词与主题词之间是阐释与被阐释的关系，它们之间形成一对一或一对多的对应形式。同时关键词与主题词之间又可以相互转化。

第二，关键词与标题不同。关键词与标题的语言形式不同。关键词一般来说是词或短语，而标题的语言形式多种多样。关键词是存在于特定论域且受论域限制，具有相对性和指向性，而标题是一个独立的语篇成分，一旦生成，则无论在何种情况下，它都是一个标题。另一方面，关键词与标题的所指不同。关键词指向的是客观事物的概念，而标题指向整个作品，它代表的是一个事物，而不是事物的概念。

第三，关键词与流行语、热词不同。关键词存在于且仅存在于特定论域空间内，具有强制接受性，不具有传染性和扩散性，一般采用旧有的语言形式，具有固定的语言形式和语义内涵，创新性不强，其负载的更多的是词语的客观理性意义，较少流行文化因素。选择关键词的条件是其对特定论域是否具有关键作用，与出现频率无太大关系。

本章通过将关键词与标题、主题词、流行语和热词进行对比，从而从语言学角度给出关键词的定义。关键词是这样一类词语：客观存在于且仅存在于特定论域空间内，向上具有阐释性，向下具有统领性，稳定的语言形式与语义内涵，其客观所指通常为一个概念、现象或事件。

并总结出关键词的类型特点是：

1. 依赖于特定论域，客观存在于且仅存在于特定论域空间内：这就决定了它的强制接受性与隔离性。

2. 具有稳定的语言形式与语义内涵。

3. 其客观所指通常为一个概念、现象或事件，具有论域意义。

4. 具有空间性，一般不具有时间性。

5. 与所在论域空间发生的关系有关，与出现频率没有必然联系。

自上而下来看，本书所提出的"关键词"，主要是就其在特定论域空间内所处的地位和作用而言的。只有存在于特定论域中，它才具有了关键作用，是它与论域及论域其他要素之间的关系决定了它的身份。脱离了特定论域，它将只是普通词汇材料中的一员。也正因为如此，关键词还负载了一定的论域意义。

自下而上来看，关键词又是构建特定论域的基石，是特定论域的基本构架和构成要素，离开它，就不能够完整地建立起特定论域，这些词语相加才能构成一个有机的整体。

关键词这种特殊的语言类型，值得我们进行更深入的研究。

第三章

关键词写作范式

　　21世纪是信息社会，传统工业日渐没落，知识密集型工业和信息产业发展日益迅速，新信息每时每刻都在产生，越来越多的信息资源以各种方式充斥在我们的生活之中，当今的社会成了信息大爆炸的社会。这彻底改变了人们的知识更新周期，知识裂变速度加快。有专家指出，在18世纪，知识半衰期为80—90年，19世纪到20世纪初缩短到30—40年，20世纪50年代为15年，70年代为8—9年，80年代为3—5年，90年代后缩短到1—2年。进入21世纪，整个社会的劳动结构发生了彻底的改变，大多数从业人员是创造、处理信息，整个社会的运作都基于对信息的创造、加工、复制、交流和运用，从而大大促进了知识的创造与传播，使得几乎半年就是一个知识半衰期。

　　面对日新月异的知识，面对浩如烟海的信息，人们必须不断地提升自身的知识水平，才能保证在竞争如此激烈的现实社会中不被淘汰。那么，我们如何最快捷地掌握某个领域的状况？如何在最短的时间内获取最核心、最有价值的信息？这是非常重要的问题。

　　在有限的时间内猎取最大化知识信息量的使命，要求我们必须能够找到一种另类高效的表达方式来传递信息，使更多的人用更少的时间来完成对最有价值信息的阅读与掌握。生活在信息量重压下的现代人，朝着这个方向孜孜以求，不断探索，进行了许多尝试。关键词体式的写作就是在这样的大变革、大发展过程中应运而生的一种有效写作范式。

第一节　关键词写作范式的源流追溯

一　关键词写作范式在西方的缘起与发展

　　关键词写作范式的尝试，学界公认其肇始于英国文化学者雷蒙·威廉斯的《关键词：文化与社会的词汇》（*Keywords*：*A Vocabulary of Culture and Society*，以下简称《关键词》）。此书出版于 1976 年，是雷蒙·威廉斯的代表作《文化与社会》（*Culture and Society*，1958）的续篇。作者运用历史语义学和社会语言学对 131 个彼此相关的"关键词"进行文化描写与批评，把词语作为社会和文化研究的一种有效途径，追溯这些词语意义的历史流变，关注词语体现出来的文化与社会变迁，厘清这些流变背后的文化政治因素，从而进行文化研究与批判。

　　这一创造性的研究活动，在西方文化研究学界乃至整个学术界引起了广泛关注与影响。2005 年，英国文化研究的知名学者托尼·本内特（Tony Bennett）等人又重新编撰了一本《新关键词——新修订的文化与社会的词语》，对雷蒙·威廉斯的《关键词》进行有益的补充、删减。三十年间，学术界已经广泛接受了雷蒙·威廉斯从词语的意义变化中考察政治、社会、经济状况变化的研究方法，"关键词"的学理意义普遍为人们所接受和认同。这种从词语入手对某一领域进行考察的方法，在学界传播开来，各个学科领域都开始对自己本学科范畴内的关键词进行梳理、厘定、探讨与解说。虽然在一定程度上有别于雷蒙·威廉斯《关键词》探讨词语背后意识形态问题的旨趣，但是却着实有益于详尽考察学科内关键词语的演变轨迹，以及把握理论思路的脉络走向。

　　20 世纪 90 年代以来，西方一些权威的学术出版公司纷纷出版了许多学科对自身"关键词"的研究成果，如在学界享有盛誉的《关键概念：传播与文化研究辞典》（*Key Concepts in Communication and Culture Studies*，1993），《文学研究批评术语》（*Critical Terms for Literary Study*，1995），《关键词：文学，批评与理论导论》（*An Introduction to Literature*，*Criticism and Theory*，2004）等。并且，这种研究和书写范式也促进了欧美的理论教材的编写改革，许多教材的编写模式也采用了核心范畴、问题或关键词模式。

这不仅说明"关键词"在学科建设中的地位之重要，也说明了"关键词"的写作对于传播知识、整理信息来说，是一种行之有效的书写范式。

二　关键词写作范式在中国的缘起与发展

关键词写作范式是在词典体的基础上发展出来的。

在我国，提到以词典体进行写作的代表作，大家自然而然会首先想到韩少功的《马桥词典》（2009）。《马桥词典》自问世之日起，就在文坛掀起了一阵轩然大波。其中争议最大的，莫过于对《马桥词典》文体的界定问题。《马桥词典》的文体被界定为长篇小说，但是由于韩少功采用词典撰写方式进行写作，使得很多保守主义的学者对此抱有否定态度，中立派的学者开始探讨小说文体的重新界定问题，支持者却从小说文体的改革与创新角度对其大加称赞，一时间，众说纷纭，莫衷一是。抛开《马桥词典》的文体界定问题，我们必须得承认，韩少功运用词典编撰模式进行非词典类写作，确实是一种突破与创新。

其实这种自由灵活、东拼西凑、散点透视的写作方法，其源流可以追溯到我国古代传统的笔记小说这一文体。韩少功也在一次访谈中谈到他的创作对笔记小说的继承："古代笔记小说都是这样的，一段趣事，一个人物，一则风俗的记录，一个词语的考究，可长可短，东拼西凑，有点像《清明上河图》的散点透视，没有西方小说那种焦点透视，没有主导性的情节和严密的因果逻辑关系。"（《马桥词典》附：《关于〈马桥词典〉的对话》，2009）

我国古代的笔记小说，兼具"笔记"与"小说"的特点。"笔记"与"小说"的意义与今天我们所说的这两种文体类型稍有不同。在古时"把信手拈来，随笔记录，不拘体例的杂记见闻、心得体会等统称为笔记"（苗壮，1998：4）。而"小说"则与"大达"相对，"《汉书·艺文志》后，小说作为文体，仍包括不本经典的论述，非正史的琐闻，以及随笔札记、修订考证等文字，以今天的观点看，很多仅为笔记，而非小说"（苗壮，1998：3—4）。所以，笔记小说概括来说，就是"以笔记形式所写的小说"（苗壮，1998：6）。笔记小说的特点，苗壮在其著作《笔记小说史》中概括为"基于耳闻目睹的现实性""'杂'与内容的丰富性""'小说'、'小语'与形式的灵活性"。这三个特点也基本上可以概括为《马桥词典》的特点。也基于此，有学者（黄忠顺，2003）评价《马桥词典》"在文学的理念上，是一种向中国的古小说观念的复归，在文体的形式上，是对中国笔记小说的一种继承和发扬"。

《马桥词典》虽然在文学理念与文体形式上存在着对中国古小说的寻根，但其叙事形式上，却是直接受到了外国小说中的词条展开的叙事形式的启发与影响，"最直接的证据是他参与翻译了米兰·昆德拉的小说"（陈思和，1997）。韩少功是"在广泛吸收昆德拉小说思辨化与散文化的特征和中国古代笔记小说片段化叙述的基础上"（张均、韩少功，2004），将词典体与小说体融合在一起，用词典的语文体式写作了《马桥词典》，被作为"词典小说"的代表作。

"词典体小说"有两种类型，一是"以词条的方式来展开小说情节或者构成小说的一部分叙事内容"，"基本形式是用词条展开的形式来叙事，基本特征是通过对某些名词（人名）的重新解释和引申出生动的故事做例证，来表达作家灌注在小说里的特殊构思"。二是"使用词典的语言文体来写小说"，"语言是小说展示的对象"，"小说的一般叙事服从了词典的功能需要"。前者的代表作为被称为"辞典小说"的《哈扎尔辞典》，以及鲁迅先生在《阿Q正传》里使用过的词条的形式，米兰·昆德拉自称的"误解小辞典"；后者的代表作就是韩少功的《马桥词典》（陈思和，1997）。

词典是"以两个字以上的词或词组作为解释对象，以释词为主"（《中国大百科词典·新闻出版卷》，1994），是对语言中的词汇的描写。从这一点来看，《马桥词典》更具有"词典"性质。自此之后出现的一批类似的著作如《牛桥词典》《高家庄词典》也是"词典小说"的代表作。

韩少功将笔记小说的文体形式罩于词典的外衣之下，在黄忠顺看来，是"给这种由笔记小说的零散的碎片所构成的作品一种形式上的整体结构性"，但这种尝试"在所难免地沦为一种比较表面和外在的形式了"（黄忠顺，2003）。而王蒙却认为，用词典的形式"避开了长篇小说结构的难题"，"可以最大程度地使之（作者与其他小说家或文学家）扬长避短，尽才尽意，叫作有所发明有所贡献"（王蒙，1997）。但是，毋庸置疑的是，这种对传统笔记小说的回归，将词典式话语与小说艺术话语融合在一起，打破了西方纯文学观念的现代小说定义。这种词典体的写作，加之对我国古代笔记小说精华的吸收与发展，无论是对于小说创作，还是对于其他文体写作，都开启了一扇别样的窗户。

三　中西写作范式的交融

以《马桥词典》为代表的词典体小说的叙事形式，是在外国作家的词条展开的叙事形式基础上发展出来的，将这种叙事形式推向了极致。陈思和先生对其功能的再生性是抱有怀疑的（陈思和，1997）。王蒙先生也说过"无论是别人还是他自己，大概难于再写第二部词典状的长篇小说了"（王蒙，1997）。也确实如此，自《马桥词典》《牛桥词典》《高家庄词典》等同类小说作品问世之后，就鲜有后来者了。而相反，以词条展开为叙事形式的后现代文本叙事却在许多其他方面进行了应用和尝试。这一点，正与雷蒙·威廉斯的通过词语对文化与社会进行阐释的效果相契合。可见，以词条方式展开叙事，是有着极强的生命力的。

词典体小说在《马桥词典》的问世掀起轩然大波之后再无激浪之作，而运用词条展开的叙事形式进行的小说创作也后继者寥寥。但是，随着改革开放的不断深入，外国的各种科学理论被不断地介绍到我国，其中一个重要的途径就是对国外的理论专著的译介。上文我们也提到，欧美国家的教材编写在近三十年来出现了改革，许多教材的编写模式也采用了核心范畴、问题或关键词模式，亦即我们所讨论的词典体在教材编写方面的应用——通过对词条进行梳理、厘定、辨析来讲授一个学科的理论思想。

从而，"词典体"在小说创作领域淡出之后，随着外国的理论著作的译介，以另一种形式又回到了我们的视野中，进入到了理论梳理、知识信息总结的理论著作创作领域。与此同时，雷蒙·威廉斯的"关键词法"被介绍到我国，在文学研究领域形成一种"关键词批评"研究方法，涌现出许多运用"关键词法"进行写作的文学批评类著作。

此时，我国的"关键词写作""却不再仅是对西式批评话语的亦步亦趋，也未如其始作俑者雷蒙·威廉斯那般强调政治批评立场和意识形态形式，而是表现出了富有推进性和紧扣我国当代文学实际的富有生命力的发展趋势"（黄擎，2012），而是真正将其作为一种写作方法，不仅用于文学批评和创作，而且更广泛地应用于各种写作中。

　　章太炎曾说:"学术无大小,所贵在成条贯。"学术领域的关键词写作主要是为了从学科发展的宏观层面,以关键词为纲进行梳理、整合、辨析,明晰学科的关键术语及其内涵,关键词就充当了串联学科内部体系的线索,以求夯实学科建设的基础,推动学科发展。

　　最早采用这种写作手法的创作还是出现在文学研究领域。《南方文坛》和《外国文学》两本专业杂志相继开设了"关键词"专栏,梳理中国当代文学和西方文论的"关键词"。而后,两本杂志又将这些关键词集结成书,分别是洪子诚、孟繁华所编的《当代文学关键词》和赵一凡主编修订的《西方文论关键词》。文学研究领域的此类著作如雨后春笋般涌现出来。如陈思和的《中国当代文学关键词》(2002),南帆的《二十世纪中国文学批评的 99 个词》(2003),廖炳惠的《关键词200——文学与批评研究的通用词汇编》(2006),严翅君、韩丹、刘钊的《后现代理论家关键词》(2011),谭善明的《20 世纪西方修辞美学关键词》(2012)。

　　此后,这种写作手法越来越受到学者、作家和读者的喜爱,意识到这种写作手法对于学科基础建设的科学性与实用性,我国各个学科的一大批学者也运用这种方式纷纷对本学科的理论核心、学者思想、学术体系等进行著述,如业宏、鹰飞的《经济学 210 个关键词》(2005),叶舒宪、彭兆荣、纳日碧力戈的《人类学关键词》(2006),王人博等的《中国近代宪政史上的关键词》(2009),闫广林、徐侗的《幽默理论关键词》(2010)等。还有一些出版社,针对某一更大的理论范畴,推出了"关键词丛书系列",如北京师范大学出版社出版的"人文社会科学关键词丛书"(2007—2009),包括《文学关键词》《传播学关键词》《心理学关键词》《语言学关键词》《政治学关键词》等 17 部著作。

　　这种写作范式很快就在我国迅速发展壮大,从学界领域跳出,进入到了社会各个方面,从理论走到了民间,形成了蔚为壮观的场景,各个领域都开始进行关键词写作,探寻、梳理、讲解、评论自己领域内的关键词。如《影响孩子一生的 12 个关键词》(2010)、《杉杉关键词:91个关键时刻的 91 个故事》(2008)、《我的青春我做主:大学校园的 24个关键词》(2009)、《科学发展观关键词》(2008)、《妊娠分娩育儿关键词》(2012)、《2008 年代值得关注的 95 个关键词》(2009)、《广州关键词》（2009）、《人生八大关键词》（2008）等。

这些著作，都具有"词典体"的特征，即用词条展开的形式来写作。但是，它们的一个共同特点就是选取本专业领域内的关键词作为论述对象，同时也作为谋篇手段，以为数不多的几个关键词清晰深刻地阐述相关论域。

另外一种昆德拉与鲁迅式的"词典体"写作范式，即用词条展开的形式来构成更高层次的叙事，却以一种极其显著的形式活跃于新闻报道的写作中，以词条展开的叙事形式或进行新闻事件报道，或进行新闻事件解说，虽不成"词典""小说"等文体的鸿篇巨制，却从细小处显示出了"词典体"叙事形式的优势所在。

第二节　词典体与关键词写作范式

无论从形式还是内容上，《马桥词典》《牛桥词典》等被称为"词典体小说"都得到了学界的认可。"帕维奇的《哈扎尔辞典》比米兰·昆德拉的小说在词典形态上更接近《马桥词典》"（陈思和，1997），但是，米兰·昆德拉的"误解小辞典"和鲁迅先生不自觉的词条式叙事是否能够称为"词典小说"还有待商榷。而后来的科学理论著述的"词典体"写作形式将词典话语与学术语言融合在了一起，而且在形式上也明显地有辞书体例的痕迹。而新闻语体中的词条展开的叙述形式写作，可以看作是昆德拉与鲁迅式"词典体"的发展与延续。由此，"词典体"就以《马桥词典》为原型，形成了一个连续统：

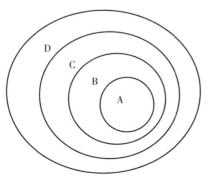

A：《马桥词典》
B：《哈扎尔辞典》
C：米兰·昆德拉的"误解小辞典"
D：鲁迅在《阿Q正传》里不自觉的使用

居于圆圈内部的《马桥词典》是"词典体"的原型，越接近圆圈的外围，其距离原型就越远，就成了边缘性成员。从《马桥词典》到鲁迅先生的使用，"词典"的外在形式在慢慢地淡化，直至消失；词条的功能也从"词典"的释词功能演变到叙事功能。

那么，词典到底是什么呢？词典学专家对词典的定义有相当精确并得到广泛认可的定义，"词典是以语言中的词为对象的"（常政，1985），"语文词典主要收录和诠释语言中的普通词汇和常用百科词汇，重点描述其语音、形态、意义、语法等方面的语言属性并提供相关知识信息"（章宜华、雍和明，2007：101）。从词典学角度来看，词典是收录词语，并对词语的语言属性进行描述的工具书。这也是为什么陈思和先生并不认为《哈扎尔辞典》"是一部用纯粹的词典形式写成的小说"（陈思和，1997）的原因，正是因为这部小说的描写对象只有一条是有关语言的，其余的都是人物名字，或者说，不是对词目进行语言属性的描述。可见，是否是对语词进行语言学上的属性描写，是判断一部著作是否是"词典"的本质要求。

而《哈扎尔辞典》更像是一本关于"哈扎尔历史"的百科全书。百科全书与词典，在体例上差别不大，这也是为什么陈思和先生说"帕维奇的《哈扎尔辞典》比米兰·昆德拉的小说在词典形态上更接近《马桥词典》"的原因。而词典与百科全书的区别，主要在于其词条是"释名"还是"释物"，即"词目词被视为'指物符号（signifier）'还是'所指之物'（signified）"。"释名"是指"描述词目词作为语言符号所蕴含的知识信息，包括词的形态、词法、句法、语义和语用等词汇信息，这些信息能构成一个完整的语言知识体系"。"释物"是指"描述词目词所指称的现实世界中的（物质的或非物质的）实体，包括实体的性质、特征、材料、构造、功能和用途等内容，它所提供的信息能构成一个较完整的有关客观事物的知识体系"（章宜华、雍和明，2007：107—108）。以此看来，《哈扎尔辞典》更像一本百科全书。

那么，米兰·昆德拉的"误解小辞典"和鲁迅在《阿 Q 正传》里对词条式叙事不自觉的使用就仅仅只是采用了词条展开的叙事形式，其"基本特征是通过对某些名词（包括人名）的重新解释和引申出生动的故事作为例证，来表达作家灌注在小说里的特殊构思"。这是因为，

"感性的艺术形象不足以表达作家对形象的特殊理解，他必须使用个性化的议论加以补充"，"希望通过对语言本身的重新解释"以达到自己的写作目的（陈思和，1997）。那么，这些被描述的词条，已不再只是单纯作为一个词语而存在，其"所指之物"已经成为作者描述和议论的对象。并且，这种叙述不是可有可无的，而是"必须"用来进行独特阐释的，否则，将会对更高层次的叙事的理解和表达产生阻碍。比如昆德拉必须将"误解的词"中 11 个词条或词组放进上下文重新定义，用人物的故事、性格、心理为词语作注，因为"在创作《不能承受的生命之轻》时，他意识到，这个或那个人物的密码是由几个关键词组成的"，"每一个词在另一个人的存在密码中都有不同的意义"（米兰·昆德拉，2004：37—38）。每一个关键词都是理解特定人物的钥匙之一。离开对这些关键词的正确理解，那么对这个特定人物就不会有深入或者正确的认知。所以，昆德拉单列一章，来对这些"关键词"进行阐释，并且同时"补充一般小说叙事的不足"。

可见，一个词语在米兰·昆德拉的笔下，已不再只是一个单纯的音义结合体，而是"自我的存在密码"，是支撑一个人得以"存在"的基石，也是理解特定人物形象的钥匙。昆德拉甚至也为自己写就了 67 个关键词（米兰·昆德拉《小说的艺术》第六部分"六十七个词"）。这些关键词在译者的细心处理下，按照译文词目的拼音首字母排序，以便我国的读者将其按照词典的形式进行阅读。但是，这些关键词词条，其形式是词典（由词目和释文构成的词条，按照音序排列），其内容却不是针对词语的语言学性质的描述，而是类似词条展开式的写作，但又并非服从于更大的叙事目的，而仅仅是为了让你通过这些词，这些昆德拉自述的"关键词"来了解昆德拉本人及其创作。这些"关键词条目"彼此独立，却又勾连往复，整体向我们展示了昆德拉的"存在"，我们可以称之为"昆德拉的六十七关键词"。

从昆德拉在《不能承受的生命之轻》中对 11 个"误解的词"进行的辨析，到昆德拉在《小说的艺术》中将自己解析为 67 个词语，逐渐演变出一种"关键词写作范式"，即针对某一特定主体，将其解构成若干个关键词，通过对关键词的阐释，以达到抓住其"存在问题"的本质，把握其"存在密码"。人是如此，事件、学科、现象等，其"存在密码"亦是如此。"关键词提醒了我们一个事实：每个学科都会由诸多术语来建构，而学科的发展同时也是术语的发展。因此，特定的关键词不但向我们提示了某个特定学科的存在，其本身也构成某个学科的主要图景。"（《圣经关键词研究》"导言"）"无论是整体学术史，还是某个杰出的理论家、思想家的学术体系，其精华常常凝聚在几个核心概念即关键词中。"（《文化与文明》"主编的话"）当人们越来越认识到"关键词"的学理意义之后，那么，对"关键词"的写作，也就应运而生了。

从雷蒙·威廉斯的《关键词》，到米兰·昆德拉的"误解的词"，我们可以看出"关键词写作范式"与"词典体"虽有相似之处，却是不同于"词典体"的另一种解构写作范式。"词典体"与"关键词写作范式"处于一个连续统的两极，其中包括以《马桥词典》《哈扎尔辞典》、米兰·昆德拉的"误解小词典"和《阿 Q 正传》第一章对阿 Q 的解说为代表的四种类型。从前至后，词典的释义功能在逐渐弱化，叙事功能在逐渐增强。词典的形式特征被用来服务于更高层次叙事，形成了关键词写作范式。

接下来，本书就对"关键词写作范式"进行描写与研究。

第三节　关键词写作范式及其特点

在词典体到关键词写作范式这个连续统中，关键词写作范式在一定程度上保留了词典体的形式特征，但是两者之间却有着很大的不同，接下来，本节将通过分析二者之间的不同，从而凸显出关键词写作范式的特点所在。

一　关键词写作范式：词目+叙文

关键词写作范式是一种以"词典体"为基础发展而成"词目+叙文"的写作范式，是参照以"词目+释文"的词条展开方式对"关键词"进行阐述的叙事手法。每一个词条是一个相对独立的文本单位，形成一个单元共同体。单元共同体是指"依据一定的事件构成章节，再分别将多寡不同的章节组成的单元集合。每一单元既相对独立，又相对集中地讲述一个事件或问题的一种结构方式"。词条中，词目就是"关键词"，而释文是针对"关键词"进行的叙述。之所以将"词目+叙文"的写作方式称之为"关键词写作范式"，是因为作为词目的词语都是属于"关键词"词类范畴的。通过上文对关键词特征的分析，我们得出关键词是这样一类词语：客观存在于且仅存在于特定论域空间内，对论域空间的形成具有核心作用，向上具有阐释性，向下具有统领性，且具有稳定的语言形式与语义内涵，其客观所指通常为一个概念、一种现象或一类事件。从"词典体"到"关键词写作范式"，词典的功能在逐渐地退化，取而代之的是更高层次的叙事功能的强化。

我们并不倾向于将"关键词写作范式"称之为"体"，主要是因为，它涵盖的是一个以词条展开方式进行叙述的写作范式的连续统，一端是"词典体"，另一端是将其完全融入叙事当中，并不具有形式上的独立性，如鲁迅《阿Q正传》中的第一章类似解释"阿Q正传"四字的词条。

另一个原因是，"关键词写作范式"是为了更好地进行叙述所采用的一种书写方法，并不改变所处文本的文体性质。如典型的"词典体小说"《马桥词典》，虽然其文体是否属于小说还有待商榷，但是在学界未有定论之前，它还是被归为用词典的形式来写的小说。还有新闻语篇中运用词条展开方式对新闻事件的报道，也并不能改变其新闻文体的性质。所以，我们更青睐于将这种叙事形式称之为"关键词写作范式"，即以词条展开方式进行叙事，这是一种写作手法，而不是文体类型。

那么，这种写作范式，又具有什么样的特点呢？关键词写作范式是基于词典体发展而成的，其结构特点是词目+叙文形成单元共同体，之后，这些单元共同体再构成更大的语篇。小则是一篇新闻报道，大则可以是几十万言的著作。其词目与叙文之间的关系类似词典、百科全书中词头与释文之间的关系，我们试图通过描写此范式的内部构成要素——词目与叙文，并同词典、百科全书写作体例进行对比，从而确定关键词写作范式在词条展开方式上的特点。

二　关键词写作范式的词目特征

我们借用词典学的术语"词目"来称说"关键词写作范式"中的

被叙述对象"关键词"。

词典中的词目，又称"词头"，词典中的注释对象，主要是词，也包括固定词组以至定型的短语，在语文词典中还包括词素。（《大辞海·语言学卷》2003：199）

关键词写作范式中的"词目"，是关键词，是被论述对象，虽说构成成分都是词或词语，但语义语用方面，却存在着一些差异。

（一）选择词目的标准

词典词目的收录范围极为广泛。语文词典与百科词典的收词范围几乎网罗某一语言中的所有字、词、词组；专科词典虽然是专收某一个或若干个学科的专业词汇、术语，但其目的也是将所有这些词汇术语词无巨细、语无大小地全部囊括在内，以供使用者查找和检索信息，收词数量与范围虽较之语文词典与百科词典略少，但仍较"关键词写作范式"中所选取的词目数量与范围要大得多。

一般来说，"关键词写作范式"所选词语，是某一论域的精华所在，是在建构、阐释、理解过程中不可或缺的核心词语或范畴。通过这些关键词，可以得出某一论域的大致轮廓和提供描述的对象、读者关注的焦点和论域的脉络。基于此，其收词数量和范围自然会狭窄得多，受限制得多。比如 1984 年出版的《心理学词典》共收词目 1300 余条；1986 年出版的《心理学词典》共收词目 2600 余条；1995 年出版的《心理学百科全书》分三卷出版，共收词目约 2800 条，计 600 余万字；而 2007 年出版的《心理学关键词》仅选取了 11 个词语进行阐释，作者在后记中自谦道"书中所涉及的内容实在是挂一漏万"，但这本书却是作者在"基础心理学""发展心理学""认知心理学""健康心理学""心理学史"等领域经过科学全面地筛选之后，精挑细选出来的 11 个词语，是能够引领读者进入心理学世界的核心所在。

也就是说，辞书类工具书收录词目要求全求备，而关键词写作范式的收词却贵专贵精。

（二）词目之间的关系

词典和百科全书中的词目是相互独立的。词典和百科全书是属于工具书范畴，是"供查找和检索知识和信息用的图书"。"一般不以提供系统阅读为目的，而是作为在需要时查考和寻检知识使用的辅助工具。"

（《中国大百科全书·图书馆学、情报学、档案学卷》，1993：133）因此，词典和百科全书选择词目的目的是指导人们运用语言、供人们查检知识信息，各个词目之间是相互独立、了不相干的。即使某些辞书的条目中有"参见"之类的标识将两个条目联系在一起，其关系是参见条目帮助理解在读条目。一个为主，一个为辅，得到的信息量以在读条目为限。而且，这种联系也仅限于在读条目与参见条目之间，独立于其他条目。

"关键词写作范式"中的关键词是有机联系的。"关键词写作范式"是针对某一论域中的核心范畴进行叙述，这些关键词词目之间，是平等关系，它们互相阐释，不存在主次轻重之分；它们血脉相通，有机关联，共同构建起一个论域范畴。作为一个整体，它们传递的信息量是大于各部分相加的总和的。就像人身体上的206块骨头一样，共同构成一个更高级别的"人体"。比如"社会"与"文化"这两个词，在词典与百科全书中是独立的两个词语，但是在雷蒙·威廉斯的《关键词：文化与社会的词汇》（雷蒙·威廉斯，2005）中，却被时时刻刻地暗含在对所有关键词的质疑探寻中，成为这本书的母题。

另一方面，读者一般不会将词典与百科全书作为一个系统阅读对象进行阅读，只有当需要某一词目信息时，才会直接有针对性地对某一词目进行查阅，是一种辅助性阅读，读者对信息的需求只停留在某一词目上。运用"关键词写作范式"进行书写的对象一般来说是一个论域范畴，是要对这一论域范畴进行梳理，使原本"散乱""无序""困惑"的内容系统化、清晰化。关键词就是杂乱的知识网上的"节点"，只有全面掌握住所有的"节点"，把这些"节点"梳理清楚了，才能将整张网紧紧地把握住。这也从另一个方面说明了词典词目之间的独立性与"关键词写作范式"词目之间的有机性。

（三）词目的编排

词典或百科全书的词目总是按照一定的顺序进行编排，最常见的为音序编排和字顺编排，也有分类编排和音序字顺相结合的编排。这主要是因为，词典或百科全书属于工具书，在体例结构及编排上要更多地考虑到寻检查阅的方便。"关键词写作范式"的词目编排，一般也遵循上述几种编排方式，但也允许按照作者的内在意图进行排序。即使规范如

《马桥词典》，作者还特意编排出一套《〈马桥词典〉条目首字笔画索引》置于正文之前，给读者一种创作意图遵循客观顺序的假象，但其实作者在撰写过程中还是按照自己的内在意图安排，很多学者已经通过分析相邻词条的各种或隐或现的关联（周政保，1997；刘海燕，1998；赵宪章，2002；黄忠顺，2003），说明这些词条的排列顺序是有其内在脉络的，连韩少功也在《编撰者序》中虚虚实实地告诉读者："为了便于读者较为清晰地把握事实脉络，也为了增强一些可读性，后来改成现在的排列顺序。"后来的书籍中，按照词条内在逻辑编写的也是居于多数，并且会在附录部分给出音序表或字序表，以便读者检阅。

三 关键词写作范式的叙文特征

在词典学中，一个条目是由被注释的对象和注释所组成的一个整体。其中被注释对象就是"词目"，注释叫作"释文"或"释义"（《大辞海·语言学卷》，2003：199），在"关键词写作范式"中，由于词目与其所统领的叙述文字之间不仅仅是注释的关系，还有叙述、评论、描写等关系，所以，我们倾向于将叙述文字称为"叙文"，即对词目进行叙述的文字。

（一）叙文与词目的关系

在词典学中，释文与词目的关系，一般有两种，一种是释名，一种是释物。释名是指描述词目词作为语言符号所蕴含的知识信息；释物就是以释义的形式来描述非语言的物质世界，描述所指物的物质属性。从而也产生了辞书的两大类型，即词典与百科全书。一般来说，释文的写作可以说是千篇一律，符合一定的体例，主要遵循科技文体写作的体例，语言要科学、简明，以说明性文字为主。如阿普列祥（1986）提出辞书编纂中对语言进行整体描写包括 6 个原则：能指（词形、语音等）、形态、语义、语用、交际特性、句法（张志毅、张庆云，2007：336）。百科全书是对 5 个 W（what，where，when，who，why）和 1 个 H（how）的问题作出说明（杨祖希，1985：16）。

而"关键词写作范式"中的叙文，是围绕关键词进行的叙述，可以是运用说明手法进行直观的释义，也可以是其他表达方式的写作，如叙述、描写、议论、抒情等。如周国平的《周国平语录：人生 50 个关键词》（2011），每一个关键词的叙文都是一篇极富哲理性的散文；黄海龙的《唐朝的风情》（2011）用无数个小故事来分别勾勒六大关键词；赵一凡的《西方文论关键词》（2006）是以经过深入研究的独立论文形式汇聚成书等等，形式多样，写作灵活，不拘泥于特定的体例。

例如，黄海龙的《唐朝的风情：6 个关键词读懂唐朝》（2011）用浪漫、富贵、惨酷、悲情、仙道和唐诗六个关键词勾勒了大唐王朝的历史、精神和风貌。每一个关键词下面又分为几个小的单元，每个单元介绍几个故事。

如"浪漫之大气系"一节，由以下几个故事构成：

好汉李渊

高祖李渊年轻时候是一条好汉，史称"神勇"。

隋末时，李渊曾经带领十二个弟兄跟一群土匪打，打败了对方好几万人。刚起兵反隋时，在龙门一战，李渊亲自上阵，射杀了隋军八十人。

李家娘子兵

李渊的女儿平阳公主听说李渊在太原起兵反隋，就在家乡鄠县召集了一批亡命之徒，组织军队响应，人称"娘子兵"。

——有女如此，李家能不坐天下吗！据说这平阳公主并不是一时凑个热闹，而是实实在在的巾帼不让须眉，打起仗来不比李建成、李世民等一干兄弟们逊色。

都是皇帝的错

高祖李渊时，有个叫严甘罗的人做了强盗，后来被官府捉住，李渊亲自审问他："你为什么要做强盗呢？"

严甘罗说："因为穷呀，生活在水深火热、饥寒交迫之中，前途没指望、未来没希望，做强盗才有活路。"

李渊很伤感，说："我是国家的皇帝，却不能让老百姓免受贫穷之苦，这都是我的错啊！"于是放了他。

后续还有"太宗卧室贴墙报""李靖、李不站队""有好吃的好留一口给杜如晦""太宗养宠物"等 89 篇短小的故事。作者用一段一段的小故事，讲述唐朝名人轶事、风土人情、朝野史事。这些故事，或有趣、或新奇、或发人深省、或引人深思，不时还加有作者的评论，写来犹如说书先生的段子，娓娓道来。

但是，在同一语篇或著作内部，各个词条一般来说都是按照一定的体例编写，保持内部的一致性。在一定程度上，关键词写作范式中的关键词词目，在整个词条中同时担任中心词或小标题的角色。

（二）叙文撰写特征

辞书是人类已有知识的记录。词典的作用是为阅读理解提供辅助，为语言学习和语言生成服务；百科全书是概要介绍人类一切门类知识或某一门类知识的工具书，供查阅所需知识和事实资料之用。在很大程度上，词典和百科全书具有规范性的作用，向读者提供准确、权威、客观的信息。因此词典或百科全书中的释文，是对客观事实的如实阐述，是揭示词语本身或词语的所指物的本质属性，多采用说明的表达方法，不能有撰写者的自我创作与发挥，要保持释文语言的客观性、真实性和科学性，叙述方式多采用客观转述方式。

关键词写作范式的叙文却是属于作者的创作，是作者的自述。虽然也采用客观转述的方式来转述话语，但总是留有作者加工安排的痕迹。关键词词目的筛选，就存在很大的任意性成分，取决于作者对这一论域的理解和输出的角度、认知程度和思考深度。对关键词词目的阐述，也取决于作者自身的理论背景和叙述方式。当然，任何创作都离不开对现实的观照。这里所说的"作者的创作"并不是像小说家一样将现实生活在作品中进行虚构，而是一种创作的自由。关键词写作范式的作者不同于词典和百科全书的编纂者，需要全面、客观和公正，他们是具有个体体验的作家，运用"关键词写作范式"进行书写的作品中，充满了个人的智慧、体验和感触。这些作家，通过"关键词"来重构某一论域，展示自己对它的认知。韩少功在《马桥词典·后记》中说道："这当然只是我个人的一部词典，对于他人来说，不具有任何规范的意义。"（韩少功，2009）哈贝马斯在《关键概念：传播与文化研究辞典·前言》中也说："它们（辞条）不是定义，而是下一步理论与实践工作的起点。……如果你对其他概念或不同解释方法有什么建议，那么我们很乐意听取你的意见。"（约翰·费斯克，2004）可见，在很大程度上，编者或者作者的目的是传播思想与知识，并不追求强制性、权威性与规范性。读者在阅读的时候，一方面可以吸收新知，另一方面也允许提出自己的想法与不同见解，给予读者很大的自由。作者在进行关键词写作时，并不追求固定的规范性定义，而是允许读者参与进来分享笔者对世界的体认。

第四节　关键词写作范式拓展的语篇功能

关键词写作范式这种新兴的写作手法广受学者、作者和读者的喜爱，呈现出旺盛的活力与蓬勃的生命力，说明了这种写作范式顺应了时代的潮流，迎合了现实的要求，满足了大众的需求。

相较于既有的写作范式，关键词写作范式以关键词为切入点，写作手法灵活多样而又深入、具有穿透力，通过论述在某一论域中起到核心作用的关键词，从而构建整个论域，是一种易于掌握、便于写作而又能够以小见大、见微知著的写作手法。这种写作范式在一定程度上拓展了语篇的功能，具有明显的创作优势。

一　信息的概括性

信息加工在信息管理学中是指"为了满足用户的不同要求，以原生信息为对象，通过脑力劳动和体力劳动创造再生信息的活力"（倪晓建，1998：3）。

从信息加工的定义我们可以看出，信息加工的目的是"满足用户的不同要求"，通过不同层次的加工处理，赋予原生信息以新的价值、新的意义、新的活力。原生信息必须经过加工，才能发挥其价值，使信息真正成为资源，为人们所利用。关键词写作范式就是一种对信息进行深度加工的写作方式。这种写作方式能够将散乱的信息进行组织和整理，进行深度加工，使信息发挥其最大的资源价值。

信息，是客观世界中各种事物运动特征的最新反映，它存在于自然界和人类社会的一切领域，自然状态下存在的原始信息，一般来说都是感性的、无序的、零碎的、不系统的，而且其中或多或少会掺杂一些不确定和不真实的因素，它们之间是不规则的松散结构。当人们面对着浩如烟海而又纷繁复杂的知识信息时，往往会感到手足无措，无所适从。即使是一个事物，也具有多个侧面、多个角度，很难清晰准确地把握其要点。只有对这些原始信息进行清理、提炼，把散乱零碎的东西整理起来，才能使之更好地被传递，为更多的人所掌握，实现它的价值。

词语，是语言中的最小音义结合体，是最基本的表达单位，也是最直接、最自然、最容易记忆的语言单位。词是表示概念的外部形式（葛本仪，1985：99），大多数词的词汇意义是对客观世界中事物、现象和关系的概括反映。因此，当人们读到一个词语时，不仅看到它的形，还会想到它的义，想到它所概括的现象事实；同样，基于语言的经济性与处理信息最优化原则，人们在加工信息时，总是倾向于以最简单的语言形式表达最丰富的语义内涵。关键词写作范式就是用一系列词语对原始信息进行梳理整合，使散落的、具有内在联系的信息系统化、清晰化、科学化，以最明晰、直接、快速的方式传递信息的主要内容，易于作者表达与读者接受。

作者在正确、深入认知信息的基础上，对信息的主要内容进行高度概括或提炼，通过关键词写作范式对原生信息进行加工处理，使信息资源由隐性结构凸显为显性结构，信息内容由隐含到浅显，使文本信息容量增大，用户不用接触到原生信息，也能够对其中的内容有个大致的了解，快速、清楚地掌握信息的主要方面和关键点，消除对信息理解的不确定性，便于信息吸收与消化。佛教文化研究专家陈耳东在其著作《佛教文化的关键词》（2005）的后记中阐释选取关键词写作范式进行佛教文化宣传工作的原因时指出："只要抓住佛教文化的关键词，就可以用最短的时间，花最少的气力，了解和认识佛教文化的最基本知识。"《文化与文明》（2006）系列丛书的主编陶东风也指出："无论是整体学术史，还是某个杰出的理论家、思想家的学术体系，其精华常常凝聚在几个核心概念即关键词中。……一本通过关键词介绍西方文化研究方法的书，能够抓住文化研究的核心，真正达到事半功倍的效果。"可见关键词是思想的灵魂，抓住了这些关键词及其叙文，也就抓住了信息的核心价值。这也是为什么关键词写作范式在小说领域未形成大的气候，却在理论书籍的撰写领域形成了蔚为大观的景象的原因之一。

二　信息的组织性

原生信息是以一种散乱的方式存在于我们生活中的，每一个事物的信息含量巨大而且芜杂，要将散乱的信息组织成条理清晰、结构分明的形式，才能有效地传递信息，发挥信息资源的最大价值。

对事件进行叙述的过程，是将事件发展的时间顺序同叙述顺序二者结合的过程，并根据二者之间的关系选择叙述的方式与信息组织结构。当事件发展的时间顺序与叙述顺序相同，则为顺叙；当二者之间是完全相反的，则为倒叙。如果有两件或两件以上的事情发生在同一时间内，由于语言的线性特点决定了不能同时叙述两件事情，作者就得将这同一时间内的许多事件进行分叙，即逐一进行叙述，话分两头，说完一件，再说另一件。

进行分叙时，两件或两件以上的事件在时间上处于同一时间，在顺序上是平行并列关系，而在内容上，可以相互联系，也可以相互独立。在叙述的过程中，作者为了清楚交代他的叙述方式是话分两头，先说一件，再说另一件，往往会使用一定的语言手段进行标示，如我国古典的记叙类文章常常用"按下××不表，且说×××"的话语形式表达。

在关键词写作范式中，关键词及其叙文是对单独事件的叙述，这些事件属于同一个论域，处于同一时空当中，要对它们进行叙述，也要运用分叙手法。关键词在这里的功能就是标示话题转换、事件切换，标示一个事件叙述结束，开始叙述另一个事件，将处于同一时空的两件或两件以上的事件按照分叙的叙述方式组织起来，清晰明了，严谨准确。

另一方面，在关键词写作范式中，关键词的作用是充当信息连接点，用关键词将散乱的信息整合起来，使之系统化、条理化，使整个论域内的信息成为一个完全的整体，

三　论域的介入性

关键词在《辞海》（1999：346）中的定义为："指从文章中选取出来的，对表达全文主题内容有关键作用的词语。学术论文正文之前，一般都要列出关键词。"《现代汉语词典》（2005：416）中的定义为："指

能体现一篇文章或一部著作的中心概念的词语。"《新中国 60 年新词新语词典》（2009：159）中的定义为："①最能体现学术论文中主要观点的词语。②泛指能反映人们关注的事件或现象的词语。"本书通过分析研究，认为关键词是这样一类词语：客观存在于且仅存在于特定论域空间内，对论域空间的形成具有核心作用，向上具有阐释性，向下具有统领性，具有稳定的语言形式与语义内涵，其客观所指通常为一个概念、一种现象或一类事件。关键词是取自特定论域，反映论域的关键主题和中心内容；反过来，如果要进入特定论域，掌握其中心内容和关键信息，从关键词入手，就是最有效的途径。

　　无论是在国内还是在国外，运用关键词写作范式进行撰写的理论书籍，无一不是将关键词作为介绍和深入某一论域的切入口与深化点。哈贝马斯在《关键概念：传播与文化研究词典》（2009）的前言中说："《关键概念：传播与文化研究词典》中的'关键'（key）一词，是用来打开事物的锁钥，从而使你能够将它们带走，然后加以利用。"《十七大报告关键词解读》也认为："从对十七大报告关键词的解读入手进而获得对十七大精神的全面领会和细致把握，不失为一种比较好的路径和方法。"黄擎（2012）在其论文中总结了我国学者在当代文学中运用关键词写作范式进行研究的几种形式，其中就包括"以关键词为着力点对当代文学研究中的重要命题和文学现象进行捕捉和探究""对当代文学的某一特定阶段发展进行专题性研究""有的是聚焦关键词，按年度对当代文学的研究重点和状况进行勾勒""从关键词角度进行分体文学的研究""从关键词角度对地域文学进行研究""从关键词视角对具体的作家作品进行研究"等多种形式，这些研究手法都是以关键词为论域的切入点，对论域进行纵切面或横切面的研究。

　　关键词能够充当论域的切入点，主要是因为：第一，人们的认知规律是由浅入深，由易到难，由简单到复杂，由基础到深入，循序渐进。第二，任何学科领域或理论范畴，都有自己既定的术语、概念、思想和定理，这些术语、概念、思想和定理就是这个论域的关键词。这些关键词是一个论域里最常见、最重要、最基本的词语，是一个论域的基石，该论域的其他内容都是围绕它们展开，从而这些关键词也就成为认识问题的切入点和基本点，只有先掌握它们，才能通过它们走进该论域复杂多变的内部领域。它们就像一把把钥匙，能打开一扇扇围绕其展开的问题之门。

四 文本的开放性

关键词写作范式是一种单元共同体结构。单元共同体是指"依据一定的事件构成章节，再分别将多寡不同的章节组成单元，每一单元既相对独立，又相对集中地讲述一个事件或问题的一种结构方式"（《写作艺术大辞典》，2002：151）。关键词写作范式本身所具有的先天性特征——词条展开式叙事，各词条之间具有自足性与相对独立性，决定了其高度的开放性与"可写性"。这种开放性与"可写性"表现在作者的叙事视角与读者的阅读方式两个方面。

（一）作者的叙事视角

关键词写作范式是一种以词条展开方式进行叙事的写作手法，它的微观结构包括作为词目的关键词和作为叙文的叙述部分。其中关键词是作者从特定论域中选取出来的，对理解和掌握此论域起到关键作用的词语。作者在进行写作之前，必须充分掌握此论域的信息，只有这样，他才能准确地判断哪些词语是关键词。在进行写作时，作者以非聚焦型的视角出现，以散点透视的方式进行观照，提供所有信息。

非聚焦型视角是一种传统的无所不知的视角类型。叙述者是一个全知者的形象，他居高临下地观察和叙述，了解所有信息，选取关键词，并对其进行叙述。在叙述的过程中，叙述者能够随意转变位置，可以任意从一个方面转移到另一个方面，不受视野和时间限制。

（二）读者的阅读方式

阅读是从书面材料中获取信息的过程，这一过程，不只是被动地接受、获取知识的过程，也是一种主动的过程，是由读者根据不同的目的加以选择、调节、控制的。比如，当人们想粗略知道一本书的内容和要背诵一本书时所采取的阅读方式就会大不相同。

在传统的写作范式中，无论是记叙文还是说明文，读者无论是什么样的阅读目的，都必须按照从头到尾的线性阅读方式进行阅读，即使只是需要了解一篇文章的梗概，也不能跳过事情发展的前因后果。这就在一定程度上，限定了读者的阅读方式。

　　关键词写作范式是一种散点透视的叙事方式，每一个关键词与其叙文形成一个对内自足的个体，具有独立性，使读者可以从任何地方介入，只选择自己关注的，而不用担心遗漏了什么，或者因为阅读不完整而有碍于理解。这与传统的线性阅读方式大不相同，是一种开放性的阅读。读者可以从任何一个关键词开始阅读，也可以止于任何一个关键词；可以只阅读某一个关键词及其叙文，也可以通篇阅读；还可以只读关键词，就可以把握全文的核心内容，从而略去对叙文的阅读，以达到略读的目的。这种叙事方式，就赋予读者以极大的阅读自由度。

五　文本的空间性

　　关键词写作范式是一种典型的空间连接方式。空间连接是叙事文中的序列组织方式，是指"序列按空间关系或空间位置组合。空间连接是对传统的时间、因果连接的反叛"（胡亚敏，2004：126）。"在这里，逻辑关系和时间关系都退居次要地位或者干脆消失，而其结构组成依赖于各因素之间的空间关系。"（托多洛夫，1989：80）读者不再是通过一个个的动作序列来解读文本，而是打乱时间，让读者从空间去解读文本内容。

（一）关键词写作范式的层级性

　　这种文本的空间性首先表现为关键词写作范式的层级性。关键词写作范式自上而下至少分为 3 个层次，即论域→关键词→叙文。如图可表示如下：

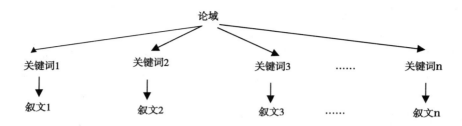

　　论域是第一个层次，关键词是第二个层次，叙文构成第三个层次。自下而上看，第三个层次叙文通过第二个层次的关键词与论域发生关系。第二层次的关键词（群）共同构成该论域的核心范畴，形成一个由具体到抽象的层级系统。自上而下，一个特定论域分解成若干个关键词，每一个关键词又扩展成叙文，信息量不断地增加与深入，形成一个由抽象到具体的层级系统。

（二）关键词之间的环形空间

关键词写作范式的空间性还表现为一种环形空间，这种环形空间主要存在于各个关键词之间。

一般来说，由于关键词总是依赖于特定的论域，是对一个主题的阐述，因此，一般来说，关键词总是以"关键词群"的形式出现，即一组关键词从不同的侧面或角度对同一中心思想或主要内容进行多层次、多角度、多方面的多重展开，从而，与其所统领的释文共同构成并列式的词条。这些词条较少有轻重主次之分，每一个词条既相对独立又相对集中地进行讲述，将同时进行的或较为纷繁复杂的事理叙述得有条不紊、层次清晰。

这些处于同一论域下的关键词群，共同支撑此论域。以论域核心点为圆心的环形，关键词就是环形上的一个个节点，它们或是平行展开，或是顺序展开，缺一不可。

本章小结

本章主要研究关键词写作范式。这种写作范式是在信息大爆炸的时代，为了更快地传递信息、提供掌握信息内容的有效途径而应运而生的一种新的写作范式。

本章第一节对关键词写作范式的发展源流进行了梳理。主要从国外、国内以及国内外相互影响三个方面进行了概述。

首先是国外方面。对关键词写作范式的写作尝试始于1976年出版的英国文化学者雷蒙·威廉斯的《关键词》。此书是雷蒙·威廉斯的代表作《文化与社会》的续篇。他对关键词的研究不是放置于语言学层面，而是深入到社会、历史与文化层面，提出了一种通过探讨特定"关键词"来研究文化与社会，进行文化研究的方法。这种从某一领域中的关键词入手进行相关研究的方法，在西方学界传播开来，各个学科领域都开始对自己本学科范畴内的关键词进行梳理、厘定、探讨与解说。20

世纪 90 年代以来，西方一些权威的学术出版公司纷纷出版了许多学科对自身"关键词"的研究成果。

其次是国内方面。"关键词写作范式"是基于"词典体"发展而成的，"词典体"在我国早于"关键词写作范式"。采用"词典体"进行写作的，也是最为人们所熟悉的，就是《马桥词典》。这种写作手法可以追溯到我国的笔记小说，韩少功在《马桥词典》中将笔记小说的散点透视与"词典体"的词条展开叙事方式结合在一起，形成了一种独特的创作手法。但是，自《马桥词典》之后，再鲜有此类有影响力的作品问世。

再次，在国内与国外进行学术交流过程中，通过对一系列运用"关键词"写作的理论书籍的翻译，将"关键词写作范式"介绍进来，特别是雷蒙·威廉斯的《关键词》被介绍进来之后，我国学者和作家们借鉴这种写作方式，将这种写作方式引进、消化、创新、推而广之，真正将关键词作为一种工具，将关键词写作范式运用到各种创作中，学界各个领域开始以此方式来整理、介绍、研究学科领域内的关键问题和知识构成，出版了大批的学术著作。这种写作范式由介绍学术知识拓展到各种语体、各种内容的写作当中，发展迅速，成果显著，蔚为壮观。

最后，梳理"词典体"与"关键词写作范式"之间的联系与区别，说明"词典体"与"关键词写作范式"处于一个连续统的两极，这个连续统包括以《马桥词典》《哈扎尔辞典》、"误解小辞典"、《阿 Q 正传》第一章对阿 Q 的解说为代表的四种类型。从"词典体"到"关键词写作范式"，词典的释词功能在逐渐地退化，词典体只留下了一个形式，取而代之的是越来越强的叙事功能。

本章第二节在梳理了关键词写作范式的发展源流之后，正式提出关键词写作范式这一新的概念，并通过将其与词典、百科全书进行对比，总结出关键词写作范式的写作特点。在此特点之上，分析关键词写作范式的优点所在。

首先，本节正式提出关键词写作范式是一种以"词典体"为基础发展而成的写作范式，是以词条展开方式对"关键词"进行阐述的叙事手法。每一个词条是一个相对独立的文本单位，形成一个单元共同体。关键词写作范式由词目和叙文两部分组成，词目就是"关键词"，而叙文是针对"关键词"进行的叙述。从"词典体"到"关键词写作范式",词典的功能在逐渐地退化,取而代之的是更高层次的叙事功能的强化。

其次,本节通过对比关键词写作范式中的"词目""叙文"与词典、百科全书中的"词目""释文",初步得出关键词写作范式的特点。

1. "词目"是"关键词",词目的选词贵专贵精,词目之间平等且有机关联,编排可依据内在逻辑。

2. "叙文"表达方式与写作内容多种多样、灵活多变,允许作者的个人创作,并取决于作者的个人背景与写作目的。

最后,本节评价了"关键词写作范式"的优点。

1. "关键词写作范式"是对信息的深度加工。这种写作方式能够将原生信息进行深层次的加工处理,使信息资源由隐性结构凸显为显性结构,信息内容由隐含到浅显,使文本信息容量增大,用户不用接触到原生信息,也能够对其中的内容有个大致的了解,快速、清楚地掌握信息的主要方面和关键点,消除对信息理解的不确定性,便于信息传播、吸收与消化。

2. "关键词写作范式"的单元共同体之间是平行独立关系,这种叙述方式能够将存在于同一论域中的、散乱无序而又没有关联的原始信息,组织成条理清晰、结构分明的形式,从而有效地传递信息,发挥信息资源的最大价值。

3. "关键词写作范式"提供了进入一个特定论域的切入口,并对它们进行必要的叙述。关键词是取自特定论域,反映论域的关键主题和中心内容;反过来,如果要进入特定论域,掌握其中心内容和关键信息,从关键词入手,就是最有效的途径,这些关键词也就成为认识问题的切入点和基本点,只有先掌握它们,才能通过它们走进该论域复杂多变的内部领域。

4. 关键词写作范式具有高度的开放性与"可写性"。这种开放性与"可写性"表现在作者的非聚焦型叙事视角与读者的自由阅读两个方面。一方面作者以非聚焦型的视角出现,是一种传统的无所不知的视角类型。在叙述的过程中,叙述者能够随意转变位置,不受视野和时间限制。另一方面关键词写作范式中,每一个关键词与其叙文形成一个对内自足的个体，具有独立性，使读者可以从任何地方介入，赋予读者以极大的阅读自由度。

　　5. 关键词写作范式的层级性以及关键词之间构成的环形空间，是一种基于空间而非时间序列的写作方式，读者不再是通过一个个动作构成的序列来解读文本，而是打乱时间让读者从空间去解读文本内容。

　　关键词写作范式的这些特征及优点，使其很快成为一种广泛使用而又卓有成效的写作方式，许多学者和作家都采用这种写作方式进行写作，特别是学术理论著作与新闻写作。新闻写作与新闻事件紧密相连，内容丰富，形式多样，较之理论著作具有更多的变化与研究价值。本书在第五章将重点探讨关键词写作范式在新闻写作中的应用，以及文本关键词在此类新闻中的功能。

第四章

学术文本关键词

第一节　学术文本关键词研究简述

对学术文本关键词的研究，一般集中在对学术文本关键词的标引问题以及在相关领域中的应用问题，研究角度主要集中在编辑出版、图书情报与数字图书馆、计算机软件及计算机应用等。

一　学术文本关键词标引研究

（一）国家文件推动关键词标引规范

学术论文是一件严肃而科学的学术活动，从撰写到编排，都必须符合一系列的标准。国家标准委、国家教委、国家科委都颁布了一系列学术论文的写作标准规范文件。

国家标准委员会在 1987 年颁布 GB 7713—87《科学技术报告、学位论文和学术论文的编写格式》首次规定："关键词是为了文献标引工作，从报告、论文中选取出来用以表示全文主题内容信息款目的单词或术语。每篇报告、论文选取 3—8 个词作为关键词，以显著的字符另起一行，排在摘要的下方。如有可能，尽量用《汉语主题词表》等词表提供的规范词。为了国际交流，应标注与中文对应的英文关键词。"

国家标准委员会在 1992 年颁布实施的 GB/T 3197—92《科学技术期刊编排格式》规定，"现代科技期刊都应在学术论文的摘要后面给出 3—8 个关键词"。

中国学术期刊（光盘版）编辑委员会颁布的《〈中国学术期刊（光盘版）〉检索与评价数据规范》（CAJ-CD B/T1—1998）指出："关键

词是反映文章最主要内容的术语，对文献检索有重要作用。凡期刊文章的文献标识码为 A、B、C 三类者均应标注中文关键词，有英文摘要者应同时给出英文关键词。一般每篇文章可选 3—8 个关键词，由期刊编辑在作者配合下按 GB/T 3860 的原则和方法参照各种词表和工具书选取；未被词表收录的新学科、新技术中的重要术语以及文章题名中的人名、地名也可作为关键词标出。""中文关键词前应冠以'关键词：'或'［关键词］'，英文关键词前冠以'Key words：'作为标识。"

中华人民共和国教育部办公厅 2000 年颁布的《中国高等学校社会科学学报编排规范》规定："关键词是反映论文主题概念的词或词组，一般每篇可选 3—8 个，应尽量从《汉语主题词表》中选用。未被词表收录的新学科、新技术中的重要术语和地区、人物、文献等名称，也可作为关键词标注。""中文关键词前以'关键词：'或'［关键词］'作为标识；英文关键词前以'Key words：'作为标识。"

中国科协学术部 2002 年颁布了《关于在学术论文中规范关键词选择的决定（试行）》，其中明确规定："发表在中国科协系统学术期刊中的所有学术论文，必须在摘要后列出不少于 4 个关键词。从技术角度考虑，没有关键词的论文应列入非学术论文类。"并规定了关键词的选择顺序。

国家标准委员会 2009 年发布，2010 年实施的 GB/T 3860—2009《文献叙词标引规则》规定："标引文献用词必须是词表中的叙词。""当词表中没有与文献主题概念直接相对应的专指叙词时，应选用两个或两个以上的叙词进行组配标引。""如果不宜用组配或无法组配时，可选用最直接的上位叙词或相关叙词标引。""使用自由词标引应严格控制。"

以上有关文件均规定了关键词的定义、作用、选取原则以及标识方法。可以看出，政府、学会文件都是从文献学角度出发，认为关键词与文献的关系是关键词反映文献主要内容，关键词的语言形式是词或词组，位置是放于摘要之后，作用是用于文献检索，选取范围为《汉语主题词表》以及专业术语，也可以酌情选取人名或地名，并应用语言标记凸显出来。

（二）相关学界研究

目前编辑学和图书馆学学界对学术文本关键词的标引问题的研究主

要集中在以下几个方面。

1. 词表与学术文本关键词标引

国家相关文件规定学术论文的关键词应尽量从《汉语主题词表》或《汉语叙词表》中选用，但是由于各类词表的更新速度较慢，新学科、新知识、新术语增长迅速，这就在词表规范性与学术文本关键词多样性之间产生了矛盾。许多学者对此类问题进行了研究，如陆艾五、潘建农（1998）提出，标引关键词不应该受制于《汉语主题词表》，宜改用专业性叙词表或参考《中国分类主题词表》和主题的一体化标引；刘岱伟（2004）提出，关键词是真正摆脱了词表的自由词，应该使用键词法（即关键词法）对科技期刊进行标引；孟青（2002）认为，关键词由主题词和自由词两部分组成，进行关键词标引时，应尽可能使用词表中的关键词，但自由词也应允许使用。

2. 学术文本关键词标引过程中存在的问题

在学术文本关键词的标引方法问题上，我国的期刊编辑出版标准中没有详细的规定，也没有统一的认识，再加上关键词的标引过程中存在着大量的个人因素，如个人的学术修养不同、对关键词的识别角度不同等，就造成了标引关键词时出现了很多的问题。关注此类研究的学者有丁春（2004），张建蓉、陈燕（2003），江舟群（2005），汪湘（2008）等。研究发现的关键词标引问题主要集中在对主题的揭示不深、遗漏主题信息、词汇选择不规范、逻辑关系混乱和信息冗杂几个方面。

3. 学术文本关键词的标引原则及书写方法

由于现在学术论文的撰写越来越规范化，对关键词标引和书写的要求也越来越高，越来越科学化、规范化、统一化。因此，众多学者和编辑从不同角度和深度对如何更好地标引和书写关键词进行了思考和分析，提出了不少有益的方法。如李小虎（2001）从逻辑学角度出发，提出了关键词标引的逻辑原则；沈传尧（2000）、杨一琼（2004）从关键词选取的范围、数量、词类、词性和词义几个方面提出了选取关键词的原则；刘春涌、刘艳玲（1999）从计算机自动化检索要求出发，提出了关键词选取必须遵守有序、包容和限定的原则。

4. 特定专业学术文本关键词的标引

不同专业的学术论文由于研究对象、研究方法等不同，对关键词的标引也稍有不同。对不同专业的学术文本关键词的标引进行个体研究，能够发现各个专业标引关键词的特点，并对不同专业关键词的标引起到取长补短的作用。如董毅士（1999）通过对 150 种农业科技期刊上的学术论文的关键词标引进行分析，指出了常见的 7 种代表性问题，并提出了 6 条相关建议。刘庆颖、陈庄（2005）通过对 157 篇发表于 10 种期刊中的水产学术论文的中英文关键词标引进行分析，指出了存在的问题，并提出了相应的改正措施。吕淑云（1998）指出了医学学术论文标引关键词的问题与解决方案。刘思得、程志强（2005）重点研究了硕博士学位论文的关键词标引问题，为研究生撰写学位论文提供关键词标引建议。

二　基于学术文本关键词的应用研究

（一）基于学术文本关键词的词频统计研究

随着文献计量学、词频统计学、共词分析、社会网络分析、可视化分析技术等相关的图书馆学和计算机科学的发展与应用日趋成熟与完善，许多情报学、图书馆学、文献学领域的学者以某一学科的学术文本关键词为数据统计来源，分析该学科的研究热点、发展趋势与发展特征。如黄小燕（2005）采用词频分析方法对情报学领域论文的关键词进行词频分析，从而归纳出 1999—2003 年情报领域的研究热点及其发展变化。余丰民、董珍时、汤江明（2010）采用关键词词频统计及共现的可视化技术等方法，分析了有关"高校图书馆"和"公共图书馆"研究论文的关键词，显示出 2000—2009 年国内"高校图书馆"及"公共图书馆"的研究热点和发展轨迹。严明（2011）利用《中文社会科学引文索引》（CSSCI）对我国民族学论文的关键词进行了统计和分析，反映出 2000—2008 年民族学的研究状况、热点和趋势。王知津、李赞梅、谢丽娜（2010）采用词频分析方法，描写了国外图书馆学研究生学位论文中的关键词词频、高频关键词、年平均关键词和关键词平均频次等的分布特征，分析统计出国外图书馆学研究生学位论文的研究内容特点。

（二）基于学术文本关键词的检索研究

面对学术论文日益增多且增长频率迅速加快的现象，如何检索满足用户需要的学术论文，成为一个不得不面对的现实问题。许多学者从学术文本关键词的检索功能出发，提出了一些解决检索学术论文的方案。如李信利（2005），李信利、聂志强、吕月娥（2007）提出了一种基于论文关键词层级聚类的论文相似性检索方法，能够很好地对论文进行基于概念的相似性检索，提高论文检索的查全率和查准率。樊宇、王宇楠、王俊杰、曹奇（2011）基于某次学术会议所收到的150篇学术论文的关键词，设计出一种 ASC Ⅱ 码分类—相关度模型，将这些论文分类，并构造成一个系统，使得只要给出所要查找文献的一组关键词，就能够从文献库中找出有关文章。

三　以往研究的缺失

以往对学术文本关键词的研究多是对学术论文的标引问题及方法以及关键词的应用研究，而缺少对学术文本关键词的本体研究。这就导致了提出的标引方法笼统、标准不一等问题。比如很多研究指出选取学术文本关键词要反映论文的核心内容，但是没有具体说明如何反映、为什么能够反映等问题。再比如说，选取学术文本关键词要选取词或词组，要选取术语，排序要体现一定的层次性，但是没有解释为什么以及按照什么标准选词、排序。

要解决这些问题，就要从学术文本关键词本体特征出发进行研究。学术文本关键词首先是一类词语的聚合。词是语言的物质材料，所以，关键词这类词语本身具有其语言学意义和特征。只有从其语言学本质上对关键词词类进行分析，才能从根本上解决学术文本关键词存在的各种问题。

四　学术文本关键词的发展情况

本书通过分析人大复印资料《语言文字学》期刊 1995—2011 年收录的论文情况，得出学术文本关键词的发展状况。

1. 中华人民共和国国家标准局于 1987 年颁布了 GB 7713—87《科学技术报告、学位论文和学术论文的编写格式》，对报告、论文撰写和编辑的格式作了统一规定，其中包括关键词的撰写与编辑。但是，直到2000 年，学术论文的关键词编写才有了大规模的应用。详见下图。

2. 关键词出现在学报的学术论文中早于出现在其他类型的学术刊物中。2000 年以前，出现关键词的学术论文中，绝大多数是刊登在学

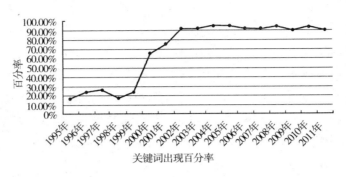

关键词出现百分率

（百分率＝含有关键词的学术论文数/本年学术论文总数）

报中的学术论文。1995 年 73%，1996 年 85%，1997 年 65%，1998 年
57%，1999 年 52%。

3. 一些刊物直到 2010 年，仍未在其刊登的学术论文中标引关键
词，如《民族语文》；一些刊物，2006 年才开始在其刊登的学术论文中
要求标引关键词，如《语言科学》；一些刊物则贯彻得非常好，如各大
学学报。如果除去 2000—2010 年选自《民族语文》的学术论文，其百
分率将近 100%。

综上可知，学术论文中的关键词的发展，经历了一个从无到有、从
少到多的过程，称名也从"关键字"固定为"关键词"，结构成分内容
从"词"到包括"语"逐渐统一。当然，这其中的一个重要原因莫过
于计算机科学的发展。这也从一个侧面反映了，随着学术论文撰写日益
科学化，"关键词"所起的作用越来越大，科研工作人员、普通学习者
对"关键词"的依赖也越来越大，从而促进和规范了学术论文的关键
词撰写与编辑，也提出了从语言学角度对"关键词"本质进行研究的
迫切需求。本章第二节将从语言学角度重点讨论学术文本关键词的语言
学特点。

第二节　学术文本关键词的语篇概括功能

一　学术文本关键词的名词化特征

（一）名词化研究简述

语言学史上关于动词、形容词名词化的研究为我们讨论学术文本关

键词名词化提供了理论依据。

无论是汉语还是英语，无论是现代汉语还是古代汉语，动词或形容词用作名词都是一个常见现象。动词或形容词名词化的问题，自从50年代提出之后，也一直受到学术界的关注。如何判断一个动词或形容词名词化了，许多学者从不同角度，运用多种理论进行了分析，提出了一些具体的方法和标准。其中的经典著作不胜枚举，如朱德熙的《关于动词形容词的"名物化"的问题》（1961），胡裕树、范晓的《动词形容词的"名物化"和"名词化"》（1994），郭锐的《表述功能的转化和"的"字的作用》（2000），沈家煊的《"名动词"的反思：问题和对策》（2012）等。

早期的名词化理论，如黎锦熙、刘世儒（1960），史振晔（1960），主要是坚持单一地位说，从动词性成分与名词性成分之间的特征进行判断，即"名物化"或"名词化"就是主语宾语位置上的动词和形容词具有名词的性质，用作主语宾语的动词、形容词具有了一些名词的语法特点，并失去了动词、形容词的一些或所有语法特点。之后，从朱德熙开始，对这种名词化理论进行了进一步的思考，指出了其中的问题所在，并提出了自己对名词化的见解，为后来的名词化分析奠定了坚实的理论基础。

朱德熙、卢甲文、马真合作的《关于动词形容词的"名物化"的问题》（1961）一文首先批评了早期名物化论者主张名物化的理由以及判断一个动词或形容词名物化的标准，之后提出："确定一个语言结构（ab）里的组成成分（a）的性质时，不仅要考虑这个成分本身的性质（a的性质）以及跟它发生关系的其他成分的性质（b的性质），还要考虑整个结构的性质（ab的性质）。如果这个结构本身既不能做谓语，也不受副词修饰，那么这个结构本身就是名词性的。"并在文中提出了"名动词"和"名形词"的概念，是指具有名词的语法性质的动词和形容词，"它们跟名词相同的地方正是它们跟一般的动词形容词不同的地方"。

朱德熙先生（1961）提出了判断一个语言结构是否具有名词性的语法特点，即"既不能做谓语，也不能受副词修饰"。沈家煊先生（2012）虽然对朱德熙先生提出的"名动词"的定义和判断标准作出了反思和补充，提出了"名动包含"模式，但是也明确肯定了朱先生提出的"名词和谓词的真正对立在于谓词能做谓语、能受副词修饰、能带后加成分'了''着'等等。而名词不能"的观点，认为是"十分精辟的见解"。也就是说，无论是说名词和动词是完全对立的词类，还是"名动包含"，区分名词和动词的标准都是朱德熙先生提出的上述"真正对立"，亦即名词不能做谓语，不能受副词修饰，不能带后加成分"了""着"等。

朱德熙（1982）又提出了一种"两分法"，即将动词性成分分为两类，一类是动词的"指称"用法，即"充任主语的谓词性成分本身仍旧表示动作、行为、性质等等，可是跟谓语联系起来看，这些动作、行为、性质、状态等等已经事物化了，即变成了可以指称的对象"，另一类是动词的"陈述"用法，即"充任此类主语的谓词性成分不是指称的对象，而是对于动作、行为、性质、状态的陈述"。并提出了检验的方法，用"什么"来验证"指称"用法，用"怎么样"验证"陈述"用法。

朱德熙先生关于"名词化"（"名物化"）的理论思想，得到了学界诸多学者的肯定，并在此基础之上，不断地进行补充和深化。如郭锐的《表述功能的转化和"的"字的作用》、姚振武的《汉语谓词性成分名词化的原因及规律》、石定栩的《动词的"指称"功能和"表述"功能》等。

胡裕树、范晓在著作《动词形容词的"名物化"和"名词化"》（1994）中，基于语法研究中语义、句法和语用三个平面的观点对"名物化"和"名词化"做出了区分，将"名物化"定义为"专指动词形容词的'述谓'义在语义平面转化为'名物'（或'事物'）义"，即"动词形容词在句子的语义平面为动元身份、在句子的句法平面为主宾语身份"；而"名词化"则"专指动词、形容词在句法平面转化为名词的现象"，也就是说，"'名词化'是指本是动词形容词性词语，但在功能上已转化成名词性词语"。"名词化"是句法层面的，而"名物化"既表现在句法层面，也表现在语义层面。但无论是"名物化"，还是"名词化"，从短语的功能性质来看，"语法学界的意见比较一致，即认为是名词性的"。"名词化"和"名物化"之间的关系可以表述为："动词形容词在句法平面的'名词化'，在语义平面必然表现为'名物化'。但动词形容词在语义平面的'名物化'，在句法层面却不一定全都'名词化'。"因此，只要考察出动词形容词在句法层面"名词化"了，那么就可以判断出其在语义平面"名物化"了。

胡裕树和范晓两位先生（1994）也提出了动词形容词内部是否"名词化"的形式标记："我们认为，现代汉语中动词形容词性词语名词化的主要标识是'的'。'的'作为名词化的标志有两种形式：1. 粘附形式；2. 插加形式。""粘附形式是指'的'粘附于动词或形容词性词语之后，使之成为名词性词语的一种形式。""插加形式是指'的'插加于动词性短语或形容词性短语中间，使之成为名词性词语的一种形式。"一些在形式上没有"的"，但是可以补出"的"标志的形式，也是具有名词性的短语。

陆俭明在他的著作《对"NP＋的＋VP"结构的重新认识》（2003）中概述了汉语语法学界对"NP＋的＋VP"结构的分歧意见，提出这些分析或结论的矛盾与缺陷，并以乔姆斯基的"中心词理论"为指导，提出了一种新的分析思路，认为"这种结构实际是由主谓词组中间插入'的'所形成的名词性结构"。并且认为，主谓结构跟结构助词"的"构成名词性结构有两种类型，一种是位于主谓结构后边，一种是插于主语和谓语中间。

陆俭明与胡裕树、范晓的理论出发点虽然不同，但是都认为结构助词"的"能够将主谓结构（动词形容词词组）转化为名词性结构。从而为判断名词性结构提供了一个可靠的形式工具。

除此之外，还有许多学者从认知语言学、功能语法的角度对"名词化"的生成机制与认知规律进行了分析，主要提出了动词或形容词能够"名词化"的制约条件和生成机制，如朱永生的《名词化、动词化与语法隐喻》（2006），徐玉臣的《名词化的生成机制、类型及功能的新视界》（2009），高航的《参照点结构中名词化的认知语法解释》（2010）等。

上述几位学者的经典著作从不同角度和理论观点对动词形容词结构的名词化进行了论述，其间既有肯定与继承，也有补充与扬弃。综上所述，汉语中动词形容词结构转化为名词性结构是客观存在的，从句法上看，是动词形容词向名词范畴转化；从语用上看，是语言形式从陈述功能向指称功能转化；从语义上讲，是行为动作范畴向事物范畴转化。而且，这些转化，具有一定的形式标记。

我们暂且放下"名词化"与"名物化"之争，在本书中，我们将动词形容词结构具有名词性质暂称为"名词化"。在综合吸收几位学者的理论思想之后，我们的重点在于确定判断动词形容词具有名词性质的形式标记，从而为确定学术文本关键词的名词化倾向提供分析手段与指导思想。

（二）学术文本关键词的名词化倾向

根据学界对动词形容词结构转化为名词性结构的研究，我们可以总结出判断动词形容词结构是否具有名词性质的标准，即（1）在句法层面，不能做谓语，不能受副词修饰，不能带后加成分"了""着"；（2）在短语内部，主语成分和谓语成分之间能够插入结构助词"的"；（3）在语义层面，动词性词语从行为动作范畴转化为事物范畴。

按照以上方法，本书作者对自建的学术文本关键词语料库中从1995—2011 年的 6529 个关键词进行词性划分，并将具有名词性质的动词形容词结构划分为"名词性词语或短语"，结果请见下表：

词性	次数/次	百分比
名词性词语或短语	6148	94.17%
动词性词语或短语	327	5.01%
形容词性词语或短语	54	0.83%

注：＊我们以词语自身的词性对其进行词类划分，不考虑其在论文的标题、摘要或正文中的使用情况。

＊＊作为研究对象出现在关键词里的各类词语均视为名词性词语或短语。因为此时，作为研究对象出现在关键词里的词语，已经消隐了自身的词性，成为一个具有指称功能的词，具有名词性质。

通过对具体的词语或短语进行分析，我们发现：

1. 名词性词语或短语在关键词里占据绝大多数，关键词中的动词性词语或短语只占 5.01%，形容词性词语或短语只占 0.83%。

2. 动词性词语或短语在关键词中出现了 327 次，有 54 个词语出现了两次以上，最多的是"演变"一词，出现了 14 次之多，128 个动词性词语只出现一次，所以，共有 182 个动词性词语或短语。形容词性词语或短语中，有 9 个词语出现了两次以上，最多的是"重叠"一词，出现 6 次，28 个形容词性词语或短语只出现一次。

3. 327 个动词性词语或短语中，有 36 个词语是名动兼类词，同时具有名词词性和动词词性，或者说本身就具有陈述和指称的表述功能。

4. 名词化了的动词词组，也就是具有名词性的动词短语共有 2394 个，占名词性关键词总数的 38.94%。如：

　　　　a.【关　键　词】颜色词/收词/释义/词性标注
　　　　b.【关　键　词】语义学/明喻/语义图式/语义空位/语义提取
　　　　c.【关　键　词】送气音消失/擦音化/音变/海南闽语

以上三例中的加点词语，通过名词直接修饰动词，将动词名词化，整个词组表现出名词性质，具有指称功能。前两例是动词转化为动作的过程，例 c 中的"送气音消失"中"消失"由动作转化为状态。而在摘要部分，名词性词语或短语又会转变成动词性或形容词性结构，由指称功能转变为陈述功能。

5. 动词性关键词在其所在的关键词群里总是排在最后一个。

一般来说，词语的表达功能主要有两种，一种是指称功能，一种是表述功能。指称功能是指称客观事物，表述功能是表述性质、状态和关系。表述依附指称而存在。名词的核心功能是指称功能，动词、形容词的核心功能是表述功能。

学术文本关键词表现出高度的名词化倾向，论文作者倾向于选取名词作为关键词，并通过一定的构词手段将动词性或形容词性词语或短语转化成名词性词语或短语，将表示形式、状态和关系的复杂过程，用名词将其概括指称。词性发生变化的动词或形容词，也具有了指称功能，其所指正指向学术文本的正文相关内容，对正文内容起到了极强的概括作用。

二　学术文本关键词对正文内容的提取功能

中华人民共和国国家标准局于 1987 年颁布 GB 7713—87《科学技术报告、学位论文和学术论文的编写格式》规定，学术文献在"摘要"项之后应列出"关键字"。报告中，将"关键字"列入论文的前置部分，并在"5.8 关键字"中给出了它的定义："关键字是为了文献标引工作从报告、论文中选取出来用以表示全文主题内容信息款目的单词或术语。"目前，学界已统一称名"关键词"，结构成分内容从"词"到包括"语"逐渐统一。也就是说，读者能够从关键词中读取文献的主要内容和主要论域。那么，学术文本关键词，就已不再是单纯的概念词，而是必须反映文献的主要内容或主要论域的功能词，具有对正文内容的概括功能，是最高层次的概括，用一个词语指称一个事物、现象、过程或关系。

学术文本关键词是对正文最主要内容的提炼加工，自然必须忠实于学术论文的核心内容。因此，首先分析学术论文的内容构成，并基于大量的语料事实，分析学术文本关键词对学术论文内容的反映情况。而后总结学术文本关键词的排列特点。学术文本关键词按照一定的逻辑顺序进行排列，能够更好地表征学术论文内容。最后分析学术文本关键词群内部关键词之间的语义关系，说明关键词之间并不是互相孤立无联系，而是充满了错综复杂的语义关系，探讨如何明确这些语义关系，并描写出语义关系的语言特征。

（一）学术论文的内容构成

关键词是学术论文语篇的有机组成部分，"是用以表示全文主题内容信息款目的单词或术语"，是学术论文语篇内容最核心、最概括的信息集合体。关键词是从论文标题、摘要、正文中选取出来的，其内容构成必然与三者的核心内容相同，才能准确、精炼地反映出全文的主题内容信息。因此，我们先看论文标题、摘要和正文的核心内容。

1. 学术论文标题

国家标准文件 GB 1173—87《科学技术报告、学位论文和学术论文的编写格式》（1987）中，定义题名为"是以最恰当、最简明的词语反映报告、论文中最重要的特定内容的逻辑组合"。"论文中最重要的特定内容"在其他有关学术论文写作的著作和研究中有详细的说明，"学术论文的标题……一是提示论点的标题……把论文的基本论点提示出来；二是提示课题的标题，即标题所提示的是论文的研究范围"（杨安翔，2004：276—277）。"学术论文标题的作用有：揭示文章的论点，通过标题把文章中心思想反映出来，反映课题的主要内容，通过标题使读者了解论文所研究课题的主要内容。"（朱礼生，1997：82）"学术论文标题常见有几种类型：揭示论点的标题；揭示课题的标题；揭示方法的标题。"（沈国芳，1996：195）一般来说，它可以概括学术论文的中心论点、内容范围、研究方法、要解决的问题等。

2. 学术论文摘要

摘要是对学术论文主要内容的简短陈述，国家标准 GB 1173—87《科学技术报告、学位论文和学术论文的编写格式》（1987）文件中，说明摘要"应包含与报告、论文同等量的主要信息……摘要一般应说明研究工作目的、实验方法、结果和最终结论等，而重点是结果和结论"。我国 1987 年 6 月施行的中华人民共和国国家标准 GB 6447—86《文摘编写规则》中也说明文摘应包括四个具体要素，即"目的""方法""结果""结论"。

3. 学术论文正文

国家标准 GB 7713—87《科学技术报告、学位论文和学术论文的编写格式》（1987）文件中对学术论文的定义为："学术论文是某一学术课题在实验性、理论性或观测性上具有新的科学研究成果或创新见解和知识的科学记录；或是某种已知原理应用于实际中取得新进展的科学总结，用以提供学术会议上宣读、交流或讨论；或在学术刊物上发表；或作其他用途的书面文件。"学术论文是对科研成果的一种表达和反映，是针对某一学科领域中的问题进行实验性、理论性或观测性研究的析理性写作。在写作中，要求对研究的对象、理论和研究过程进行深入而详细的论述，并得出科学真实的研究结论，体现出科学性、创新性和学术性。

综上所述，学术论文标题、摘要和正文的主要内容都可以概括为以下四个方面：学术论文研究对象或范围、研究方法或过程、研究目的及意义、研究结论或结果等。基于三者进行提取的关键词，也要反映出以上四个方面的内容，才能用最精炼、最恰当的语言反映学术论文的核心信息内容。

同时，反映以上四个方面内容的词或词组，也往往是读者进行信息检索的对象。一般来说，在进行信息检索时，读者倾向于把已知信息的表面特征或内容特征作为检索词检索信息。已知信息的内容特征就是文献内容中所论述的主题、观点、见解和结论等特征。而学术论文的主要信息内容主要包括学术论文研究对象或范围、研究方法或理论、研究目的及意义、研究结论或结果等。

通过归纳笔者自建语料库中 2007—2011 年五年共 743 篇学术论文的 3744 个关键词语料的内容，发现关键词的内容基本上能够从以上四个方面反映学术论文的核心内容，但是在数量分布上有比较明显的差异，见下表：

关键词内容	数量/个	百分比
研究对象或范围	2558	68.32%
研究方法或理论	394	10.52%
研究目的及意义	205	5.48%
研究结论或结果	587	15.68%

743 篇学术论文的关键词序列中，98% 都含有反映研究对象或范围的关键词，53% 只含有反映研究对象的关键词，41% 含有反映研究结论或结果的关键词，37% 含有反映研究方法或理论的关键词，27% 含有反映研究目的及意义的关键词。可见，研究对象或范围、研究结论或结果与研究方法或理论是最易被论文撰写者所认知和筛选的，而研究目的及意义，由于内容较多，不易被一两个词语所概括，从而被选取作为关键词的较少。

（二）学术文本关键词的内容构成

根据上文研究，学术论文的内容构成主要可以分为学术论文研究对象或范围、研究方法或理论、研究目的及意义、研究结论或结果四个方面。根据笔者对具体语料的分析，发现关键词对上述四个主要方面进行了更细致的表述，主要表现在以下几个方面。

1. 研究对象

（1）反映研究对象内容的关键词，根据范围的从大到小，可以分为一级研究对象、二级研究对象、三级研究对象等。如：

　　a.【关　键　词】蒲松龄/聊斋俚曲集/罟词/民俗文化

　　b.【关　键　词】《徐州十三韵》/知庄章声母/读音分合

例 a 中，"蒲松龄"是一级研究对象，"聊斋俚曲集"是二级研究对象，"詈词"是三级研究对象，"民俗文化"是四级研究对象。例 b 中，"《徐州十三韵》"是一级研究对象，"知庄章声母"是二级研究对象，"读音分合"是三级研究对象。

一级一级地细化、精确，直至最后一级的研究对象，才是作者在文中需要做出具体分析的研究对象。最后一级的研究对象，又是整个关键词群的关键词，其他的关键词都是以它为核心，都需要与它发生关联。而且这一级的研究对象往往与反映研究结论或结果的关键词重合，是该篇论文最终要得出的结论或结果，但是此类关键词往往是研究结论或结果的概括词。如例 a 中，"民俗文化"既是四级研究对象，又是此篇论文最终结论的概括表述。

（2）有一类关键词反映的也是研究对象，但是处于辅助地位，是研究过程中的次要矛盾。也就是说，对这个研究对象的研究是为了辅助解决关于主要研究对象的问题，或是用于例证主要研究对象。还有的研究对象属于附加部分，也就是在分析完主要研究对象之后，利用结论对另一个附加的内容进行简短分析。因此，反映研究对象的关键词又可分为主要研究对象关键词和次要研究对象关键词。如：

  a.【关 键 词】句式发展／层面渗透／醒世姻缘传

  b.【关 键 词】演化音系学／入声／田野语音学／粤语／德清话／潮安话／余干话

  c.【关 键 词】外来词／文化词／词源学／流俗词源／汉语词汇史

例 a 所属论文中，作者选取"醒世姻缘传"中的句子来例证"句式发展"的"层面渗透"；例 b 所属论文中，作者用新发现的"粤语""德清话""潮安话"和"余干话"中语言材料例证"入声"的演变规律；例 c 中，"流俗词源"是在作者分析完"外来词"和"文化词"的词源之后，用相关结论谈及的另一个问题。

这些关键词反映的研究对象内容，并非所属论文的主要研究内容，而是为主要研究内容服务，属于研究内容的附属成分。

2. 研究范围

对研究范围的表述根据内容可以分为地域范围、时间范围和学科领域范围。如：

　　a.【关 键 词】南斯拉夫/语言民族主义/语言政策/认同/政治功能

　　b.【关 键 词】新时期/汉语修辞学/本体研究/综合研究/交叉研究/动态性/科学性

　　c.【关 键 词】卜辞/商代民间/奉天/至上神

　　d.【关 键 词】训诂学/文字学/义源分析法/词义解构法/给予和使/被的语法关系

以上四例中，"南斯拉夫"是地域范围，"新时期"是时间范围，"训诂学"和"文字学"是学科领域范围，而"商代民间"是时间+地域范围。表示研究范围的关键词，并不是研究对象，而是对研究对象的时间、地点、学科领域起限定作用。

其中，作为研究范围的表示学科领域的关键词与作为研究对象和研究方法的表示学科领域的关键词是不同的。作为研究对象的表示学科领域的关键词，此学科领域本身就是文章的研究对象，是关于它的研究；作为研究方法的表示学科领域的关键词，是运用此学科领域的方法对研究对象进行分析研究，是一种工具。而作为研究范围的表示学科领域的关键词，是指学术论文的研究属于此学科领域范畴。如以下三例：

　　a.【关 键 词】介词悬空/后果/动因/功用/双音节/词汇化/语法化

　　b.【关 键 词】动补结构/词汇化/词法/句法

　　c.【关 键 词】词汇化/综合考察/历时/共时

以上三例都含有"词汇化"这个关键词。例 a 中的"词汇化"是表示学术论文研究所属的学科领域范围；例 b 中的"词汇化"是表示研究方法，是用词汇化的方法研究动补结构；例 c 中的"词汇化"是表示研究对象，论文内容是对词汇化研究问题的历时和共时综合考察。

3. 研究目的及意义

研究目的及意义的表述可以分为理论意义与实践意义。理论意义是指提出某种新的理论，或者对已有研究课题的新发现、新思考，以及补充和解释；实践意义是指研究内容能够指导实践活动，有益于人类的某项实践活动。如：

  a. 【关 键 词】词类活用/辅重现象/副词修饰名词
  b. 【关 键 词】汉外对应词/移植/词义空位/辞书/释义

例 a 关键词群所属的论文研究提出了一个解释"副词修饰名词"现象的新视角，"副词修饰名词"就是反映论文理论意义的关键词。例 b 关键词群所属的论文研究主要是指导辞书的释义编纂工作，具有实践意义，"释义"就是反映论文实践意义的关键词。

4. 研究结论或结果

（1）对研究结论或结果的表述可以分为肯定式结论和否定式结论。肯定式结论是指论文作者在进行研究时加以肯定的结论或观点，或者是提出的新理论、新观点；否定式结论是指论文作者在进行研究时予以否定批驳的结论或观点，或是前人研究的不足、偏颇或错误之处。如：

  a. 【关 键 词】动词/句式/宾语/语义未完全指定/语义互动/语义合成
  b. 【关 键 词】是/焦点/主题/论述

例 a 中的"语义未完全指定""语义互动""语义合成"是论文作者在学术论文中提出的新的观点和结论；例 b 中的"焦点"是论文作者在研究中否定的研究结论——"'是'字是'焦点'记号"，而"论述"是论文作者在研究中提出的新的观点，认为"'是'字是'论述'记号"。

（2）对研究结论或结果的表述根据内容可以分为概括型结论和具体型结论。反映概括型结论的关键词往往与最后一级的研究对象关键词重合。这种概括型结论关键词并没有具体反映出研究结论或结果到底是什么，而是反映研究结论或结果是关于什么问题或现象的，属于抽象反映研究结论或结果的关键词；反映具体型结论的关键词就是说明研究结论或结果的具体内容。如：

> a.【关 键 词】文/皇/金文/语义搭配
> b.【关 键 词】古文字/盾形字符/橹/古

　　例 a 中，三级关键词"语义搭配"不仅是研究对象，而且也是此篇文章要得出的研究结论，即金文中"文""皇"二字的语义搭配情况，是研究结论的概括词。例 b 所在的学术论文的研究结论是"古文字中的盾形字符，如'橹'，发音应与'古'相同"，关键词"古"是具体的研究结论，如果说"古"换成"发音"，那么"发音"就既是研究对象，又是研究结论的概括词了。

　　综上所述，我们可以将学术文本关键词反映的学术论文内容总结为下表：

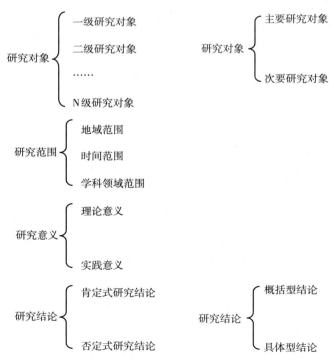

可见，关键词虽然取自标题或摘要，但是对学术论文内容信息的提炼反映在一定程度上又高于标题或摘要。这是由于，标题是一个有字数限制的逻辑命题，只能选取能够进入逻辑组合的词或词组；摘要是对正文具体内容的简短概述，是一个独立的语篇单位，讲究语篇的衔接与连贯，对于一些较为抽象的内容或偏离主要线索的内容有时不得不舍弃。但是，关键词是词或词组，它们之间没有太多的语法关系与必需的逻辑联系，选择与标示的自由度就高于标题与摘要，从而也就能够提取出更多的论文内容信息。

（三）学术文本关键词的内容排列特点

2002 年 8 月 22 日，中国科协学术部颁布了《关于在学术论文中规范关键词选择的决定（试行）》，对关键词的排列顺序作出了有关规定：

> 第一个关键词列出该文主要工作或内容所属二级学科名称。……第二个关键词列出该文研究得到的成果名称或文内若干个成果的总类别名称。第三个关键词列出该文在得到上述成果或结论时采用的科学研究方法的具体名称。……第四个关键词列出在前三个关键词中没有出现的，但被该文作为主要研究对象的事或物质的名称，或者在题目中出现的作者认为重要的名词。如有需要，第五、第六个关键词等列出作者认为有利于检索和文献利用的其他关键词。

从中我们可以看出，关键词的排列顺序应该为：

研究对象或研究学科领域范围→研究成果→研究方法→其他研究对象→其他关键词。

笔者通过对大量语料的分析发现，学术文本关键词群中的关键词，在内容排列上大致表现出上述排序特点，形成了固定的顺序排列模式。主要是按照以下顺序排列：

研究对象→研究理论→研究结论→研究意义，基本上所有关键词群都含有反映研究对象的关键词，其他三者有所取舍，如：

　　a. 【关 键 词】句末"也"/结果体/完成体/语法化/类型学

　　b. 【关 键 词】伪定语/形义失称/词义分解/核心移位/语法解析性

　　c. 【关 键 词】方位倒装/GtF 构式/图形—背景关系/认知参照点/语篇功能

在具体排列过程中，又表现出以下特点：

1. 研究对象关键词

反映研究对象的关键词一般排列在关键词群的最前边，并按照等级顺序，顺序或逆序排列，一般不会出现顺序混乱的排列。或者从一级研究对象顺序排列至最后一级研究对象，或者是从最后一级研究对象逆序排列至一级研究对象①。如：

　　a. 【关 键 词】普米语/动词后缀/分析化

　　b. 【关 键 词】《经典释文》/重纽/反切/数量统计/结构特点

关键词群全部由研究对象构成，如例 a，按照从一级至末级顺序排列；即使关键词群中还有别的内容的关键词，如例 b，表示研究对象的关键词也是按照从一级至末级顺序排列。

这种按照概念范围从大到小，或者是按照研究对象的从属关系进行排列的方式符合人类的基本认知规律。

但也有按照逆序的方式排列研究对象，突出强调所属论文研究的具体对象，从小到大，从具体到抽象，如：

　　a. 【关 键 词】除/介词/介词框架/语法化

　　b. 【关 键 词】"所"/"所"字结构/结构分析/陈述化/名词化

反映次要研究对象的关键词一般排在关键词群最后或紧跟主要研究

---

① 逆序排列研究对象的情况比较少见。如果最后一级研究对象是不易理解或较难认知的对象，一般会被置于第一个关键词的位置。其他情况较少见。

对象。

2. 研究范围关键词

（1）反映时间范围和地域范围的关键词一般排在反映研究对象的关键词前边，极少数排在后边。这是因为，时间范围和地域范围是对研究对象的时空限定，是对研究对象最基本的存在状态的限定，因此往往排在最前边。如：

    a.【关 键 词】宋代/方言/巴蜀语/西语/四川方言

    b.【关 键 词】中国/语言生活/语言资源/领域语言

    c.【关 键 词】秦汉/文字瓦当/释谈

以上三例中的"宋代""中国""秦汉"分别是时间范围关键词和地域范围关键词，均排在关键词群的最前边，对研究对象起限定作用。

（2）反映学科领域范围的关键词的排序有两种情况，一种是排在关键词群的最前边，一种是排在最后边，极少数排在其他位置。如：

    a.【关 键 词】历史语法/排他标记/"唯独"/"除舍"/语言接触/重新分析/汉译佛典/语法化

    b.【关 键 词】历史语言学/方言学/词族/同源词

    c.【关 键 词】偈颂用韵/异部相押/历史方音

以上三例中加点词语均为反映学科领域范围的关键词。反映学科领域范围的关键词是对整篇论文的研究范围的界定，当其他关键词不能清晰地反映出学科领域范围时，往往会添加一个或两个表示学科领域范围的关键词，以便廓清研究范围。一般情况下，反映学科领域范围的关键词，很少进入摘要和标题。反映学科领域范围的关键词，能够起到补充信息、划清学科范围的作用。

三　学术文本关键词内部的横向关联性

"关键词是为了文献标引工作从报告、论文中选取出来用以表示全文主题内容信息款目的单词或术语。"（中华人民共和国国家标准 VDC

001. 81,《科学技术报告、学位论文和学术论文的编写格式 GB 7713—87》）读者通过关键词能够大致了解论文的主题内容信息。许多学者认为关键词不用考虑语法结构，不一定要表达一个完整的意思，只需将几个词语简单地摆在一起就可以了。其实，关键词除了机械地用于计算机信息检索之外，也需要反映学术论文的主要内容。独立的一个关键词只能传递一个概念，要想使读者获得论文的大致内容，一个关键词群内部的各个关键词之间不一定存在语法结构，但必须存在着某种语义关联，才能将独立的个体连接成一个有机体，形成连贯的语义内容，才能在最大程度上传递有效的信息，发挥其"表现论文主题内容"的功能。

Sperber 和 Wilson（1986）认为，关联性是交际的基础。人类的交际是一个认知的过程，总是希望能够用最小的认知努力获取最大的信息量。如果处理信息所需的认知努力达到最小，且获得了最大的信息量，就是达到了最佳关联。这种关联性是语境效果和处理努力共同作用的结果。关联理论在解释语言交际现象时，提出了"明示—推理模式"。"明示"就是说话人给出听话人能够建立最佳关联的某种明显表示；"推理"就是听话人根据"明示—推理"模式对说话人给出的明示信息进行推理，取得最佳关联。而这种明示信息就具有建立语境的作用。说话人利用明示促进关联，听话人利用推理行为能够认知关联。

根据关联理论，说话人一方要做出最佳关联的明示，为听话人正确的理解建立必要的语境效果。听话人一方要通过明示，激活更广阔的背景知识，进一步拓展语境效果，最终获得最佳关联。

科技论文中的关键词是对论文内容的高度概括，是最有效的信息检索与文献标识的工具，需要向读者传递主要的文献内容及必要的信息，使读者能够迅速准确地掌握文献的主旨和内容。作者通过选择恰当的关键词作出最佳关联的明示，为读者正确的理解建立必要的语境效果；读者通过阅读关键词及关键词之间的关系，激活已有的关于明示信息的背景知识，根据推理拓展语境效果，从而获得最佳关联，达到交际的目的。

作者选取关键词提供明示信息，读者根据明示信息进行推理，这就要求，选用的关键词不仅要与正文内容有关联，而且关键词之间也应有逻辑关联，从而能更好地建立语境效果，为读者进行推理提供必要的关联信息。作者给出的关键词之间，不一定存在某种必然的语法结构关系，却需要表达一个完整的逻辑判断和推理。关键词的逻辑关联性越高，则读者进行推理就越容易，也就能够用最少的努力获得最大的信息量，从而达到最佳关联。

根据上文对关键词词类的分析，可以得出，学术文本关键词主要分为动词性关键词和名词性关键词①。接下来，笔者将分别讨论动词性关键词与其他关键词的语义关联，以及名词性关键词之间的语义关联，以期能够在最大程度上归纳出关键词之间的各种语义关系，提高关键词的信息含量，从而帮助读者通过构建关键词之间的语义关系来获取最大的论文信息。

（一）动词性关键词

通过对笔者自建语料库中学术文本关键词进行词类划分，现列出动词性关键词（182个）如下：

生成＊3、翻译＊7、述评、比较＊8、对比＊3、仿效、回顾＊4、展望＊2、潜显、保护＊2、结束、延续、解释＊7、补正、考释＊12、占位、变换＊2、映现、研究＊6、评述＊2、整饬、指称＊5、推测、训诂＊4、校勘＊2、形成＊3、演变＊14、停延＊2、特指、衔接、概述、省简、同化、异化、浊化＊2、认识＊3、变调、对应＊2、习得＊4、分析＊4、构拟＊3、取消、参照、调查、归纳、替换、隐含＊2、粘合、综述、归属、重构、泛化、考证、否定＊10、预设＊3、谈论、提取＊2、搭配＊2、诠释＊4、倒置、理解、蕴涵、联接、发展＊6、统计＊3、约束＊2、前瞻、研制、检验、输入、预测＊3、强化＊3、分化、反思、讨论、溢出、隐入、突显、来源＊3、省略、压制＊4、处置、反观＊2、辨正、释解、突变、选取、排序、删略、映射、投射＊2、拟测、计算＊2、证明、假设、抑制＊2、标志、逼近科学真实、内化、引申＊2、呈现、划分、鉴别、分类＊5、分工、互补、构成＊2、肯定、直接统制、陈述、结合、简化、照应、制止、防止、探索、描写＊4、清

---
① 形容词性关键词数量极少，且种类单一，一般都是描写研究对象的性质的词语，因此不再单独介绍。

化、糅合＊4、给予、索取、自动识别、命名、凸显、选择＊2、列
举、截搭、虚化＊2、考索、再虚化、派生、竞争、融合、移
植＊2、省缩、评估＊2、澄清、论述、类推＊2、转换、表达、影
响、梳理、注音、界定、扩展、窄化、规定、裂化、考察、校读、
介绍、默认、推导、拷贝、解构、添加、致使、责备、埋怨、贡
献、转化＊2、演化、超胜、适应、设计、涉及、浮现、联通、传
信、加工、保护与抢救、浊化＊2、建议、认同、表现、消失、留
存、传承、互动＊3、叠加、虚化＊2、位移、移位＊2

（＊n表示出现次数）

根据以上动词性关键词所属的论文与摘要内容，分析它们与其他名
词性关键词的语义关系，主要可以归纳为以下几类：

1. 动宾结构

（1）动词性关键词是论文的研究方法，反映论文研究对象的名词性
关键词是这些动词性关键词的宾语，构成动宾结构，是指此篇论文对研
究对象的处置。如：

　　a. 【关 键 词】楚竹书/《缁衣》/考释
　　b. 【关 键 词】诗经/物量词/研究
　　c. 【关 键 词】第二语言/学习策略/分类

例 a 中的动词性关键词"考释"，与研究对象"楚竹书""《缁
衣》"之间的关系可以表述为"考释楚竹书《缁衣》"。例 b 中的动词
性关键词"研究"，与研究对象"诗经""物量词"之间的关系可以表
述为"研究《诗经》的物量词"。例 c 中的动词性关键词"分类"，与
研究对象"第二语言""学习策略"之间的关系可以表述为"对第二语
言学习策略进行分类"。

属于此类的动词性关键词有：

　　翻译、述评、比较、对比、回顾、展望、解释、补正、考释、
研究、整饬、评述、校勘、概述、分析、综述、调查、归纳、重

构、考证、诠释、统计、检验、反思、讨论、释解、排序、计算、拟测、证明、分类、陈述、探索、反观、描写、考索、评估、论述、梳理、排序、界定、考察、介绍、推导、解构、注释、训诂、计算等

（2）动词性关键词仍然与名词性关键词构成动宾短语，此动宾短语表示学术论文的研究对象，是学术论文需要解决的问题所在。如：

  a.【关 键 词】濒危语言/保护
  b.【关 键 词】规范汉字表/研制/必要性/可行性/框架
  c.【关 键 词】预测/难度/语言习得/标记/等级

  例 a 中动词性关键词"保护"与名词性关键词"濒危语言"可以表述为"保护濒危语言"。例 b 中动词性关键词"研制"与名词性关键词"规范汉字表"可以表述为"研制规范汉字表"。例 c 中动词性关键词"预测"与名词性关键词"难度"可以表述为"预测难度"。它们组成的动宾词组共同表示学术论文语篇的研究对象。
  属于此类动词性关键词的有：

    保护、提取、研制、预测、选取、划分、鉴别、结合、推测等

  2. 偏正结构
  动词性关键词直接受名词性关键词修饰，从而发生名词性转化，形成以动词为中心语的名词性偏正结构。二者之间的关系又可分为以下几种。
  （1）动词性关键词直接受名词性关键词修饰，形成定中结构，动词性关键词的行为动作转化为表示行为过程的事件。一般可以表述为名词+"的"+动词+过程，表示名词的行为过程。如：

  a.【关 键 词】副词/可煞/演变

b.【关 键 词】兰州话/"V+给"句/给/泛化
c.【关 键 词】哩/结构助词/用法/形成/歧路灯

例 a 中的"演变"与名词性关键词"副词"和"可煞"可以表述为"副词'可煞'的演变过程";例 b 中的"泛化"与名词性关键词可以表述为"'给'的泛化过程";例 c 中的"形成"与名词性关键词可以表述为"用法的形成过程"。

属于此类的动词性关键词有：

潜显、生成、演变、泛化、形成、变换、同化、异化、习得、发展、虚化、内化、分化、再虚化等

（2）动词性关键词直接受名词性关键词修饰，形成定中结构，动词性关键词的行为动作转化为表示具有行为动作的性质或状态，表示名词具有的性质或表现出的状态。一般可以表述为：名词+"的"+动词+性/义。如：

a.【关 键 词】频率副词/频率值/层级/语义/否定
b.【关 键 词】给/处置/介词/受益者/受事/使役
c.【关 键 词】论元结构/论旨角色/动词/句式变换/形式规则/约束

例 a 中的动词性关键词"否定"与名词性关键词"语义"可以构成"语义的否定义"；例 b 中的动词性关键词"处置"和"使役"与名词性关键词"给"可以表述为"给的处置义和使役义"；例 c 中的动词性关键词"约束"与名词性关键词"形式规则"可以表述为"形式规则的约束性"。

此类动词性关键词有：

否定、处置、使役、结束、延续、指称、停延、倒置、约束等

（3）动词性关键词直接受名词性关键词修饰，形成定中结构，动词性关键词的行为动作转化为包含有该动作的事件或事物，动词的陈述功能转变成指标功能。如：

　　a.【关 键 词】强制性语义成分/生命度、空间度/映现
　　b.【关 键 词】雷州方言/文化/来源

例 a 中动词性关键词"映现"与名词性关键词"生命度、空间度"可以构成"生命度、空间度的映现"。例 b 中的动词性关键词"来源"与名词性关键词"文化"可以构成"文化的来源"。

此类动词性关键词有：

　　映现、来源、参照、隐含、粘合、联接、蕴含、否定、溢出、隐入、压制、投射、变异、呈现、构成、位移、移位等

（4）动词性关键词受两个名词性关键词组成的联合式名词性短语修饰，形成定中结构，动词性关键词的行为动作表示两者之间的关系，一般可以表述为名词 1+"和/与"+名词 2+"的"+动词+关系。如：

　　a.【关 键 词】理论语法/教学语法/衔接
　　b.【关 键 词】韵尾/复辅音/对应
　　c.【关 键 词】"蒙"字句/被动式/顺意倾向/分工、互补/类化机制/产生过程

例 a 中动词性关键词"衔接"与名词性关键词"理论语法""教学语法"可以表述为"理论语法和教学语法的衔接关系"；例 b 中的动词性关键词"对应"与名词性关键词"韵尾""复辅音"可以表述为"韵尾和复辅音的对应关系"；例 c 中的动词性关键词"分工、互补"与名词性关键词"'蒙'字句""被动式"可以表述为"'蒙'字句和被动式的分工关系和互补关系"。

此类动词性关键词不多，除了上述三例中的三个动词外，多用"关

系"一词来表述。含有此类动词性关键词的关键词群中一般都含有两个或两个以上表述"研究对象"的名词性关键词。

其他动词性关键词与名词性关键词之间还产生一些语义关系，但由于属于极其个别的现象，所以在此就不一一说明。

从以上的分析可以看出，动词性关键词在一定程度上也表现出名词化倾向。主要表现在：

1. 以上动词性关键词其中有 36 个属于名动兼类词。此类词语能够直接带宾语，也可以构成"对/向+宾语+形式动词+动词"的形式。陆丙甫早在 1981 年就提出，"动词出现在'进行'后，实际上都是动、名兼类词的名词性用法"。

2. 以上动词性关键词其中有 132 个可以直接受到其所处关键词群中的其他名词性关键词的修饰，产生名词化现象。

3. 在其他关键词群中，动词性关键词常常与其他构词成分一起提取构成名词性关键词。如"否定"一词，更多的是以"否定句""否定义""否定形式"等词语或词组形式提取。

根据以上分析，能够总结出一些结构范式，以供读者在看到含有动词性关键词的关键词组时，如何考虑其与其他关键词的语义关系，从而能够更好地了解论文的主要内容。

（二）名词性关键词

名词性关键词在学术文本关键词中占据绝对优势，这些名词性关键词之间存在着千丝万缕的联系，掌握这些关联，能够更好地获取论文信息，并能反过来指导论文作者选取关键词。当然，词语之间的语义关系是无法穷尽的，名词与名词之间的语义关系也是如此。Downing（1997）认为"名名内部语义属性是无法穷尽的"。的确如此，由于人类主观意识的参与，词与词之间的语义关系是难以穷尽归纳的，将名词与名词之间的语义属性全部归纳的做法也是不可行的。不过，在无限的语义关系中，有的语义关系在学术文本关键词内部的名词与名词之间体现得较为明显和高频，这些也正是我们研究的焦点和价值所在。

本书基于笔者自建的关键词语料库，对关键词内部的名词与名词之间的句法结构和语义关系进行分析。汉语的基本语法关系有三种，即联合结构、偏正结构和主谓结构。名词与名词之间的结构关系也表现出联合、偏正和主谓三种关系。而每种语法结构内部，又表现出不同的语义关系。

1. 联合结构

联合结构是指两个或两个以上功能相同的部分在结构上不分主次地组合在一起，语法地位平等。联合结构内部的语义关系较为明确和简单，一般有并列、顺承、递进或选择关系。在关键词群中，属于联合结构的名词与名词之间的语义关系都是属于并列关系。

并列关系是指 N1 和 N2 之间是平行并列关系，可以互换位置，之间的语义关系可以表述为"N1 和 N2"。具有此类语义关系的名词性关键词，在论文语篇中处于相同的地位。如：

论文题目	关键词	地位
《汉语和维吾尔语构词后缀差异分析》	汉语，维吾尔语	研究对象
《传统训诂与形式句法的综合解释——以"共、舆"为例谈"给予"义的来源及发展》	义源分析法，词义解构法	研究理论或方法
《汉语被动句句法分析的重新思考》	谓语化，轻动词	研究结论
《传统训诂与形式句法的综合解释——以"共、舆"为例谈"给予"义的来源及发展》	训诂学，文字学	研究范围

2. 偏正结构

由于偏正结构的名名组合在整个名名组合中所占比例最大，且语义关系也最复杂，因此，关于偏正结构名名组合的研究，一直得到许多汉语学者的关注。不少学者从许多理论角度对偏正结构的名名组合的语义关系进行了分类。

早在 70、80 年代，吕叔湘先生（1976）和朱德熙先生（1982）就已初步对偏正结构名名组合的语义关系进行了归纳，这种归纳虽然较为简单和概括，但为以后诸多学者的研究指明了研究方向，奠定了研究基础。

黄国营（1982）将偏正结构名名组合的语义关系分为 10 种，即领属（非固有关系和固有关系）、属性、材料、比喻、同一、相关、成数、施事、受事①、举例，并给出了每一种的语义变换格式，从而提供了判断"N_1 的 N_2"结构中 N_1 和 N_2 语义关系的句法结构。

孔令达（1992）在探讨"N_1 的 N_2"结构中"N_2"的省略问题时，将"N_1 的 N_2"结构的语义关系分为 14 种：领属（非固有关系和固有关系）、处所、时间、特征、质料、来源、工具、范围、相关、属性、同一、比喻、成数、举例。

文贞惠（1998；1999）通过分析名词定语的语义特征，将名词定语分为领有定语和属性定语两类。领有定语表示领有范畴，包括领属、处属、时属、从属、隶属、含属、分属；属性定语表示属性范畴，包括数量、质料、来源、种属、相关、比喻、类属、分数，每种类型都可再细化分为若干个子类型。文贞惠在文中还为每一种类别找到了语法形式的验证标志，将语法形式与语义特征联系在一起，成功地分析了偏正式名名组合的语义关系。

蔺璜（2003）对文贞惠的分类系统进行了删减和调整，将定语位置上的名词的语义分为领属和属性两大类。表领属的定语又可分为占有领属、称谓领属、附属领属、特性领属、观念领属、成果领属、时处领属；表属性的定语又可分为质料属性、功能属性、来源属性、类属属性、相关属性、种属属性、比喻属性。

以上四位学者的研究分析，对偏正式名名组合结构的语义分析提供了清晰明确的分类，且具有可操作性。因此，本节在四位学者的研究基础上，既考虑名词定语，也兼顾名词中心语，从整体角度对名词性关键词的偏正式"N_1 的 N_2"的语义类型进行分析，主要体现出以下语义关系。

（1）特性关系②

特性关系是指 N_1 和 N_2 的关系是"N_2 是 N_1 的某种属性，或某一方面"。这种语义关系在名词性关键词中最为常见。这主要是因为学术研究多数是对某一事物的某种特性或特点的研究分析，因此，表示特性关系的语义关系较多。如：

---

① 黄文中的"施事"和"受事"关系，中心名词是动名词，在语义转换过程中，恢复动名词的动词属性，这一点在上文论述"动词性关键词"时已有所论及，此部分不再论述。

② 特性关系也可以看作是一种固有领属关系，由于此类关系在偏正式名词性关键词组合中所占比例较多，且极为重要，因此，按照文贞惠的分类，将其单列出来。

a.【关 键 词】外语教学/言语交际/得体性

b.【关 键 词】构式/部分能产性/事件框架/事件元素

c.【关 键 词】哈尔滨方言/状态词缀/语用词缀/类型学特征

例 a 中，名词性关键词"得体性"是关键词"言语交际"的一种性质；例 b 中，名词性关键词"部分能产性"是关键词"构式"的一种属性；例 c 中，名词性关键词"类型学特征"是关键词"状态词缀"的一种性质特征。

这种表示特性关系的 N_2 一般都有词缀"性"或者表示属性、性质的词语，如"特征""特性"等。但也有一些没有明显的标记。

（2）分属关系

分属关系是指 N_1 和 N_2 的关系是整体与部分、全部与局部、全体与个体的关系。如"学生中的好学生""四季中的春天"等。这种语义关系在关键词之间存在较多。如：

a.【关 键 词】语言符号/任意性/理据性/能指/所指

b.【关 键 词】俄语/汉语/复合句/界定

c.【关 键 词】"形名"组合/主项/位移/功能

例 a 中"能指"和"所指"是"语言符号"的一部分；例 b 中，"复合句"是"俄语"或者"汉语"的一部分；例 c 中，"主项"是指"'形名'组合"的"主项"，是"'形名'组合"中的一部分。

这种分属关系一般出现在有层级关系的多个反映研究对象的关键词之间，表示下一级研究对象是上一级研究对象的一部分。

（3）类属关系

类属关系是指 N_1 和 N_2 的关系是"N_2 是 N_1 类/式的"，N_1 限定了 N_2 的特征。如"蓝色的衣服"等。这种语义关系一般是基于同一标准将 N_2 划分为不同的种类，因此，充当 N_1 的名词性关键词往往是几个并列关系的名词性关键词。如：

a.【关 键 词】施事介词短语/句法结构/语义特征/一价谓核动

词/多价谓核动词

　　b.【关键词】统计机器翻译/基于词的方法/基于短语的方法/基于句法的方法

　　c.【关键词】意象图式/体标记/概念空间化/前景化/背景化/"在"/"着"

　　例 a 中，名词性关键词"一价谓核动词"和"多价谓核动词"与名词性关键词"施事介词短语"是类属关系，可以构成"一价谓核动词的施事介词短语"和"多价谓核动词的施事介词短语"，它们都是"施事介词短语"，只是基于谓核动词的不同配价，划分为不同的种类。例 b 中，名词性关键词"基于词的方法""基于短语的方法"和"基于句法的方法"是对"统计机器翻译"方法的分类；例 c 中，"前景化"和"背景化"是对"概念空间化"的分类。

　　这类语义关系在关键词群中所占比例较多，主要是因为每一个事物都有许多不同的下位类型。在研究过程中，根据不同的理论、方法，对研究对象进行不同角度、不同层次的研究，得出研究对象的不同下位类型，是一种常见并行之有效的研究方法，也是进行科学研究的目的所在。

　　（4）相关关系

　　相关关系是指 N_1 和 N_2 的关系是"关于 N_1 的 N_2"，如"武侠小说""爱情故事"等。相关关系在关键词之间也普遍存在，一般 N_1 是 N_2 的内容，N_2 是 N_1 的成品或结果。

　　a.【关键词】语言理解/句法分析/模型

　　b.【关键词】介词悬空/后果/动因/功用/双音节/词汇化/语法化

　　c.【关键词】合作书面输出/合作口头输出/阅读输入/二语词汇习得/实验研究

　　例 a 中，名词性关键词"模型"是关于"句法分析"的"模型"；例 b 中，名词性关键词"后果""动因""功用"是关于"介词悬空"的；例 c 中，名词性关键词"实验研究"是关于"二语词汇习得"的。

（5）范围关系

范围关系是指 N_1 和 N_2 的关系是 "N_1 是 N_2 出现或发生的领域、范围"，"N_1 限定了 N_2 发生或存在的领域和范围"，如 "人与人的关系" 等。一般来说，N_2 是一个表示抽象过程或现象的名词。如：

    a.【关　键　词】辽代汉语/浊上变去/促声舒化/特殊押韵
    b.【关　键　词】论元/谓词/功能语类/语义关系
    c.【关　键　词】汉语阅读/词语结构/偏正结构/联合结构

例 a 中，名词性关键词 "浊上变去" 和 "促声舒化" 是发生在 "辽代汉语" 中的一种语音变化现象；例 b 中，名词性关键词 "语义关系" 是指 "论元" 和 "谓词" 之间的关系；例 c 中，名词性关键词 "词语结构" 是指在 "汉语阅读" 中的 "词语结构"，而不是存在于其他范围中。

（6）时处关系

具有时处关系的两个名词之间，有一个名词表示时间或处所。如 "昨天的天气预报" "教室的窗户"。具有时处关系的两个名词性关键词之间，则必然有一个关键词表示时间范围或地域范围，才能构成 "时处关系"。如：

    a.【关　键　词】秦汉/文字瓦当/释谈
    b.【关　键　词】敦煌/碑铭赞/词语/释义
    c.【关　键　词】楚/铜贝币/匡

例 a 中，关键词 "秦汉" 指出了研究对象 "文字瓦当" 的时间；例 b 中，关键词 "敦煌" 说明了研究对象 "碑铭赞" 的地点；例 c 中，关键词 "铜贝币" 说明了 "匡" 字的存在位置，是在 "铜贝币" 上的 "匡" 字。

（7）来源关系

来源关系是指 N_1 和 N_2 的关系是 "N_2 来源于/取自 N_1" "N_1 是 N_2 的产地"，其中包括 "发明、创造" 关系，如 "四川的榨菜" "爱因斯坦的相对论"等。在关键词群中，此类语义关系颇多。主要是因为，多数研究对象并不是孤立存在的，而是作者从某一事物中选取出来一部分进行研究。如：

      a. 【关 键 词】元话语/巴赫金/语言哲学
      b. 【关 键 词】《汉语大词典》/古星名/释义
      c. 【关 键 词】楚/铜贝币/匡

    例 a 中，"语言哲学"是"巴赫金"提出来的；例 b 中，"古星名"取自《汉语大词典》。

    来源关系和时处关系不同。来源关系强调的是"N_2 来源于/取自 N_1""N_1 是 N_2 的产地"；而时处关系是指"N_2 在 N_1"。例 c 中，"楚国"是"铜贝币"的产地，"铜贝币"产自"楚国"，"铜贝币"和"楚国"是来源关系；而"铜贝币"与"匡"是时处关系，"匡"字在"铜贝币"上。

（8）领属关系

领属关系是指 N_1 和 N_2 的关系是"N_1 有 N_2，N_2 属于 N_1"。如"我的书""他的衣服"等。领属关系在关键词之间比较少见，只有为数不多的几例。

      a. 【关 键 词】纳西族/东巴文/异体字
      b. 【关 键 词】蒲松龄/聊斋俚曲集/晋词/民俗文化
      c. 【关 键 词】扬雄/《方言》/汉语词汇

    以上三例中的前两个关键词之间的语义关系就是领属关系。

（9）举例关系

举例关系是指 N_1 和 N_2 的关系是具体例证。如"我们的'我'字"。这类语义关系主要存在于作为例证的研究对象关键词与反映研究对象的关键词之间。如：

      a. 【关 键 词】西湖/断桥/鲚

b.【关 键 词】“的”/“的”字结构/形式句法/短语结构

例 a 中，关键词“簖”是以关键词“断桥”的“簖”为例，例 b 中，关键词“‘的’”是以关键词“‘的’字结构”的“‘的’”为例。

3. 主谓结构

名词之间也存在着主谓结构，亦即“名词作谓语”。对“名词作谓语”现象进行研究的学者，或者将作主语的名词和作谓语的名词单独进行研究，或者是将主谓结构整体的语义、语用、句型特征进行研究，只有部分学者研究主谓之间的语义关系。周日安（2010）将主谓间的语义逻辑关系分为了同一、相属、空间、时间、比分、量化六种关系，为分析作为主语的名词和作为谓语的名词之间的语义关系提供了一定的参考。

根据周日安划分的六种语义关系，名词性关键词构成的主谓结构的 N_1 和 N_2 之间的语义关系主要表现为同一关系，即 N_1 和 N_2 “从不同角度指代同一事物，或者 N_1 是 N_2 集合中的一个元素，N_2 陈述 N_1，表示判断”（周日安，2010：68）。同一关系往往由表判断的系词“是”连接，构成“N_1 是 N_2”的判断形式，也具有归类的作用，把个体归入类的聚合当中。如：

a.【关 键 词】测估词语/反义 AA/形容词性形式
b.【关 键 词】天水话/三声调方言/两字组连读变调/轻声性质
c.【关 键 词】除/介词/介词框架/语法化

例 a 中，关键词“反义 AA”与关键词“形容词性形式”之间的语义关系可以表述为“反义 AA 是形容词性形式”；例 b 中，关键词“天水话”与关键词“三声调方言”之间的语义关系可以表述为“天水话是三声调方言”。例 c 中，关键词“除”与关键词“介词”之间的语义关系可以表述为“除是介词”。

名词与名词之间的语义关系类别，长久以来都是语言学家关注的焦点所在。随着研究的不断深入，理论的不断创新，对此也不断有新的认识。要总结出名词性关键词与名词性关键词之间所有的语义关系类别，是没有可能也没有必要的。那些最为突出，最有利于构建语境和提示信息的语义关系类别，才是值得我们描写和分析的。

本节初步概括出关键词之间最常见的语义关系类别，从而能够帮助读者构建关键词之间的语义关系，获取潜藏在单个词语背后的信息内容。反过来，也为学术论文撰写者选取关键词提供了语义参考，指导撰写者如何更好地选取关键词，如何用关键词来最大化地表达论文内容信息。

第三节　学术文本关键词的语篇建构功能

学术文本关键词处于学术论文语篇当中，与其他组成成分，如标题、摘要、正文等发生联系。一方面，它对正文的内容进行概括提炼，以词语的形式表征论文正文的主要内容；另一方面，在研究过程中，本书认识到，学术文本关键词对学术论文语篇的构成与建构也有一定的作用。在形式上，学术文本关键词已成为学术论文语篇整体不可缺少的一部分，现在几乎所有学术论文写作都要求标引关键词。在内容上，学术文本关键词概括提炼正文内容，同时也进入其他组成部分当中，与他们之间存在着衔接与连贯的关系。关键词与摘要部分关系是最为密切的，学术文本关键词如何与摘要部分发生衔接连贯关系，如何进入摘要语篇，如何参与摘要语篇的建构，是本节重点研究的问题。

本节首先综述语篇的衔接与连贯相关研究，在前人理论的指导下，结合互文理论，对学术文本关键词与摘要语篇在语言形式上的衔接与语义上的连贯作出分析。

一　语篇连贯研究简述

语篇连贯问题早在20世纪50、60年代就引起了学者的关注，至今已有60多年。这么多年来，不同学者从不同角度对语篇连贯问题进行了卓有成效的研究。大致说来，关于语篇连贯问题的研究可以分为三个阶段：一是20世纪80年代之前，是语篇连贯研究的开始阶段；二是从20世纪80年代到90年代，是语篇连贯研究的鼎盛时期；三是进入21世纪之后，是语篇连贯研究的平稳发展时期。

（一）语篇连贯研究开端

语篇连贯研究发轫于 20 世纪 60 年代，至 80 年代可以看作是语篇连贯研究的开始阶段。此阶段比较有代表性的学者有雅各布逊（Jacobson，1960）、哈维戈（Harweg，1968）、梵·迪克（Van Dijk，1972；1977）、肯士（Kintsch，1974）、韩礼德和哈桑（Halliday，and Hasan，1976）、库塔德（Coulthard，1977）、恩科韦斯特（Enkvist，1978）、威多逊（Widdowson，1978；1979）等（参见张德禄、刘汝山，2003）。

这一时期，产生了早期语篇连贯研究的三个重要理论：韩礼德和哈桑的"语域加衔接理论"、梵·迪克的"宏观结构理论"和威多逊的"言外行为理论"。其中，最为重要的理论著作，也是真正引起学者们对语篇连贯问题进行研究的著作当推韩礼德和哈桑的《英语的衔接》（Cohesion in English，1976）。这本书标志着衔接理论的创立，是语篇连贯研究的奠基之作，"衔接"一词因此成为篇章语言学中的一个重要术语，而衔接理论也成为广大学者进行研究和运用的重要理论。韩礼德和哈桑认为，语篇与互不相关的一组句子之间的区别就是语篇有组篇机制，这也是语篇的特性，而语篇机制由衔接关系实现。而"衔接概念是一个语义概念，它指形成语篇的意义关系。当在语篇中对某个成分的意义解释需要依赖于另一个成分的解释时便出现了衔接。其中一个成分'预设'了另一个，也就是说除非借助另一个成分，否则无法有效地说明它。这时，衔接的关系就建立起来了"（韩礼德、哈桑，2007：3）。韩礼德和哈桑主要从语言形式层面讨论衔接与连贯问题，将衔接手段分为五大类：照应、替代、省略、链接和词汇衔接。

梵·迪克在这一时期提出了语篇的宏观结构理论，在著作《语篇与语境》（Text and Context，1977）中提出，语篇的连贯主要表现在两个层次上的连贯性：一是"线性或顺序性连贯"，一是"整体性的语义结构"，即"宏观结构"上的连贯。前者是指"由句子或一系列句子表达的命题之间形成的连贯关系"（梵·迪克，1977：95），而"在语义层面，语篇连贯是由宏观结构决定的"（梵·迪克，1977：93）。

威多逊的"言外行为理论"是对韩礼德和哈桑的"衔接加语域理论"的补充和发展。他认为，"衔接是句子或句子部分之间的命题发展，而连贯是这些命题的言外功能的表现"（张德禄、刘汝山，2003）。

威多逊的语篇连贯理论已经开始从语用层面上进行思考了。

这一时期的语篇连贯研究是基于韩礼德与哈桑的衔接理论发展起来的，多关注于语言形式层面的研究。虽然韩礼德和哈桑也提出了语篇与情景语境的连贯，但是并不认为这种连贯是一种衔接关系。尽管如此，他们对衔接、语境、语域之间关系的阐释，仍为后来学者的语篇分析与语篇连贯研究奠定了坚实的基础，具有指导意义。

（二）语篇连贯研究的鼎盛时期

从 20 世纪 80 年代到 20 世纪末，可以说是语篇连贯研究的繁荣时期。这一时期韩礼德和哈桑的衔接理论毋庸置疑还是语篇连贯研究的重要理论指导与思想源泉，但是也有学者在继承衔接理论要旨的同时，对其提出了质疑，认为语篇是否连贯，不一定要有语言表层的衔接形式。也就是说，衔接应该是语篇连贯的充分条件，而不是必要条件。基于此种疑义，学者们开始探寻语言形式之外的语篇连贯研究理论与方法。

瑞哈德（Reihart，1980）、莱昂斯（Lyons，1993）、厄金斯（Eggins，1994）、坎培尔（Campell，1995）继承并发展了韩礼德和哈桑的理论观点，对语言形式层面的连贯问题提出修正与补充。

毕利格（Billig，1987）、韩礼德和哈桑（韩礼德、哈桑，1985；1989）、梵·迪克（Van Dijk，1993；1997）、Gee（1996）从社会语言学和语用学角度对语篇连贯进行研究，分析语篇连贯的语用价值与社会功能。

这一时期，出现了两个较为重要的系统研究语篇连贯问题的理论，一个是曼恩、麦提逊和汤姆逊（Mann，Matthiesen and Thompson）的修辞结构理论（Rhetorical Structure Theory）。他们把语篇看作是由不同层次的功能块组成，每个功能块都有其特殊的功能。"语篇的连贯表现为语篇功能块之间功能上的统一性。"（张德禄，2003）

另一个理论是弗赖斯（Fries，1983）的主位推进理论。此理论认为语篇的连贯主要是由语篇的主位推进程序联系起来的，而语篇连贯的程度则表现为主位推进程序的连续程度。

这些研究成果与理论探讨较之上一阶段的研究都有了新的发展，主要也是从语言形式层面出发，从不同角度分析语篇连贯问题。

同时，随着认知语言学在这一时期的发展，语篇连贯研究从静态研究发展到了动态研究。如兰考夫和约翰逊（Lakoff and Johnson，1980）的隐喻理论和 ICM 理论（Idealized Cognitive Model）、桑福德和加罗德（Sanford and Garrod，1981）的情景理论、Beaugrande 和 Dressler（1981）的程序操作模式、布朗和尤尔（Brown and Yule）、斯珀波和威尔逊（Sperber and Wilson，1986；1995）的关联理论、Faucconnier 和 Turner（1998）的复合空间理论等。这些理论基于认知语言学，将语篇当作一个动态的意义构建过程，分析语篇连贯的形成过程，在一定程度上弥补了语篇静态研究的不足。

（三）语篇连贯研究的平稳发展时期

进入 21 世纪，语篇连贯研究的发展趋于平稳，新的研究理论与方法出现得不多，学者对上世纪末的语篇理论进行深入挖掘，如兰盖克（Langacker，2001）、雅各布（Jacob，2001）、Jaszczolt（2002）。并将语篇连贯理论用于应用实践分析，对具体语篇进行分析。

（四）语篇连贯研究在我国的发展

我国对语篇的研究传统古已有之，但我国现代意义上的语篇连贯研究则开始于 20 世纪 80 年代。就目前来看，最早具有汉语语篇连贯研究现代意义的著作是廖秋忠先生的《汉语篇章中的连接成分》一文，1986 年发表在《中国语文》杂志上，从此，开启了我国语篇连贯研究的新篇章。之后，廖秋忠先生也一直致力于汉语语篇的研究工作。

我国现代意义上的语篇连贯研究大多都是基于西方的语篇连贯理论。进入 90 年代之后发展迅速，取得了较大的成就。

胡壮麟是我国语篇连贯研究的一位重要学者。胡壮麟（1992；1994）认为"衔接所实现的是语言表层形式和陈述之间的关系，而连贯指交际行为之间的统一关系"。两者联系紧密，"衔接可理解为语义和其语言中表现形式的关系，而连贯则为语义和语境的关系（Crystal，1985）"（胡壮麟，1996）。胡壮麟（1996）将衔接分为五个层次：社会符号层、语义层、结构层、词汇层和音系层，扩大了衔接的范围，将衔接分为四类（1994）：指称性、结构衔接、逻辑衔接和词汇衔接，从而也能更好地解释语篇连贯问题。

另一位重要学者是张德禄。张德禄（2003）认为语篇连贯的产生表现在语言形式上，但是"它本身不是形式层次的特征，而是语义特征，表现为语篇整体上的语义联系和语义一致性"。而这种一致性主要由语言之外的东西决定，如文化语境、认知模式、情景语境、心理思维、语义联系与相关性。而语篇意义的连贯性则在语言形式的不同层次上表现出来："在词汇语法层次，有非结构衔接特征、结构衔接特征……在音系层次上，有语音和语调衔接机制等。"张德禄（1992；1999；2000）先后提出了"跨类衔接""语篇与语境衔接"和11条语篇内部衔接机制以及9条衔接纽带，对语篇的衔接机制作了充分翔实的研究。

其他还有许多学者在研究篇章语言学的同时，对语篇的连贯给予了较多的关注，如黄国文（1988）、朱永生（1997）、郑贵友（2002）、魏在江（2005）、聂仁发（2009）等。

（五）语篇连贯的衔接机制

通过对语篇连贯研究的简述，我们可以发现，自韩礼德与哈桑的《英语的衔接》一书肇始，无论是从什么角度对语篇连贯进行研究，对语篇连贯的衔接机制的研究都是语篇连贯研究的基础，学者从未放松过对衔接机制的研究工作，不断对其进行补充与修正。郑贵友（2002）也认为："从已有的研究成果来看，在具体研究上，学者们通常是以衔接为首选的着眼点，以对衔接的观察、研究为主体，在此基础上再对有关连贯实现的手段、途径加以观察和研究。"

关于衔接机制，不同的学者提出了不同的分类。

韩礼德和哈桑（1976）将英语语篇内部的衔接手段概括为五种：指示、替代、省略、连接、词汇衔接。1985年，韩礼德又在《功能语法概论》一书中，将替代和省略合二为一，一共是四种衔接方式。其中，词汇衔接又可分为词语的复现和搭配。词语的复现又包括同一词（重复）、同义词（或近义词）、上位词、概括词。另外，将这种"按规则同现的词汇项目"之间的相互关系推而广之，则"在任何具有可识别的词义关系的成对词汇之间存在衔接关系"。那么除了同义词、近义词、上义词之外，还会有互补词、对立词、反义词、逆向词等。而搭配则是指任何两个"倾向于出现在相似语境中的词汇项目，如果它们出现在相邻的句子中，就产生了衔接力"，就产生了衔接关系。

哈桑（1984）对词汇衔接作出了细分，分为一般语境下的词汇衔接类型和特定语境下的词汇衔接类型。前者包括同形词、同源词的重复、近义、反义、下义；后者包括等同、命名和相似。

利奇和肖特（G. N. Leech and M. H. Short，1981）提出英语衔接的七种方式：照应、替代、省略、形式重复、变异用词、并列连接词、联系副词。他认为，前五种属于相互照应，后两种属于连接。

沃斯（Werth，1984）在著作《中心、连贯和强调》中将英语衔接分为四种：衔接手段、搭配、连接词语和连贯性。前三者与韩礼德和哈桑的相似，而连贯性则是指语义上的联系。

库克（G. Cook，1989）提出七种英语篇章衔接方式：动词形式、平行结构、照应表达式、重复和词汇链、替代、省略、连接。

侯易（Hoey，1991）建立的语篇词汇衔接模式，较之上述几位都有所扩展，主要包括词汇重复（lexical repetition）和同义转释（para-phrase）。具体整合为十类：简单词汇重复、复杂词汇重复、简单共同转释、简单部分转释、反对性复杂转释、其他复杂转释、替代、互指、省略和指示（参见金铠，2009）。

胡壮麟（1994）把衔接手段分为四类：指称性、结构衔接、逻辑衔接和词汇衔接。指称性包括指称和照应，结构衔接包括替代、省略和同构关系，逻辑衔接主要是根据句子间的语义关系划分，而词汇衔接大致相当于韩礼德的词汇衔接。

黄国文（1988）把篇章联结手段分为语法手段和词汇手段。语法手段重点讨论了时间关联、地点关联、照应、替代、省略、时和体形式的配合以及排比结构；词汇手段重点讨论了词汇衔接和逻辑联系词。词汇衔接是对韩礼德和哈桑的词汇衔接手段的重新梳理，包括词汇的复现关系（原词复现，同义词、近义词复现，上下义词复现，概括词复现）和词汇的同现关系（反义关系、互补关系、整体与部分等关系）。

郑贵友（2002）把汉语语篇的衔接手段分为六种：指称关系、省略和替代、连接、词汇衔接、结构衔接、音律衔接、拼合和岔断。前四种与韩礼德的分类基本相同，后两种是根据汉语的特点补充的手段。

张德禄（2003）将语篇的形式衔接手段分为两层六种。一个层次是词汇语法层次，包括非结构衔接和结构衔接，非结构衔接包括词汇衔接手段和语法衔接手段，与韩礼德和哈桑所研究的衔接手段相同；结构衔接包括主位结构、信息结构、及物性。另一个层次是音系层次，包括语气结构和语音语调。

　　而论文讨论的关键词是一个一个的语词，它与其他语篇成分发生衔接关系，最主要的方式是词汇衔接，而词汇衔接又具有最强的衔接力。以上学者对词汇衔接手段的研究成果见下表。

资料出处	研究成果
韩礼德和哈桑（Halliday &Hasan）《英语的衔接》	复现关系（相同的词、同义词/近义词复现、上下义词、概括词）、搭配关系
侯易（Hoey）《语篇中的词汇模式》	简单词汇重复、复杂词汇重复、简单共同转释、简单部分转释、反对性复杂转释、其他复杂转释、替代、互指、省略和指示
胡壮麟《语篇的衔接与连贯》	重复、泛指词、相似性（同义性和近同义性、反义性）、分类关系（下义关系、局部整体关系、集合关系和一致关系）、组合搭配、
黄国文《语篇分析概要》	词汇的复现关系（原词复现，同义词、近义词复现，上下义词复现，概括词复现）和词汇的同现关系（反义关系、互补关系、整体与部分等关系）
张德禄《语篇连贯与衔接理论的发展及应用》	同韩礼德和哈桑

　　基于对上述学者关于语篇衔接与连贯的研究，以及对衔接机制的分类，本书接下来就借鉴这些相关研究，对学术文本关键词与摘要语篇之间语言形式上的衔接与语义上的连贯进行分析。

二　学术文本关键词与其他语篇成分的关系

　　学术论文语篇是一个有机整体，以正文为主体，包括前置部分（标题、作者姓名、摘要、关键词等）和后置部分（注释、参考文献等）。关键词处于这个有机体中，必然与其他组成部分之间存在着各种联系。本部分重点论述学术文本关键词与学术论文语篇其他组成部分之间的关系。

　　（一）学术论文语篇的整体构成

　　一般来说，一篇学术论文由标题、摘要、关键词、正文、参考文献和注释构成，它们是一个有机整体，共同构成学术论文语篇整体，传递一个完整的信息。另一方面，学术论文又是以正文为主体，标题、摘要、关键词、参考文献和注释是附属在正文之上，对正文起不同作用的相对独立的个体。

国家标准文件 GB 7713—87 规定："题名，是以最恰当、最简明的词语反映报告、论文中最重要的特定内容的逻辑组合。题名所用每一词语必须考虑到有助于选定关键词和编制题录、索引等二次文献可以提供检索的特定实用信息。"标题的作用是用逻辑语言表达论文的主要内容，并为选取关键词做必要的准备。

摘要"是报告、论文的内容不加注释和评论的简短陈述"。摘要与标题、关键词、参考文献和注释不同，它是一个独立的完整语篇，"摘要中有数据、有结论，是一篇完整的短文，可以独立使用，可以引用，可以用于工艺推广"。摘要的位置"一般置于题名和作者之后、正文之前"（GB 7713—87）。

参考文献"通常在篇后或文末列出，著者撰文时引用或参考过的文献资料书目，供进一步参考阅读"。参考文献是著者为了让读者更好地理解文献内容而提供的一系列资料，是正文内容的外向延伸与扩展。

注释，"又称'注解'或'注文'，是对文章中的语句或内容所加的说明"（《出版名词术语手册》）。注释是作者对正文中某一部分所作出的必要说明。

学术论文的关键词，"是为了文献标引工作从报告、论文中选取出来用以表示全文主题内容信息款目的单词或术语"（GB 7713—87）。一般另起一行，位于摘要之后、正文之前。

综上所述可以发现，标题、摘要和关键词，是用来反映正文内容的，它们必须忠实于正文；而参考文献和注释，是对正文的补充说明，是对正文内容的有效延伸。

（二）学术文本关键词与其他语篇成分的互文关系

标题、摘要和关键词，虽然都是对正文内容的概括反映，但是却是处于不同层次之上的。根据对正文内容的反映情况，我们发现，摘要是对正文内容第一层次的概括，它包含了论文正文要说明的所有内容与问题，包括研究对象、研究目的、研究结论、研究方法、研究意义等。标题也是对正文内容的概括总结，但是较之摘要则更为简明概括，一般用一句话或一个词组的形式将论文的内容反映出来，可以看作是对摘要的提炼凝结，是对论文正文内容的第二层次概括。关键词是基于标题、摘要选取出来的最能表征论文核心内容的词语，一般来说，选自标题，如有必要，可以选自摘要或正文。无论是从语言形式，还是从反映内容的核心程度，关键词都是对正文内容最高层次的总结凝练，是第三层次。

　　这三个层次，从下至上，是一层一层的概括抽象；从上至下，是一层一层的详解说明。它们之间充满了互动共生、环环相扣的关系。

　　祝克懿将互文理论引入到对语篇建构与生成的分析当中，将学术论文各组成部分之间的生成与建构层次关系概括为以下六个层面：

　　　　第一层：论文正文≒注释；
　　　　第二层：（论文正文≒注释）≒参考文献；
　　　　第三层：摘要（中文≒英文）≒［（论文正文≒注释）≒参考文献］；
　　　　第四层：摘要（中文≒英文）≒关键词（中文≒英文）；
　　　　第五层：关键词（中文≒英文）≒标题（中文≒英文）；
　　　　第六层：论文全文作为当下文本 x（A、B、C……）≒源文本 y（a、b、c……）

　　其中，关键词与摘要和标题的关系最为密切，它既来源于二者，又以各种各样的方式进入二者，构建二者，并通过二者与论文正文发生关系，使之成为学术论文语篇整体的有机组成部分。

　　祝克懿（2010）将互文关系理解为一种函数关系，是一种对应关系、映射关系，用数学公式表示为 $y = f(x)$，y 是自变量 x 的函数，集合（因变量）随着 x 的变化而变化，f 是对应法则。互文函数关系是指："当文本自变量 x 随交际动因 f 的变化而变化，因变量 y 随自变量 x 的变化而变化时，互文函数关系产生。"

　　从文献学角度来看，关键词的作用是用于二次文献检索与编辑。当人们检索文献时，输入一个关键词，就能够准确有效地找到与关键词有关的文献资料，而后根据需要，一层一层地搜索下去，形成庞大的超文本集群。输入不同的关键词，所得到的超文本集群也是不同的。

　　关键词的这种信息激活功能对于学术论文语篇整体来说，也同样是极为重要的。学术论文一般标引 3—8 个关键词，每一个关键词都是学术论文正文一部分核心内容的激活装置，不同的关键词反映了论文内容的不同方面。如果将学术论文正文看作一个织就的网，那么每一个关键词都是这个网上的一个节点，拎起不同的节点，就看到了论文内容的不同侧面。

另一方面，关键词作为一个互文材料，从它身上可以读出更多的信息，这种信息的补充则要依靠标题与摘要。同时，关键词还参与到标题与摘要的构建当中。互文理论认为，"任何文本的建构都是引言的镶嵌组合；任何文本都是对其他文本的吸收与转化"（朱莉娅·克里斯蒂娃，2012）。作为最小文本单位的语词也同样参与到其他文本的建构当中。摘要可以看作是对关键词的详细说明，标题可以看作是对关键词之间逻辑关系的表达。关键词、标题与摘要的关系，可以形象地描述为点、线、面三者之间的关系。关键词是节点，将关键词连起来，就形成了线，也就是标题；由线形成面，就是摘要。摘要衍生出更大的空间，就是论文正文。

三　学术文本关键词的构建功能

在学术论文语篇整体内部，关键词与摘要的关系最为密切。从位置上看，关键词往往位于摘要之后，与摘要形成一个局部整体；从内容上看，关键词可以从摘要中提取，首先与摘要发生互文关系。关键词从摘要中提取，要准确理解关键词以及关键词之间的关系和内容，必须将其放置于摘要之中；而要把握摘要的核心内容以及关键所在，就要落实到对关键词的把握上。二者之间是互动共生的关系。

学术文本关键词与学术论文标题和摘要之间，不是简单的抽象与概括关系，而是表现出一种互文关系。而研究互文关系的重点则在于"考察互文材料在特定语篇中的语义功能和结合的方式与和谐程度"（辛斌，2000）。关键词来源于标题和摘要，同时又反作用于标题和摘要，关键词作为一个语词，如何进入标题和摘要，表现出什么样的语言形式特征，则是本节的研究重点。

一个完整的语篇内部，各个要素之间必然存在着形式上的衔接与语义上的连贯。这种衔接与连贯不仅存在于语篇内部的字、词、句层面，也存在于语篇内部各组成部分之间。关键词与摘要虽然是相对独立的文本，但是同属于学术论文这一语篇整体，是学术论文语篇的有机组成部分，之间必然存在着衔接与连贯。本节将以语篇连贯理论为研究方法，以互文理论为研究视角，对关键词与摘要之间的衔接与连贯问题进行研究。

（一）词汇衔接

郑贵友（2002）大致总结出词汇衔接主要有以下几种方式：

①同一词语的重复；

②同义、近义词的同现；

③反义词的同现；

④上—下义词的同现；

⑤整体—局部关系词语的同现；

⑥概括—具体关系词语的同现；

⑦因果关系词语的同现；

⑧专指—泛指词语的同现；

⑨联想关系词语的同现。

韩礼德和哈桑（2007）认为前 4 种属于词汇复现，后 5 种是由于词汇之间"通常存在某种可识别的语义关系"而产生衔接。黄国文（1988）对前 4 种的看法与韩礼德和哈桑相同，将后 5 种概括为"词汇的同现关系"，指"词汇共同出现的倾向性"。它们属于同一个词汇套，常常出现在同一个语篇内，形成词汇链。胡壮麟（1994）将词汇衔接方式分为重复、泛指词、相似性、可分类性和搭配。重复就是第 1 种，泛指词相当于第 8 种，相似性包括第 2 种和第 3 种，可分类性又称分类关系，包括第 4 种、第 5 种和第 6 种，搭配的意义相当于也是指"倾向于在同一语境中出现"。

本书参考郑贵友对词汇衔接的分类，并结合各位前辈学者的理论研究，将词汇衔接的方式归为以下几类：

①同一词语的重复；

②同义词、近义词、反义词的同现；

③分类关系词语的同现（包括上—下义关系、概括—具体关系和整体—局部关系）；

④搭配关系词语的同现。

1. 同一词语的重复

韩礼德和哈桑（2007）将同一词语的复现归为"词语的复现"这一类，词语复现包括很多种类别，是一个连续体，还包括同义词、近义词、上位词或概括词等词语的复现项目。韩礼德和哈桑将词汇复现类型分为四类：（a）相同的词，（b）同义词或近义词，（c）上位词，（d）概括词。其他学者有的按照韩礼德和哈桑的分法，也有的将其单独列为一类，如郑贵友，将"相同的词"称为"同一词语的复现"，侯易称之为"简单词汇重复"。

但是，诸多学者对同一词汇的复现的描写与判断标准是一样的，即认为同一词汇的复现是指某个词汇，以未发生根本性变化的词形与相同的语义再一次出现，则是同一词汇的复现。

一般来说，一个线性语篇的衔接与连贯并不常用相同的词作为词汇复现手段，这主要是由于语言的经济性原则，常常用指称、代词替代或省略的语法手段表述同一个所指。在具有层级立体性的学术论文语篇中，关键词与论文摘要是两个相对独立的语篇组成部分，关键词从论文摘要中选取。将两个相对独立的单位连接在一起，相同的词就成了最常用的词汇复现手段。如：

"到底"的共时差异探析

【内容提要】本文在界定"到底"义位的基础上，探讨了"到底"的共时差异，即"到底"作为短语、时间副词、评注性语气副词和疑问语气副词，在句法、语义和语用特征上的差异。短语性质的"到底"凸显运动体运动到终点或活动进行到达到目的，时间副词性质的"到底"凸显目的达成之不易或结果出现在预料中。作为评注语气副词的"到底"凸显事物某特点足以作为推出结论之原因；作为疑问语气副词的"到底"用来追究问题答案，这些语义差异导致四种"到底"呈现一系列句法、语用差异。

【关 键 词】"到底"/义位/时间副词/语气副词

（张秀松《世界汉语教学》2008 年第 4 期）

上例中，四个关键词"'到底'""义位""时间副词""语气副词"都以相同的词汇形式出现在内容提要（摘要）中。这主要是因为，关键词与摘要的功能都是向读者提供学术论文的核心内容，在很大程度上所表述的内容是一致的。关键词大多又是从摘要中选取出来的，因此，关键词大多数直接以相同的词汇形式出现在摘要中。

2. 上—下义词的共现

上义词是指"那些表示意义较概括的词"（韩礼德、哈桑，2007：252）。黄国文（1988：123）概括上义词是指"那些表示意义较概括的词，它们的词义包括了下义词的词义"。胡壮麟（1994：122）认为，上下义词的关系属于分类关系，是一种"内包"关系，"意义概括的词'内包'意义更为确定的词"。上义词是意义概括的词，他称之为"上座标词（superordinate）"，下义词（hyponym）就是意义更为确定的词。郑贵友（2002：52）认为："意义概括的词叫作上义词，意义较小，被某个意义概括包含的词叫作下义词。"综上可知，上位词（上义词）是相对于下位词（下义词）而言，从意义上来看，上位词在概念意义上包含下位词，上位词意义概括，外延较大，下位词意义具体，内涵较大。

在一个语篇内，上位词与下位词构成一种词汇衔接手段。在关键词与摘要形成的衔接关系中，也存在这种手段。表现为两种形式，一种是关键词是上位词，它不直接出现在摘要中，而是与摘要中其内包的下位词形成衔接关系。如：

由背景化触发的非反指零形主语小句

【内容提要】非反指零形主语小句是一种非内嵌零形主语小句，其被隐匿的逻辑主语一般与主句的显性主语不同指。该结构是信息背景化的结果，信息背景化给非反指零形主语小句带来了一系列句法后果，其中最主要的是非谓语化，该结构里的动词相应地出现非谓语动词的倾向。非反指零形主语小句的句法降级和信息背景化通过句法手段得到了实现。本文认为，现代汉语的非反指零形主语小句主要是由相应的状语从句（状语小句）演变而来的。

【关键词】背景化/非反指零形主语小句/依附性/零形回指/句法降级

（陈满华《中国语文》2010 年第 5 期）

上例中，摘要中的"信息背景化"是关键词"背景化"的下位词，信息背景化是背景化的一种类型。"背景化"是"信息背景化"的上位词，其外延与内涵均包含"信息背景化"。

另一种则相反，关键词是下位词，摘要中的某些词语是上位词。如：

基于宾语指称性强弱的及物动词分类

【内容提要】一般被看作典型"准谓宾动词"的"进行"类动词，实际上是"假谓宾动词"，充当其宾语的，除了"名动词"外，还可以是"仪式、手术"等名词；并且名动词在"进行"后所落实的是名词性。这跟宾语可以是一般动词的"开始"类动词很不相同。由此为起点，可以建立一个"谓宾"指称化/名物化程度的连续统。决定"谓宾"指称化程度的，除了主要动词的控制度外，还跟宾语自身的可别度等因素有关。这些因素对于指称化的作用是人类语言的共性。在模态动词的宾语是指称化程度最低的"谓宾"这一假设下，本文也为区别模态动词和一般谓宾动词提供了一个鉴别标准。

【关键词】谓宾动词/名物化/指称化/指称性/具体性/事实性/潜在性

（陆丙甫《外国语》2009 年第 6 期）

在上例中，关键词"指称性""具体性""事实性"和"潜在性"是摘要中"可别度"的下位词，是"可别度"的下位类型。"可别度"包括这四个关键词，是它们的上义词。

3. 整体—局部关系词语的共现

韩礼德和哈桑（2007：258）认为整体—局部关系词语的共现衔接

是一种由于搭配关系而产生衔接力的一种衔接方式，"即按规则同现的词汇项目相互关联，从而形成衔接"。郑贵友（2002：53）提出，整体—局部关系词语的共现是指"一个词语在意义上表示某个实体的整体，另外有一些词语表示这个实体的各个局部"。胡壮麟（1994：124）认为整体—局部关系属于分类关系，是指实体上的内包关系。胡壮麟在分类关系中另列出一类"集合关系"，指"成员和集合的关系"。根据郑贵友、韩礼德和哈桑的观点，本书将这种关系也视为"整体—局部"关系。

综上，整体—局部关系是指一个词语在空间或维量上内包另一个词语，那么他们之间就形成了整体—局部关系。与上—下义关系的区分在于，上—下义关系主要是指语义内涵和外延上的关系。

关键词与摘要中的某些词语也形成整体—局部关系，从而将关键词与摘要连接起来，形成一个整体。这种关系一般分为两种，一种是关键词表示整体，摘要中的某些词语表示局部。如：

简帛文献释读札记三则

【内容提要】曾侯乙墓简中的"㕞"，整理者认为是"匹马"之"匹"的专字，全面考察其使用情况可证当为"匹马"之合文。曾侯乙墓简和包山楚简中的"真"，整理者疑当读为"领"，但量词"领"出现较晚，且与"真"声韵俱别，先秦"真"有"身"义，引申为铠甲的量词是合理的。汉简中"通"既可作物量词也可作动量词，须据语境具体分析，而处于同一语法位置的"完"则非量词。

【关键词】楚简/汉简/匹/真/通

（宋芸芸《古汉语研究》2010 年第 4 期）

上例中，摘要中的"曾侯乙墓简"和"包山楚简"是关键词"楚简"这个集合的两个成员，他们之间是成员和集合的关系，属于"整体—局部"关系。

另一种则相反，关键词表示局部，摘要中的某些词语表示整体。

4. 概括—具体关系词的共现

韩礼德和哈桑（2007：248）认为，概括名词类的衔接"处于语法衔接和词汇衔接的边沿"，"概括名词指的主要是在主要名词类别中的一小组表示一般意义的词"。黄国文（1988：124）定义概括词为"表示一般意义的词。……概括词与其所指的词构成的衔接是通过概括词复现关系"。郑贵友（2002：57）将"概括词"称为"泛指词"，是指"语言中的那些语义空泛、语义个性比较弱、所指对象不专一的词语"。胡壮麟（1994：116）也认为"泛指词"这一名称，是指泛指人、物、事情或地点等概念的词语。如：

湘西乡话的分布与分片

【内容提要】文章在大量田野调查材料的基础上，分析了湘西乡话在湘西地区的分布情况以及主要特点，提取了 8 条区别特征，将湘西乡话分为麻高片、渭木片、白八片、丑溪口片、深溪口片等五片，并分析了各片代表性的语音特点。从地理、移民、语言接触、自身演变等方面分析了湘西乡话形成的历史和内部差异产生的原因。

【关 键 词】湘西乡话/分布/分片/小片特点

（杨蔚、詹伯慧《语文研究》2009 年第 4 期）

关键词"湘西乡话"的"分片"是一个概括性较强的词语，在摘要中，具体又分为五个片区。关键词是一个概括词，在摘要中以具体的形式出现；反过来说，摘要中的具体词，关键词将其概括成为一个概括词，统摄具体词。

5. 词汇转述

词汇转述是指用另一种表述方式来表达关键词的含义，与词形、词性无关。这种变形不同于英文中不改变词义而发生的词形变化的词汇变形，如 teach 与 teaching，而是关键词的含义在摘要中用另一种表述进行表达，我们称之为"词汇转述"。如：

说句末助词"在"

【内容提要】位于句末的助词"在"有四种语法意义：A、对事态出现某种变化加以确认；B、表静态持续；C、表动作进行；D、表确信或申明语气。本文认为 A 类和 B 类"在"由位于句末的"在这里/那里"语法化而来，C 类"在"则是 B 类"在"类化作用下的产物，D 类"在"由位于句末的存在义动词"在"语法化而来。

【关键词】句末助词/在/语法化

（黄晓雪《方言》2007 年第 3 期）

关键词"句末助词"一词，在摘要中用"位于句末的助词"这一表达形式代替，表述句末助词的含义。

对关键词的转述在摘要的撰写中十分常见，这主要是由于有些关键词的词性、词形或搭配不能够满足摘要中句子的表达，因此，需要将其用另一种形式进行转述。上例中，关键词"句末助词"可以完全取代"位于句末的助词"这一语言形式，而不改变语言表达的正确性。而大部分的词汇转述的功能还是为了满足句子的句法要求。

（二）其他衔接手段

词汇衔接手段主要是讨论关键词如何以词语的形式进入到摘要中，是关键词与摘要中具体词语之间的联系。而接下来要探讨的其他形式的衔接手段，则涉及关键词自身如何进入语句、构建篇章。

1. 具体阐释

关键词是用较低级的语言单位对学术论文的核心内容进行最高层次的概括，语言形式简单，但是却蕴含了大量的信息。摘要是用最高级的语言单位对学术论文的内容进行初步的概括，内容较丰富。从上向下看，摘要可以看作是以关键词为纲所进行书写的一个完整的语篇，因此，摘要必然要对关键词进行必要的具体阐释。这种阐释，又可以分为以下几类：

（1）定义，即对关键词概念进行定义，关键词作为被定义对象进入摘要中。如：

美国哈佛大学燕京图书馆馆藏东巴经跋语初考

【内容提要】 美国哈佛大学燕京图书馆藏有东巴经近 600 册。东巴经跋语指的是东巴经师在抄写经文时在经书的末尾（少数插写在经文正文中）书写的记述性文字。研究这些文字对东巴文化的发展，尤其是近代东巴祭司的社会地位和活动情况、各地文化交往等一系列问题都有重要的意义。

【关键词】 哈佛大学燕京图书馆/东巴经/跋语/考释

（和继全《中央民族大学学报：哲学社会科学版》2009 年第 5 期）

摘要中的加点语句，即是对关键词"东巴经""跋语"的定义。

一般来说，当关键词中出现作者认为读者较为陌生的概念时，往往在摘要中会对其进行初步定义。如果要知道关键词的意义，就需要参考论文摘要，这也是关键词与摘要发生互动关系的一种重要方法。

（2）具体说明，即对关键词的某一方面具体展开叙述。如：

"除"类介词及"除"类介词框架的产生和发展

【内容提要】 文章以历史文献为依据，考察"除"类介词和"除"类介词框架产生的时代。"除"类介词包括"除、除了、除去、除掉、除却、除开、除着"等，产生时代各不相同，从春秋战国直到现代才完成"除"类介词的语法化历程；"除"类介词跟方位词"外/以外/之外/而外"搭配构成"除"类介词框架，各个"除"类介词框架产生的时代也从魏晋南北朝延续到当代。

【关键词】 除/介词/介词框架/语法化

［陈昌来、朱峰《上海师范大学学报》（哲学社会科学版）
2009 年第 7 期］

上例中，摘要详细说明了"除"类介词都包含哪几个词语。又如：

语义指向分析的发展历程与研究展望

【内容提要】 语义指向分析的发展历程可以划分为三个阶段：朦胧阶段、萌芽阶段和探索阶段。不同阶段所表现出来的特点反映了人们对语义指向认识的不断加深。文章最后对语义指向研究进行了展望。

【关键词】 语义指向/发展历程/展望

（税昌锡《语言教学与研究》2004 年第 1 期）

上例中，内容提要详细说明了关键词"发展历程"的三个阶段：朦胧阶段、萌芽阶段和探索阶段。

（3）评论，即对关键词进行必要的评论，点明作者的观点，关键词是评论的对象。如：

历史层次分析法——理论、方法及其存在的问题

【内容提要】 历史层次分析法既是一种新的语言史观，也是一种新的分析方法。它是在历史比较法分析汉语方言时遭遇种种困难的背景下提出的。本文阐述了历史层次的定义、类型以及划分层次的原则，并总结了历史层次的分析方法，比如，如何确定不同的历史层次，如何确定不同层次的年代及其来源。最后本文还讨论了历史比较法存在的一些问题。

【关键词】 历史层次分析法/汉语方言

（戴黎刚《当代语言学》2007 年第 1 期）

上例中，作者在内容提要中对关键词"历史层次分析法"进行了正面的评价。

在学术论文摘要中，对关键词进行的评价多是正面评价，而较少有负面评价。换一个角度，也就是说，负面评价的词语较少成为关键词，只有少数以反证为主要研究对象的学术论文有负面评价关键词的现象。这也是由于学术论文的作用是传播新的知识、新的发现、新的研究成

果，主要用于"立说"，因此，从正面对学术论文核心内容进行评价的占绝大多数。

2. 框架结构

论文摘要的写作在一定程度上已形成一种模式写作，在词语的选择与搭配上，也形成了一些常规结构。一般来说，学术论文摘要的主体部分的书写已形成固定的模式，可以概括如下：本书运用（研究方法或理论）对（研究对象）进行分析/描写/研究等，得出如下结论：（结论）。关键词往往能够进入这一书写模式，使之具有完整的实际意义。框架结构将关键词纳入自身，构建起一个完整的论文摘要语篇。如：

解决汉语补语问题的一个可行性方案

【内容提要】本文在传统语法的框架下从句法成分功能出发，借鉴并汉化次级谓语（secondary predication）的概念，试图解释现代汉语补语难题。本文将传统语法中的补语依据其句法语义关系，分化为两个大类：一类主要是述谓句子主语和宾语的谓词性成分；另一类主要是谓语后面形容修饰动作行为的副词、介词短语以及时量和动量成分。前者为次级谓语，后者为后置状语。本文从句法功能上对次级谓语和后置状语作了分析和证明。

【关键词】句法成分/补语/次级谓语/后置状语

（金立鑫《中国语文》2009年第5期）

上例中，"从……出发""借鉴……""解释……""对……作了分析和证明"这些都是论文摘要中常用的框架结构，用于引出研究理论、研究方法、研究对象、研究结论等，表征研究理论、研究方法、研究对象的关键词"句法成分""补语""次级谓语"则进入到框架结构中，补充完整实际意义，构建起一个完整的摘要语篇。

第四节　学术文本关键词的提取原则

根据上文对学术文本关键词对学术论文的解构与建构功能的描写与

分析，我们发现，学术文本关键词的提取从本质上来说，是对学术论文内容的最高层级提炼以及反向对学术论文其他构成成分的构建。也就是说，学术文本关键词，一方面要能够正确反映学术论文的核心内容；另一方面，要对标题与摘要起到建构作用。

本书基于上文的分析，在上述两个本质要求上，提出学术文本关键词的 5 项标引原则。

1. 学术文本关键词应选取具有较高指称性功能的词语，因此，一般选取名词作为学术文本关键词。如果需要选取动词或形容词等词性的关键词，应将其做名词化处理。

2. 学术文本关键词应涵盖以下内容：研究对象、研究领域、研究理论或方法、研究结论。如有必要，可增加二级研究对象。学术文本关键词涵盖这四个内容，才能完全反映学术论文的主要内容，才能使得文献检索的查全率与查准率达到最大化。

3. 学术文本关键词应按照研究对象或研究学科领域、范围→研究成果→研究方法→其他研究对象→其他关键词的顺序进行排列。这种排列顺序最符合人类的认知思维规律，能够提高关键词概括学术论文内容的内在逻辑性。

4. 学术文本关键词的选取应考虑关键词内部的横向关联性。关键词之间应具有一定的逻辑语义关系，这样才能尽可能地使读者单从关键词就能够掌握学术论文的主要内容，使读者用最少的推理获得最大的认知结果。

5. 从学术文本关键词进入摘要的方式来看，学术文本关键词一般是摘要基本句式的填充内容，使之具有完整的实际意义。框架结构将关键词纳入自身，构建起一个完整的论文摘要语篇。

本章小结

本章主要从语言学角度对学术文本关键词进行本体研究。

首先，本章综述前人对学术文本关键词的研究成果。学界对学术文本关键词的研究主要集中在两个方面。一方面是学术文本关键词的标引问题；另一方面是基于学术文本关键词的应用研究。学术文本关键词由于其重要的标引、检索功能，部分学者以学术文本关键词为基础，进行相关的应用研究。主要有：

1. 基于学术文本关键词，运用文献计量学、词频统计学、共词分析、社会网络分析、可视化分析技术等方法对某一特定学科的学术文本关键词进行词频统计研究，分析该学科的研究热点、发展趋势、发展特点与发展前景。

2. 基于学术文本关键词提出检索学术论文的新方法，建立检索学术论文的新模型，提高对学术论文检索的查全率和查准率。

针对前人研究的成果，本书认为对学术文本关键词的本体研究还很不充分，从而不能从关键词的根源之处解决关键词的标引问题，不能以科学、严谨、具有说服力的研究成果证明标引原则的可行性与必要性，并在一定程度上阻碍了有关学术文本关键词的应用开发研究。

本书认为，要解决这些问题，就要从学术文本关键词本体特征出发进行研究。学术文本关键词首先是一类词语的聚合，本质上是一种特殊的语言现象。只有从语言学角度对其本身的语言学特征进行深入分析，才能真正从根本上说明如何析选学术文本关键词，学术文本关键词如何反映学术论文核心内容，如何传递学术论文内容的最大信息量等问题。因此，本章第二节将从语言学角度重点讨论学术文本关键词的文本读解功能。

本章第二节运用数据统计与语义分析的方法，从学术文本关键词的词类特征、内容构成及排序、内部横向语义关联三个方面总结出了学术文本关键词对学术论文内容的解构功能。得出如下结论：

1. 因为学术论文要求所选词语具有较高的指称性表述功能，因此学术文本关键词表现出极强的名词化倾向。名词是具有指称性的词类，因此学术论文中的关键词，出现了动名词、动词转名词的现象。

2. 学术文本关键词通过对学术论文的内容进行概括，从而将学术论文解构成几个主要方面，包括研究对象、研究范围、研究方法、研究理论、研究结果或结论、研究意义或目的等。学术文本关键词对每一个方面的概括又具有不同的下位内容，形成一个梯级层次。并且，学术文本关键词的排列也与内容息息相关，按照人的认知规律进行排序。

3. 学术文本关键词群内部的关键词之间，不仅能够构成表层的语法结构关系，而且还具有深层的语义关系。语义关系能够增加关键词之间的关联度，提高语境构建，减少推理认知难度，按照特定的语义关系选择关键词，能够在最大限度内传递学术论文的主要内容。

从正文中选取出来的关键词，同时又对标题、摘要、正文三者的建构起着重要的作用，要对学术文本关键词进行更深入的研究，必然要将学术文本关键词放于学术论文语篇内部，研究关键词与标题、摘要、正文的关系特征。

本章第三节从语篇的连贯理论出发，以互文性理论为研究视角，重点讨论学术文本关键词对学术论文其他构成成分的建构作用，得出如下结论：

1. 学术文本关键词与学术论文其他构成成分之间，在语义层面形成一个金字塔式层级结构：

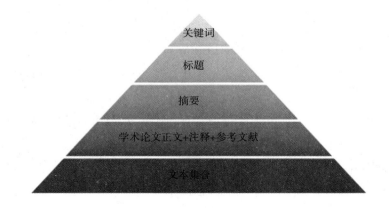

从下至上看，关键词是对学术论文正文的最高层次提炼，是对学术论文内容的解构——用几个词语表征出学术论文内容的核心内容；从上至下看，标题、摘要是对关键词的一层一层的扩展。向上，内容越来越精炼、越来越核心；向下，内容越来越丰富、越来越充实。它们之间充满了互动共生、环环相扣的关系。所以说，关键词之所以为关键词，就是因为它是文本内容最核心、最精华之所在。

2. 学术文本关键词与论文其他构成成分之间是一种互动共生的互文关系。一方面，每一个关键词都是学术论文正文一部分核心内容的激活装置，不同的关键词反映了论文内容的不同方面。另一方面，关键词作为一个互文材料，从它身上可以读出更多的信息，这种信息的补充则要依靠标题与摘要。同时，关键词还参与到标题与摘要的构建当中。关键词、标题与摘要的关系，可以形象地描述为点、线、面三者之间的关系。关键词是节点，将关键词连起来，就形成了线，也就是标题；由线形成面，就是摘要。摘要衍生出更大的空间，就是论文正文。学术文本关键词与学术论文其他构成成分之间通过语言形式上的衔接手段连接在一起。

　　基于上述研究成果，本章在最后一部分提出了提取学术文本关键词的 5 项原则，即选取指称性较高的词语，标引学术论文的 5 个核心内容，按照逻辑顺序进行排列，增强关键词之间的逻辑关系以及易于标题和摘要的建构。

第五章

新闻文本关键词

当今社会是信息爆炸的社会，新信息每时每刻都在产生，越来越多的信息资源以各种方式充斥在我们的生活中。由于生活节奏的加快，在最短时间内获取最有效的信息，成为信息获取手段的目标追求。新闻作为一种有效的信息传播途径，为了适应信息时代的发展，特别是信息技术的高度发展，其传播样式也随之发生了改变，产生出许多新的、迅捷传递信息的新闻文体类型，如一句话新闻、标题型新闻，等等。

随着社会日益进步，社会文化水平逐渐提高，受众在重视新闻的传播速度与新鲜程度的同时，对新闻的另一个功能要素——"事实的知悉性"也提出了更高的要求。"消除公众的未知性，使公众了解他不知、欲知和应知的事实，才具有新闻性。……媒介提供有用的新闻非常重要，因为大众迫切期望新闻对生活的指导。"（刘建明，2007：70）新闻报道，作为一种有效的信息传播途径，不仅仅只是告诉受众发生了什么，还希望受众能够对新闻事件进行主动的、深层次的解读。从而，新的新闻文体类型，诸如参考消息、新闻链接等应运而生，其中包括本书讨论的关键词新闻。

本书在初步提出关键词新闻这一新兴的新闻文体类型之后，试从语体学、互文理论等方面分析关键词新闻的具体语体特征。

第一节　新闻文本关键词

一　新闻文本关键词的界定

新闻文本关键词是文本关键词的下位类型，是指直接参与新闻语篇构成的文本关键词，对新闻语篇的构成起到重要作用。如：

政府工作报告提出，要开展公立医院改革试点，坚持基本医疗的公益性方向。

让公立医院回归公益

公立医院是我国医院的主体，近年来，群众反映强烈的"看病难、看病贵"问题，主要集中在公立医院。公立医院改革该如何推进？两会期间，代表委员们纷纷建言献策。

关键词一　取消"以药补医"

全国人大代表、辽宁省鞍山市医学会会长巴福荣说，取消"以药补医"，是公立医院改革的重要一步。"鞍山实施公立医院改革后，每年将为群众直接节省药费 6000 多万元。"

鞍山市是国家指导联系的 16 个公立医院改革试点城市之一。据巴福荣代表介绍，今年 2 月，鞍山市已针对全市 26 家社区卫生服务机构和 52 家乡镇卫生院全面实施药品"零差价"销售，今后这些医疗机构售卖的所有国家规定的基本药物，都将取消药品加成，让利于百姓。

全国人大代表、河南省宛西制药股份有限公司董事长孙耀志认为，取消"以药补医"，可以杜绝医生开大处方现象，缓解老百姓看病贵的问题，"进一步加强对药品采购流通环节的管理，积极推行以省为单位的药品集中采购和统一配送，减少中间环节，可以有效减轻患者的医疗负担。"

关键词二　改革补偿机制

全国政协委员、吉林大学第一医院教授迟宝荣说："取消'以药补医'后，需要加大投入补偿医院的合理收入，保护好医疗队伍的积极性，才能保证医院的公益性。"

她建议，应合理地制订针对医疗机构的财政补偿方案，建立公立医院财政补偿机制，对于医疗机构给予设备更新、重点学科建设等方面的资金补偿，保证医疗机构正常运转。

全国政协委员、宁夏医科大学副校长戴秀英认为，长期以来我国医疗技术服务价格偏低，收费标准不能真实反映医务人员的劳动价值，不仅增加了医务人员的工作压力，而且导致了大处方、大检查等一系列问题。因此，政府在取消"以药补医"的同时，应建立"以技养医"机制，让医生的劳动价值得到合理的体现。

关键词三　提升服务质量

全国政协委员、西安协同医院院长董协良认为，目前我国优质医疗资源主要集中在大城市、大医院，建立公立医院与基层医疗卫生机构分工协作机制，实行分级医疗、双向转诊，引导一般诊疗下沉到基层，实现"小病在社区、大病到公立医院"，解决"看病难"的问题。

全国政协委员、福建省福州市第二医院副院长林绍彬认为，建立不同医疗机构之间的分工协作机制，有利于提高资源利用率，提高基层医疗卫生机构的服务能力和水平，"有了大医院的支持，社区医院的技术水平将大大提高，居民对社区医院的信任度也会增加。"

（《经济日报》2010 年 3 月 11 日）

上例中，"取消'以药补医'""改革赔偿机制""提升服务质量"三个词语作为"公立医院改革"这一论题的三个关键词进入到新闻报道中。此篇新闻报道以这三个关键词为对象进行论述，将有关"公立医院改革"的三个不同方面的内容纳入到同一个文本当中，它们与其叙文形成一个个独立的小语篇，同时由于它们属于同一个论域，因此，在三个关键词的统摄下，共同组成一个更大的语篇单位，三个关键词是此篇新闻语篇不可缺少的一个有机组成部分。

一般来说，新闻文本关键词参与新闻语篇构建有两种方式，一种方式如上例，作为组篇纽带，参与语篇的结构构建，将统摄的小语篇纳入到更大的语篇当中。

另外一种方式是直接参与语篇内容，只具有意义功能，而无结构功能。如：

话剧舞台流行变幻快——当季热门：音乐剧和惊悚剧

　　现今，话剧舞台每半年刮一次时尚风潮。音乐剧和惊悚剧是年底前上海话剧舞台的关键词。今年的后 4 个月，本市已确定演出的话剧超过 50 部，其中音乐剧有 20 余部，几乎占半数；惊悚剧超过 10 部，占据三成。

　　（后文略）

（《新民晚报》2009 年 8 月 29 日）

　　上文中，"音乐剧"和"惊悚剧"两个词语也是"当季话剧舞台"的两个关键词。这两个词语直接出现在语篇内容当中，只在语篇的内容构建当中发挥作用，不参与语篇的结构形式层面构成。

二　新闻文本关键词与学术文本关键词

　　新闻文本关键词与学术文本关键词是文本关键词的两个下位类型，它们都参与语篇整体构成，但是也存在不同点。主要有以下几点不同。

　　（一）选词数量不同

　　国家标准 GB 7713—87 以及多个学术标准文件规定：学术论文中的关键词数量为 3—8 个。在我们搜集到的语料当中，以 3—5 个为常，多的可以选取 8 个，少的选取 2 个。新闻文本关键词没有数量限制，完全根据作者个人写作需要，多则 15 个，少则 1 个，不一而同。

　　（二）选词规范化程度不同

　　学术文本关键词的选取要求使用有学科规范的术语、单词，并有《汉语叙词表》之类的规范文件做参考，在选词上有较为严格的学科领域要求。新闻文本关键词的选取具有高度的自由性，可以是专业术语，可以是日常生活用语，还可以是临时的、随意组合的流行语等。

　　（三）文本位置不同

　　学术文本关键词以词群的形式依次排列一行，必须置于摘要之后、正文之前，不能放在其他位置。新闻文本关键词可以直接参与文章内容构成，可以作全文标题、小标题，也可以充当一个句法成分。作为语篇结构单元构件的新闻文本关键词一般来说是独立出现，放于其统摄的叙文之前，不会集合成单独一列。

（四）文本结构取舍不同

学术文本关键词是学术论文正文的附属品，是构成学术论文语篇整体的可有成分，而不是必要成分。虽然我国 1987 年就已规定，在学术论文中必须标引关键词，但是 2000 年之前，许多学术论文仍然没有标引关键词，直到 2000 年之后，标引关键词的规范才得到大面积的实施，但也不是所有学术论文都会标引关键词。如《民族语文》杂志上刊载的论文仍然有的未标引关键词。

新闻文本关键词是采用关键词写作范式进行书写的新闻语篇的内容或结构单位，直接参与语篇的内容或结构构成，是此类新闻语篇的必有成分，不能缺省。如果缺少关键词，那么将造成新闻语篇的内容或结构上的不完整，以致造成缺失。

第二节　关键词新闻的界定与发展

一　关键词新闻的定义与类型

（一）关键词新闻的内涵

关键词新闻是指运用关键词写作范式进行撰写的新闻语篇。

关键词写作范式是由多个"关键词+叙文"组成的单元共同体组合而成。在关键词新闻中，"关键词"取自相关新闻报道论域，"叙文"是新闻创作者对关键词的叙述、评论、解说，以及相关事实报道。

关键词新闻通过以概括与解读"关键词"的方式，进行新闻传播活动，既有对"新近的或正在发生、发现的事实"的报道，也有对"公众有知悉意义的事实"的陈述，从而满足受众对"事实的知悉性"的要求。

关键词新闻是一种独特的新闻文体类型。

从社会功能上来看，关键词新闻不仅具有提高信息传播速度的社会功能，还具有更高一层次的社会功能，那就是——满足受众进一步解读新闻事件的要求。从新闻报道的时间性上来看，关键词新闻既可以是关于"新近的或正在发生、发现的事实"的报道，也可以是为了使受众能够接收到客观世界中出现的新现象、新趋势和新规则的信息，帮助人们对某一特定事实或现象进行进一步的了解、掌握和解读，从而对旧信息进行的重新解读与提炼精粹。

从语义内容上看，关键词新闻是一种"多元并排结构"新闻，新闻报道内容大多不具有时间、空间上的连贯性，是一种马赛克似的拼贴。

从篇幅上来看，关键词新闻的篇幅可长可短，没有限制，内容可详可略。长的如《解放日报》2010 年 3 月 3 日的报道《七大关键词成为聚焦重点》，全文长达 2500 多字，结构方式是以各个关键词为核心、为话题，围绕各个关键词展开叙述。短的如《光明日报》2008 年 2 月 27日报道的《暴雪天气中的关键词》，仅 500 多字，以"关键词+叙文"的方式结构成篇。

从写作手法上看，关键词新闻是一种运用关键词写作范式进行撰写的新闻。关键词写作范式基于"词典体"发展而来，是以关键词为词目，以词条展开方式对关键词进行叙述的写作手法。

（二）关键词新闻的类型

根据关键词及其叙文构成的单元共同体与新闻语篇主体的关系，我们可以将关键词新闻分成三类：

1. 并列组篇式关键词新闻

组篇式关键词新闻是指关键词及其叙文构成的单元共同体直接构成新闻语篇，也就是说，新闻语篇主体就是由多个关键词及其叙文平行并列组成，其叙事要求和目的是传播新闻事件，报道新闻事实。每一个关键词反映新闻事件的一个方面或一个内容，叙文是对该关键词的详细阐述，整个新闻语篇的内容就是所有叙文，新闻语篇的信息由关键词及其叙文传递。大部分关键词新闻属于这一类。如：

中国水污染防治法修订草案二审 聚焦几大关键词

水污染防治法修订草案 23 日在十届全国人大常委会第三十一次会议上被再次提请审议。该修订草案初次审议后，向社会公开征求意见，共收到各地人民群众意见 1406 条，群众来信 60 件。全国人大法律委员会、环境与资源保护委员会、人大常委会法制工作委员会又在实地调研和召开座谈会的基础上，形成了修订草案二次审议稿。据介绍，二次审议稿有五大关键词。

【饮用水水源】修订草案二次审议稿规定，水污染防治应当坚持预防为主、防治结合、综合治理的原则，优先保护饮用水水源，严格控制工业污染、城镇生活污染，防治农业面源污染，积极推进生态治理工程建设，预防、控制和减少水环境污染和生态破坏。

【考评政府】……

【保护补偿】……

【过罚相当】……

【赔偿诉讼】……

（《人民日报》2007 年 12 月 28 日）

上例中的新闻报道主体由五个关键词及其叙文构成，报道了《〈中国水污染防治法修订草案〉二次审议稿》的五个主要内容，是对新闻事件的直接报道。

2. 外接式关键词新闻

外接式关键词新闻语篇是指采用关键词写作范式进行书写的新闻语篇不直接参与新闻语篇主体的撰写，它是作为一种副文本对一个主文本进行解释、说明或补充，一般通过标签"关键词"将它与主文本连接起来。

如下图这篇报道：

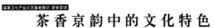

上图中标题左下方的方框内，有一单独语篇，标签为"关键词"，内容是"民俗文化"。具体如下：

关键词 民俗文化

从里到外，老舍茶馆都用"民俗"精致地包裹着。一进门，身着长衫、肩上搭着手巾的堂倌就用一口清亮的北京话欢迎您，眼里先看到传统民居中的影壁，清脆悦耳的大碗茶琴声一起，你才发现，33个大小不等的茶碗组成了一把音阶完整的琴，演奏出美妙的民乐，清脆悦耳。拾级而上，二楼是微缩的茶馆，从清茶馆、书茶馆到野茶馆，精巧的面塑营造出了当年一个个茶馆的真实场景。

三楼的西侧是演出大厅。精巧繁复的宫灯，古朴的八仙桌、太师椅，将演出大厅装点得古香古色。在老舍茶馆的二层西侧，是前门四合茶院。将北京民居的代表形式四合院引入茶馆，老舍茶馆的创意的确出人意料。代表老北京民居颜色的灰色在这里成了主角，灰砖砌墙、灰色的台阶，门墩、鸟笼、雕花的木窗，老北京的因素一个不少。茶室里安静舒适，旧式家具配以锦缎的靠垫、帷幔，墙上挂着做工精致的脸谱，在袅袅的丝竹声中，品着幽幽的茶香与木香，难免生出"偷得浮生半日闲"的向往。

(《经济日报》2009年4月26日)

新闻报道主体是介绍老舍茶馆作为一个国家文化产业示范基地的发展历程、业务特点、经营之道、发展方向等。"民俗文化"是老舍茶馆的最主要特色，也是老舍茶馆的立身之道。因此，"民俗文化"是老舍茶馆的关键词，记者在撰写新闻语篇时，单独将这个关键词另立一个板块写作，运用了文学创作的手法，栩栩如生地对老舍茶馆里的"民俗文化"要素进行了详细生动的描写，让人如同身临其境，对整个新闻报道主体起到了补充、说明的作用，让读者体会到了老舍茶馆里的"民俗文化"。对老舍茶馆里的"民俗文化"进行的评价、介绍，也就有了现实的依托。

3. 内蕴式关键词新闻

内蕴式关键词新闻语篇是指只有关键词参与语篇内容构成，而没有对关键词展开叙述的新闻语篇。在内蕴式关键词新闻语篇中，关键词融合在新闻语篇主体之中，不具有独立性，是新闻语篇主体内容的有机组成部分，只具有关键词的语义内容，而不具有关键词新闻语篇的语体形式。如：

新民网选出北京奥运十大关键词

　　本报讯 第 29 届奥林匹克运动会于 8 月 24 日晚在"鸟巢"圆满谢幕，结合网友们最关注的奥运热门话题和搜索最多的关键词，新民网从中选出了十大关键词：鸟巢、水立方、开幕式、破纪录、中国金牌、菲尔普斯、博尔特、刘翔、志愿者、"同一个世界，同一个梦想"。

（《新民晚报》2008 年 8 月 25 日）

　　上例中的"十大关键词"与新闻报道内容融为一体，是内容的组成部分，没有进一步的补充、阐释、说明，没有叙文的参与，不是采用关键词写作范式来进行撰写，不包含独立的语篇结构单位，不具有结构和内容的独立性。关键词在形式与内容上参与语篇的构成方式都与前两者相异。但由于其包含关键词内容，因此也归为关键词新闻，称之为"内蕴式关键词新闻"，为非典型性关键词新闻。

　　以上三类关键词新闻中，并列组篇式关键词新闻是最典型的关键词新闻语篇，外接式关键词新闻语篇次之，内蕴式关键词新闻是非典型性关键词新闻语篇。本章分析的关键词新闻以组篇式关键词新闻为主，有必要时辅之以其他两种类型比较分析。

二　关键词新闻的发展沿革

　　关键词新闻正处于蓬勃发展之际，具有旺盛的生命力和宣传力度，是一种新兴的新闻语体范式，越来越多的新闻报道者选用关键词新闻这一新的新闻语体范式进行相关报道与写作。根据笔者收集的语料，关键词新闻的写作呈现出明显的增长趋势。见下图。

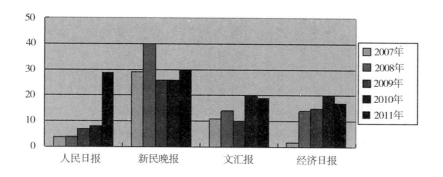

这种新的新闻文体范式的出现，有其特定的社会历史原因：一是信息的快速膨胀与生活节奏的加快；二是受众对新闻报道要求的提高，即从接受信息发展为解读信息；三是新闻报道的作用从传播信息发展到引导受众解读信息。从而关键词新闻就应运而生。近几年来，特别是2008年之后，关键词新闻如雨后春笋般出现在各大主流媒体中，成为一种备受新闻工作者和读者喜爱的新闻文体类型。

本节将通过对关键词新闻的具体语料进行文体类型的纵向历时分析和横向共时分析，初步梳理关键词新闻的发展过程及发展特点。

（一）新闻文体的分类

本书欲对关键词新闻语料从语体类型角度进行纵向历时分析与横向共时分析，就首先要廓清新闻文体类型的分类问题，并确立本书所采用的新闻文体类型分类标准。

新闻界学者对新闻文体类型的分类大致相同，都是将新闻的文体类型分为基本书体类型与交叉性或边缘性文体类型，从而进一步对新闻的基本书体类型从新闻与言论的关系角度区分为报道性新闻与评论性新闻，而报道性新闻又可分为消息、通讯两种下位类型。学界对通讯与评论的下位文体类型的分类基本一致，没有较大出入，但是，对消息的下位文体类型的分类就有一些不同，主要有以下几种分类：

1. 刘明华、徐泓、张征（2002）等人将"消息"划分为"事件性消息""非事件性消息""描写性消息""分析性消息"。

2. 张举玺（2006）将"消息"划分为"动态消息""综合消息""事件性消息""非事件性消息""特写性消息""评述性消息""人物

消息"经验性消息"。

3. 高宁远、蔡罕（2010）等人将"消息"划分为"简明新闻""动态新闻""经验性新闻""综合新闻""人物新闻""分析性新闻"。

这些分类都是从不同角度、不同理论背景出发对"消息"的进一步细化分类，自成体系。可以看出，不同的分类中既有交叉，又有区别，并存在一定的分类问题。如：

1. 刘明华、徐泓、张征（2002）等人对"消息"的 4 种类型，是以不同的标准进行划分的。"事件性消息"和"非事件性消息"是从"消息"的报道内容角度进行区分，而"描写性消息"和"分析性消息"是从写作手法上进行区分。从而使 4 种类型之间既有交叉，又有联系，不能明确地对消息类型进行划分。

2. 张举玺（2006）对"消息"的划分标准也是报道内容与写作手法并驾齐驱，而且混杂了多种对"报道内容"的划分标准，将不同层面上的"报道内容"之下位类型同时作用于对"消息"的分类，从而出现你中有我、我中有你的混乱场面。

3. 高宁远、蔡罕（2010）等人将"消息"与"通讯"归类于"报道性体裁"，写作手法以叙事为主，对"消息"的分类标准为报道内容，能够较准确地划分"消息"类型。但是，"简明新闻"（又称简讯、短讯、快讯）是从新闻篇幅角度区分出的一种"消息"类型，与其他文体类型标准不同；并且，大多数学者认为"简明新闻"（即简讯）是一般消息的精简模式，与其他一般消息类型平行并列，稍有不妥。

学界对"通讯"与"评论"的下位文体类型的分类较为统一。

对通讯的分类：从内容上区分，有人物通讯、事件通讯、工作通讯、风貌通讯（概貌通讯）；从表现方法上区分，有特写、速写、素描、专访、访问记、采访札记、巡礼、散记、侧记、记者来信等。

对评论的分类：一般分为社论、编辑部评论、评论员文章、时评、编者按、专栏评论、述评六种类型。

基本新闻体裁结合其他写作体裁、其他学科的特点、方法与视角，从而形成了交叉性、边缘性的新闻体裁，主要有以下几类：报告文学、调查报告、精确性新闻、日记体新闻、蒙太奇式新闻、散文式新闻、小故事、杂文等。

　　通过对其他学者对新闻文体类型分类的归纳、整合与分析，本书拟在前人研究的基础上，对新闻文体的基本类型重新进行简单的分类（其中主要是对"消息"进行重新分类），从而更好地指导接下来的语料分析工作。本书的研究着力点在于对基本新闻体裁的分析与研究，且作者研究能力有限，故略去对交叉性、边缘性新闻体裁的关注。

　　具体分类如下：

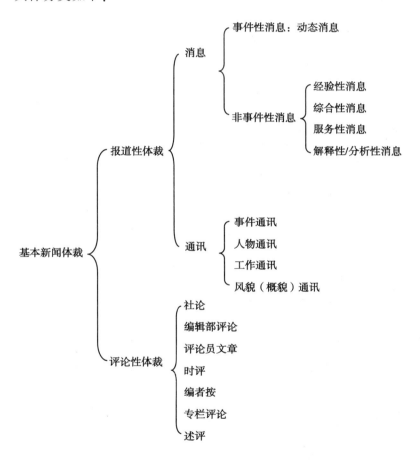

　　关于分类的说明。

　　1. 大多数学者认为"解释性消息"为"分析性消息"的重要类型（刘明华 2002；高宁远等，2010），或者认为"解释性消息"与"分析性消息"是同一类新闻体裁，只是叫法不同（《中国大百科全书·新闻出版卷》1994；刘坚，2009）。因此，本书将"解释性消息"与"分析性消息"归为同一类消息类型。

2. 根据事件性消息和非事件性消息的区别，以及事件性新闻的定义与动态消息的定义与特点（刘明华，2002；高宁远等，2010；《中国大百科全书·新闻出版卷》，1994；刘坚，2009；艾丰，2010；等），本书认为，事件性消息与动态消息是同一种新闻文体类型，只是名称的所属层次不同，即都是迅速、扼要地报道新近发生的事件的新闻体裁，讲求事件性、单一性与时效性。

3. 本书限于理论与分析能力有限，仅粗略地对新闻文体类型进行分类，其中仍存在一些问题，在不妨碍研究语料的前提下，予以忽略。

（二）关键词新闻语篇语料来源

目前，我国公开发行的 2000 多家报纸可大致分为四类：一是由党派、国家机构、社会团体主办的，代表其发表言论，宣传其主张的机关报，如《人民日报》《解放日报》《光明日报》等。二是综合类日报，如《东方早报》《文汇报》《新民晨报》等。三是以城市市民为主要读者对象，除了报道重大新闻事件之外，还重点报道市民身边的新闻，为人们提供生活、知识、休闲和娱乐信息的早报、晚报、都市报，如《新民晚报》《南方都市报》《新京报》《华西都市报》等。四是针对特定的读者群，满足一部分读者的需要，报道相关专业新闻事件的专业性报纸，其中包括行业报如《经济日报》《法制日报》《电脑报》《健康时报》等和对象报如《中国妇女报》《中国青年报》等。

本书选取《人民日报》《解放日报》《新京报》《文汇报》《新民晚报》《南方都市报》《经济日报》《中国青年报》四类八种新闻报刊作为语料来源。这八种报纸办报时间长、内容质量高、影响范围广、受众群体大，在全国报业中占有举足轻重的地位，是同类报纸中的代表与典范。因此，刊登在这些报纸上的新闻作品，都经过了记者们的精心撰写、编辑们的细心筛选，报道的事件也都具有一定的影响力与重要性，是进行新闻文体分析的上乘之选。

语料收集情况如下：

报纸名称	文章数量（篇）
《人民日报》	84

续表

报纸名称	文章数量（篇）
《解放日报》	74
《新京报》	173
《文汇报》	83
《新民晚报》	166
《南方都市报》	107
《经济日报》	86
《中国青年报》	153
总计	926

注：时间：2007 年 1 月 1 日—2012 年 6 月 1 日。

（三）关键词新闻语篇的历时和共时分析

语言现象的发展与演变存在共时与历时两个层面。现代语言学之父费尔迪南·德·索绪尔将语言学研究分为共时语言学与历时语言学。历时与共时既是研究对象，又是分析方法。共时语言学研究告诉我们："同一个集体意识感觉到的各项同时存在并构成系统的要素间的逻辑关系和心理关系。"相反，历时语言学的研究告诉我们："各项不是同一个集体意识所感觉到的相连续要素间的关系，这些要素一个代替一个，彼此间不构成系统。"（索绪尔，1980：147）两者之间既是相对独立，又是相互依赖、相互投射。只有对一个语言现象既进行历时研究，又进行共时研究，才能做到全面的描写与分析。

1. 历时分析

语言的发展变革在历时性分析中表现出一定的发展趋势。通过历时研究能够发现："在时间上彼此代替的各项相连续的要素间的关系。"（索绪尔，1980：198）关键词新闻属于语言现象，经历了从无到有、从少到多、从简单到复杂的发展过程。在发展的过程中，关键词新闻报道的数量不断增加，文体类型不断丰富。

笔者从国内 4 类报刊中选取了最具代表性的 4 种报刊，将关键词新闻按照文体类型和刊发年份进行分类，从历时的发展过程中总结关键词新闻的发展特点。

A. 《人民日报》：

文体类型			文章数量（篇）	2007	2008	2009	2010	2011	2012
报道性体裁	非事件性消息	综合性消息	5	1		1		1	2
		解释性消息	10	1	1		2	2	4
	通讯	事件通讯	6				1	3	2
		工作通讯	16	2	2	1	2	5	4
		风貌通讯	1					1	
评论性体裁	时评		13		1	2	2	3	5
	专栏评论		26			3		11	12
	述评		8				1	4	3

由上表可以看出：

（1）从具体体裁上看，《人民日报》采用关键词写作方式进行撰写的"专栏评论"（26篇）最多，其次是"工作通讯"（16篇），而"风貌通讯"最少，只有1篇。这与《人民日报》的办刊宗旨和报刊属性是分不开的：《人民日报》是中共中央委员会机关报，其宗旨是宣传中国特色社会主义理论体系，宣传党的理论和路线方针政策，宣传中央的重大决策部署，具有严肃性、权威性和客观性的特点。因此，《人民日报》对中共中央的方针政策、工作实践等的相关报道与评论占绝大多数，而"以反映环境对象为表象，以写出人类生息的空间概貌为目的"的"风貌通讯"较少。

（2）从文章发表年份来看，2010年之前，《人民日报》采用关键词写作方式进行新闻撰写的文章不仅数量少，文体类型也少，2010年之后，这类文章犹如雨后春笋般涌现，并成为进行评论类报道的利器。

（3）从具体内容上看，《人民日报》在2011年"两会"期间，开设了"心系民生"专栏，每天选取一个"两会"报告中有关"民生"问题的话题，以与此话题有关的"关键词"为切入口进行评议。在2012年"两会"期间，开设了"民生大计"和"两会热词热议"两个专栏，仍然采用关键词写作范式，通过对"关键词"的评议来深度挖掘"两会"工作报告及与会人员对某一重要问题的看法与阐释，从而达到宣传"两会"思想、解读"两会"要义的目的。

B. 《新民晚报》：

文体类型			文章数量（篇）	2007	2008	2009	2010	2011	2012
报道性体裁	非事件性消息	综合性消息	9		4	1	2	2	
		解释性消息	9	1	1	2	1	4	
		服务性消息	33	5	12	5	5	4	2
		经验性消息	5	1	1			3	
	通讯	事件通讯	19	6	2	2	3	4	2
		人物通讯	27	6	5	4	2	5	5
		工作通讯	11	4	2	2	1	2	
		风貌通讯	23	2	7	5	5	3	1
评论性体裁	时评		22	3	3	3	5	3	5
	专栏评论		2			1	1		
	述评		6	1	3	1	1		

《新民晚报》上刊载的新闻报道，运用关键词写作手法的文章数量在选取的 8 种报刊中最多，因此，其覆盖的文体类型种类也相应有所增多。

由上表可以看出，"服务性消息"报道采用关键词写作手法的最多（33 篇），其次是"人物通讯"（27 篇），第三是"风貌通讯"（23 篇），最少的是"专栏评论"（2 篇）。

以上数据显示的结果，其原因有如下几条：

（1）从报刊性质来看，《新民晚报》是面向大众、面向城市居民的报刊，不仅向市民报道国内外重大新闻，而且更重要的是大量采集、报道发生在市民身边的新闻，向市民提供社会、生活、文化、体育信息，关注市民的衣食住行，提供有关日常生活的各种知识，丰富读者的生活，为读者提供生活参谋与指导。因此，具有直接可用生活服务价值的"服务性消息"和评论时事的"时评"数量居多也就不足为奇。

（2）从新闻撰写者的个人特质来看，《新民晚报》的有些记者在进行新闻撰写时，倾向于采用关键词写作方式，因此，使得《新民晚报》上刊载的关键词新闻数量增多。如记者华心怡、陶邢莹、厉苒苒对体育人物进行报道时，一贯采用选取关键词来概括体育人物的个人特点、事迹，以关键词为纲进行书写。这就使关键词类"人物通讯"数量较多。

又如涩女郎、豆豆对流行时尚新闻的报道，沈敏岚对旅游信息的报道，也易于先用关键词总结流行趋势，然后进行详细阐述。从而增加了关键词类"服务性消息"和"风貌通讯"的数量。可见，关键词写作范式对于一些特定的新闻报道具有高度的适应性和接受度。

　　C. 《文汇报》：

文体类型			文章数量（篇）	2007	2008	2009	2010	2011	2012
报道性体裁	非事件性消息	综合性消息	7	3	1	1		1	1
		服务性消息	4	1	1		2		
		解释性消息	9	3	2			3	1
		经验性消息	2				1	1	
	通讯	事件通讯	6		2		2	1	1
		工作通讯	11	1	4	1	2	2	1
		人物通讯	3			3			
		风貌通讯	12		1	1	6	3	1
评论性体裁	时评		16	3	2	2	4	3	2
	述评		13		1	2	3	5	2

　　由上表可以得出：

　　（1）《文汇报》采用关键词写作方式对新闻进行评论的较多，共29篇，占总篇数的35%，而且主要集中在"时评"（16篇）和"述评"（13篇）两种文体类型。这主要与《文汇报》的刊物定位与办报宗旨有关。《文汇报》是由中共上海市委直接领导，以知识分子为主要读者对象的综合性大型日报，关注时政与文艺、学术问题，一贯坚持"百花齐放、百家争鸣"的办报方针，以为当今各界读者及时提供权威资讯和深度解读新闻为己任。所以，能够反映报刊思想的学术性、思辨性、深邃性的评论性报道数量较多。

　　（2）关键词类"风貌通讯"在2010年的数量激增，主要是由于，《文汇报》在2010年世博会期间，推出了"海宝带你看世博"这一介绍世博会展馆的专题报道，通过富有文采的语言，向读者展示世博会主要展馆的风采。

D.《经济日报》：

文体类型			文章数量（篇）	2007	2008	2009	2010	2011	2012
报道性体裁	非事件性消息	解释性消息	6			1	3	1	1
		综合性消息	4	1			2		1
		经验性消息	6				1	2	3
	通讯	事件通讯	5		1		1	1	2
		工作通讯	11			4	2	2	3
		风貌通讯	11			2	9		
评论性体裁	专栏评论		37		13	7		10	7
	时评		4	1			1	1	1
	述评		2			1			

由上表可以得出：《经济日报》上，有一部分"专栏评论"采用了关键词写作方式，数量最多（37篇），"工作通讯"（11篇）与"风貌通讯"（11篇）紧随其后。其他的各种文体类型、文章数量都较平均。通过对具体文章的分析，发现以下四点：

（1）《经济日报》的新闻报道是针对经济界人士和关心中国经济发展的国内外读者，强调内容的针对性、指导性，思想的深入性、系统性与科学性，要从多方面、多角度、多层次对社会主义经济生活进行全面深入报道。《经济日报》在此办报理念指导下，多采用"系列报道""系列特稿""专题报道""专栏报道"等报道形式，以求满足读者的需要，如"成长中的产业集群系列报道""扩大内需看消费市场系列报道""国家文化产业示范基地探访专题报道""世博城市最佳实践区专题报道""发现中国创造力""大江南北访五谷系列报道"等。因为《经济日报》刊载的报道多为专业性较强的内容，所以在许多此类连续报道中，都会先对本次报道中的关键词语进行论述，从而消除读者在阅读报道时可能出现的理解障碍。因此，形成很多以"本期关键词"为专栏的关键词解释单元，从而大大增加了采用关键词写作范式的"专栏评论"的数量。

（2）《经济日报》重视与读者及网友的互动，在"报网连线"版面常开辟由网友发言的专栏节目，刊载网友对一些时事的反应、评论、建议等。如 2009 年"两会"期间的"网友看两会"、2010 年末的"特别策划——网友点击 2010 年热门关键词"、2012 年初"中经网友深情寄语 2012"等，都是通过评论一些能够反映时事的关键词来表达自己的想法和意见。这也是采用关键词写作范式的"专栏评论"数量较多的一个原因。

（3）关键词类"风貌通讯"虽然数量较多，但是其中 7 篇属于"世博城市最佳实践区"这一专题报道，使用一样的语篇组织结构，介绍世博园区内的各个城市实践区的独特之处与设计理念、感官体验，除去此 7 篇报道，采用关键词写作范式的"风貌通讯"并不多见。

（4）除去依附于各个专题报道的"专栏评论"和介绍世博会的"风貌通讯"，《经济日报》采用关键词写作范式进行撰写的新闻报道并不多。但是，以独立板块"专栏评论"的形式对关键词进行解说，却是最典型的关键词写作范式在新闻报道中的应用。

通过对以上 4 种报纸刊载的采用关键词写作范式进行撰写的新闻报道的体裁分析，我们发现，总体来说，采用关键词写作范式进行写作，在新闻报道的写作范式发展过程中，经历了一个由少到多的过程。而具体的运用情况，大致可概括如下：

（1）关键词新闻在各大报纸中的分布并不平衡。随着报纸所属层次的降低，此类新闻的数量呈递增趋势，出现的时间也越来越早。可见，这种新的新闻语体范式——关键词新闻更多的用于更贴近民生、娱乐休闲的新闻报道。而政治意味浓厚的党报和专业性、针对性较强的专业报也有少量运用。

（2）采用关键词写作范式进行撰写的新闻文体类型分布也不平衡，总体来看，通讯类与评论类的新闻体裁居多。虽然在新闻撰写过程中，对写作范式的选择存在一定的个人因素，但是，从总体来看，关键词写作范式确实在报道某些特定类型新闻事件上具有很高的适应性与优越性，如对"两会"工作报告的解读，对时尚流行趋势的解读等。以关键词为纲，或以关键词为评论对象进行具有针对性的解读，在新闻报道中或发表评论，或进行阐释，也就逐渐成为一种广受欢迎、行之有效的写作范式。

（3）事件性新闻，即动态新闻几乎不采用关键词写作范式。这是由于，事件性新闻要求"迅速及时""一事一报""简明扼要""真实客观"（高宁远、刘明华、张举玺等，2006），这就要求对新闻事件的报道不允许过多地进行展开式叙述与评论。而关键词书写范式最大的优点就是从多层次、多角度、多方面对事件或话题进行全方位报道或论述，是一种"正金字塔式"并列结构。因此，不适用于以"快速、专一、突出 5 个 W"为写作要旨的事件性新闻报道。

（4）相反，在需要进行详细报道、深度叙述的通讯类新闻报道中，关键词写作范式被广泛地运用。特别是用来"报道和分析当前实际工作中的经验、问题、教训等"（高宁远，2006：203）的"工作通讯"。实际工作出现的情况，一般来说是不适宜用按照时间顺序构组的纵向结构的。能够按照空间、逻辑顺序排列，清晰展现内容条理的关键词写作范式能够较好地应用于这一类新闻报道写作。

2. 共时研究

共时研究是一种相对性研究，是了解一个事物在某一程度上的发展状况。分析一个事物的共时特征，能够指认出事物的一种状态。"如果我们谈到共时态的规律，那就意味着排列，意味着规律性的原理。"（索绪尔，1980：138）

新闻之于受众的功用随着历史的发展在不断地变化。处于同一时期的关键词新闻具有普遍的发展状况，但是由于报纸的属性不同，面对的受众群体不同等诸多因素，从而在普遍规律之下，又表现出不同的特征。

本节笔者选取了 2011 年 4 种主流媒体报纸上刊发的运用关键词写作范式进行写作的新闻报道，从文体类型上描写关键词新闻在同一时期、不同媒体报纸上的分布情况。

文体类型			人民日报	文汇报	新民晚报	经济日报
报道性体裁	非事件性消息	综合性消息	1	1	2	0
		解释性消息	2	3	4	1
		经验性消息	00	1	3	2
		服务性消息	0	0	4	0
	通讯	事件通讯	3	1	4	1
		工作通讯	5	2	2	2
		人物通讯	0	0	5	0
		风貌通讯	1	3	3	0

文体类型		人民日报	文汇报	新民晚报	经济日报
评论性体裁	时评	3	3	3	1
	专栏评论	11	0	0	2
	述评	4	5	0	0

从上表我们可以看出：

（1）"解释性消息""事件通讯""工作通讯"和"时评"在同一年的4种报纸中均有采用关键词写作范式的新闻报道。这说明，无论是什么类型的报纸，这4种新闻文体类型都有可能选择关键词写作范式进行撰写。反过来也说明，关键词写作范式适宜撰写此类新闻报道。

（2）"服务性消息"和"人物通讯"在同一年的4种报纸中，只有《新民晚报》中的若干篇此类新闻报道采用了关键词写作范式。9篇报道出自9位记者之手，报道的话题也各不相同，这就排除了个人风格因素。那么，主要原因首先就是《新民晚报》的服务市民倾向，报道"服务性消息"是办报要旨所在。关键词写作范式能够条分缕析地将实用性信息告知受众，用词代替段落，更易于让受众在生活中记忆和运用信息。其次，关键词写作范式能够从多角度、多侧面对人物形象进行塑造，使人物形象立体化，增强新闻报道的可读性、可亲性，满足不同层次、不同行业、不同年龄、不同文化程度受众的需要，从而有利于记者撰写"人物通讯"。

（3）评论性报道主要集中于《人民日报》与《文汇报》，前者是我国最高级别党报，后者是面对高层次知识分子的、偏重文艺学术类的大型日报。针砭时弊，是深入宣传党的方针政策的需要；评古论今，是知识分子"百家争鸣，百花齐放"的重要表现。基于二者的报纸属性，评论性报道的基数就要高于其他报纸，从而运用关键词写作范式进行撰写的评论也高于其他报纸。

通过历时分析与共时分析，我们可以发现，运用关键词写作范式进行撰写的新闻语篇主要集中于需要报道全面信息的通讯类报道以及要求深刻性的评论性报道，特别是针对需要全方位、深层次、多角度解读的重大事件，更需要提纲挈领地提取关键词并对其进行阐述。

第三节　关键词新闻的语篇特征

在新闻语体结构中有一种独特的语体结构范式——多元素结构。"多元素结构"又称"多元并列结构"或"多元排比结构",指对报道对象及其内容按排比方式安排材料的一种结构样式。报道中的报道对象为两个以上,而其关系并非从属或主次关系,在报道中各对象地位相等。这种多元素结构样式与关键词写作范式相结合,就形成了关键词新闻。此类新闻文体是以关键词为主要叙述线索,使特定领域内的知识、概念有序化,形成一个辞典化的知识集合体,从而进行新闻报道或评论的新的新闻范式。以相似性为类化特征,此类新闻文体集合发展出集束性的新闻语体特征,逐渐固化、类型化为新闻语体的下位类型。

关键词新闻,整篇新闻是一个整体,由标题概括新闻的主要内容。主体被平均分配为几个平行并列的分主体。这些分主体的格式与内容具有完整性和单一性的特点,并各由一个关键词统领。关键词与分主体一起,对标题具体展开叙述。其中标题为根,内容为花,而关键词就是连接根与花的茎脉,是一种典型的"多元素结构"新闻语体范式,表现出独特的语体特点。

一　关键词新闻的标题特征

"新闻标题具有二重性,一是从属性,二是独立性。从属性是指新闻标题植根于新闻之中,是新闻中的重要而有价值的那部分事实的浓缩和结晶,是依托于新闻而存在的,是新闻的派生物、附属物,没有新闻主体就无所谓标题。独立性是指标题本身具有相对独立的宣传表达作用。读者如果只看见标题,而没去看新闻内容,往往也能从某一方面,甚至从重要方面了解这条新闻所要传达的信息,或了解所要阐明的某一观点。这种独立性是新闻标题较多具有而别的文章标题较少具有的。"(李元授、白丁,2001:163)

关键词新闻的标题具有高度概括性和从属性,却不具有独立性,也不表述新闻的具体内容。

(一)　关键词新闻标题的概括性

关键词新闻的主要内容是针对特定时期或特定领域内最受关注的事

件或现象，标题下收列多条新闻，以关键词做小标题，通过对关键词的再次概括，写一条概括性的主题。因此，标题并不是如别的新闻体裁的标题一样，是直接对新闻内容的抽象概括，而是对新闻内容的二度抽象概括，并不表述具体内容。

如：《解放日报》2010 年 2 月 11 日的一条标题：

2009 年楼市十大关键词

《文汇报》2009 年 10 月 30 日的一条标题：

五十年，上海音乐厅关键词

其中时间词"2009 年""五十年"是新闻反映的时间范围，"楼市""上海音乐厅"是新闻报道的对象。而具体内容只用一个概括词，即"关键词"这一名词来概括。概括词"指表明事物全体的词"（吕叔湘，1982），并不表示单独个体的意义，从标题内容中只能得知新闻内容的范围和时间，而具体的内容，只有通过对新闻内容的继续阅读，才能知道这"十大关键词"具体是哪十个，内容又分别是什么。

（二）关键词新闻标题的从属性

大多数关键词新闻的标题并不具有完整的信息结构，即主位—述位结构。

布拉格学派创建人马泰休斯（V. Mathesius）提出的实义切分法认为，一个句子从它的交际功能出发可以划分出两个语义单位：主位（Theme）和述位（Rhema）。主位是叙述的出发点和主题，述位是围绕主位展开的叙述、描写和说明，是叙述的核心内容。主位和述位共同传递信息。

如果读者只看标题，而没有看新闻的主体，往往只能了解新闻所反映的出发点、对象或基础，而无法知道其具体内容和所要传达的信息，因而具有高度的从属性，"是依托于新闻而存在的，是新闻的派生物、附属物"，而缺少独立性，本身不具有"相对独立的宣传表达作用"（李元授、白丁，2001：163），从而加剧了标题对正文内容的依附性。

如《文摘报》2009 年 2 月 5 日的一条标题：

2009 年管理关键词

《光明日报》2008 年 1 月 15 日的一条标题：

2007 年度中国十大学术热点

这两个标题是关键词新闻的典型标题格式，即"时间词"＋"领域词"＋（数词）＋"关键词"。这类标题只有主位，没有述位，只是说话的出发点，而新闻正文内容是对标题的说明，是围绕主位逐步展开的述位成分。标题只有与正文内容结合在一起，才能有效地形成话题结构，从而有效地传递信息。

关键词新闻的标题也有少数部分具有完整的信息结构，即既有叙述起点的主位，也有对主位进行叙述、描写和说明的述位。但是，仍然不能完整地表达一个信息内容，具有信息模糊性。

如《文汇报》2009 年 11 月 17 日的一条标题：

用当前"关键词"诠释发展国营经济

《解放日报》2008 年 3 月 12 日的一条标题：

代表委员第一时间解读国务院改革十大关键词

以上两个标题中含有完整的句子结构。"用当前'关键词'"和"代表委员"是主位，其余部分分别为二者的述位，传递了完整的信息。但是，由于"关键词"是一个具有高度抽象意义的概括词，虚化程度高，不能对语篇信息产生清楚的认知，因此，必须对语篇进行进一步完整的阅读，才能使"关键词"从概括词成为个体词，从而将信息清晰明确地呈现出来。

邵飘萍在《实际应用新闻学》（1989：154）中提出了新闻标题应

具有的特征:"最好在十余字之大标题中,即能将新闻要素显出其大半,为时日、人名、地名、结果等,若能大标题中显示,则既可以引起读者之注意,又可使最忙之读者一览大标题而即知大概,或不必全阅内容。"而关键词新闻的标题并不具备上述特征,并不标示重要的新闻要素,并不能将信息的核心传达出去,其主要目的是吸引读者对关键词进行阅读。一般来说,它并不表述一个完整明确的内容,而是和关键词整体发生照应关系,再与分主体发生二次概括,和作为小标题的关键词甚至是整个新闻主体一起传递信息。

二　关键词新闻的主体特征

关键词新闻的主体表现出不同于普通新闻的特点。

(一)　结构形式整齐划一

关键词新闻的主体部分虽然由许多个不同的单元共同体组成,但是却是一个有机的整体,首先表现为其结构形式的统一。

在同一篇关键词新闻语篇中,每一个单元共同体的内部结构形式都是一样的,即采用同一个叙述模式对关键词进行叙述,这也是在一定程度上继承了"词典体"的结构特征。在同一个词典中,词条的编撰总是依据统一的体例。如语文词典中,一般按照拼写、拼音、词类、词法、句法、标签、释文、注释、例证、派生词、同义词、反义词、成语等顺序进行释文的编写(章宜华、雍和明,2007:59)。而关键词新闻语篇运用的是关键词写作范式,在一定程度上也继承了统一体例的词典体特征。但是,关键词新闻语篇的叙文撰写体例比词典的释文体例要有更多的变化,以适应不同新闻事件、不同报道目的的需要。如:

《武侠》公映在即 陈可辛:七个关键词解读新武侠

……(导语略)

关键词● 武侠　　《武侠》VS《卧虎藏龙》

触摸武侠,《武侠》,这是陈可辛的第一次。上个月的戛纳电影节上,《武侠》作为官方展映片在可容纳2000多人的卢米埃尔电影官放映。隔天,在官方新闻发布会上,有个记者直接问陈可辛,是不是看着功夫在海外吃香，也要试试。陈可辛没好气地回了一句："我这才第一次拍武侠片，你这个问题为什么不去问那些拍很多的人？"他的反应之大，有些出人意料，甚至有种被伤害到的感觉。中国的武侠片风行多年，文艺气质的陈可辛为何也想拍武侠？在接受南都记者的专访中，他不免放话："在《卧虎藏龙》成名成功之后，其实这十多年来，哪一部戏不是在贩卖中国文化？"

陈可辛阐述：

作为一个香港导演或者中国导演，永远多多少少有一个武侠片的情结。尽管我一向是拍都市爱情片，但是也避免不了小时候真的有受过武侠片的影响。对我来讲，影响最大的是（上世纪）六七十年代的邵氏电影。之前去到国外电影节、去美国拍戏，人家听到你香港来的，就说他们好喜欢动作片、功夫片、武侠片，"你拍什么戏的啊？"都有点不好意思说我没拍过动作片。好像有一点变种，觉得你不是正常人。我想，总有一天可能会碰到（这个题材）。

……（陈可辛的后续阐述略）

关键词● 名字　　《武侠》VS《功夫》

《武侠》，这个片名给人的第一感觉是：豪迈，豪迈得有些狂。影片上映前，几轮媒体、影评人看片后，在微博上交流观影感受的人群中，有的还给出改名建议，认为该名不佳，因为戏中有武，但侠气不足，不如称《迷走的江湖》《同谋者》等。不过，既然陈可辛选择了《武侠》一名，他自有一番见解。其实，他觉得最合适的名字是《功夫》。

陈可辛阐述：

我从来没有想过其他的名字。不是说玩一把吗？有人说野心很大。我觉得这次高兴就这样，真的是很任性的一个东西。很多人说"侠"在哪里呢？我没有把"侠"分得太认真，其实就是一个类型，就想在这个类型里做一个东西。真的想说是"侠"的话，那么金城武到最后帮甄子丹也是一种侠义的东西。

……（陈可辛的后续阐述略）

……（其他关键词略）

（《南方都市报》2011年7月1日）

上例中，单元共同体中的关键词与叙文大致按照以下顺序进行叙述：先提出关键词，然后给出一组围绕关键词进行比较的概念，第三是新闻作者的述评，最后是陈可辛自己的阐释。

再看一例：

教育，"满意"二字重千钧

……（导语略）

关键词：免费　　惠及亿万莘莘学子

免费，是一个温暖的字眼。近年来，我国教育领域的"免费"范围不断扩大，从农村孩子"两免一补"到城市孩子免交学费，从免费师范生到免费上中职，"免费"大餐造福亿万学子，令人喜不自禁。

免除义务教育阶段学杂费，对贫困家庭学生免费提供教科书并补助寄宿生生活费，这项深得民心的"两免一补"政策，2005年首先在592个国家重点贫困县实施，2006年扩大到西部农村和部分中部农村地区，2007年春季开学时在全国农村全面实施，惠及1.5亿农村义务教育阶段中小学学生，平均每年每个小学生家庭减负140元，初中生家庭减负180元。

随着国家教育投入不断增加，从2008年秋季学期开始，全面免除城市义务教育阶段学生学杂费。至此，全国真正实现了"免费义务教育"。

从2007年秋季起，国务院决定在教育部直属师范大学实行师范生免费教育。免费师范生在校学习期间免除学费，免缴住宿费，并补助生活费，毕业后确保有编有岗。这项具有重大战略意义的改革举措，旨在鼓励更多优秀青年终身从教。2011年，首届10597名免费师范生毕业后全部到中小学任教，90%以上在中西部。今年，国家将扩大免费师范生计划，鼓励地方实施师范生免费教育。

"免费"效应进一步放大，"免费上中职"开始变为现实。中央有关部门加快中等职业教育免费进程，中等职业教育免学费范围已从农村家庭经济困难学生和涉农专业学生，扩大到城市家庭经济困难学生。

关键词：就业　　9 年初次就业率逾 70%

2011 年，高校毕业生初次就业率达 77.8%。至此，连续 9 年初次就业率逾 70%。成绩来之不易，令人鼓舞。

2003 年起，团中央、教育部、财政部、人力资源和社会保障部共同组织实施大学生志愿服务西部计划，每年选拔一定数量的普通高校应届毕业生到西部地区基层从事为期 1 至 3 年的志愿服务。截至目前，西部计划志愿者服务总规模超过 15 万人。

2012 年，高校毕业生数量达 680 万人。在高等教育步入大众化阶段后，增强毕业生的就业能力、提高就业质量成为高等教育的一项重要任务。

……（其他关键词略）

（《人民日报》2012 年 5 月 11 日）

上例中，单元共同体中的关键词与叙文大致按照以下顺序进行叙述：先提出关键词，然后是一句评语，接着是作者的评语，最后按照时间顺序叙述有关事件。

不同的新闻事件，虽然都是采用关键词写作范式进行报道，但是叙文对关键词进行叙述的方式却不相同。但是，在同一篇新闻语篇中，采用的叙述方式却是保持高度的一致。以上两例，每一个单元共同体内部的内容叙述顺序都是相同的。

不仅在内容编排上按照一定的体例顺序，而且选取的关键词也尽可能地保持字数、词类、语义关系等的相同。以上两例，第一例中，选取的 7 个关键词是"武侠、名字、老套、改变、放肆、混搭、市场"，这 7 个关键词，都是两个字的词，其中 3 个是名词词性钱 2 个词除了具有名词词性外还具有其他词性，2 个词是形容词词性。第二例中，7 个关键词是"免费、纲要、两基、4%、质量、均衡、就业"。这 7 个关键词，6 个是两个字的词，"4%"在形式上也是两个字符，其中 4 个是名词词性，2 个是形容词词性，1 个是数词。这些关键词在形式上追求同一，在词性上也尽可能保持一致。在字数、词性、语义关系等方面，关键词在编写的时候，至少做到其中一项的统一，保证结构的统一性。

（二）马赛克式拼接主体

关键词新闻语篇的主要写作范式是关键词写作范式，此类写作范式是以词条展开形式进行叙事，关键词及其叙文构成一个单元共同体，既相对独立，又相互依存，共同对同一个论域进行叙述，每一个单元共同体是平行关系，犹如马赛克一样结合在一起，形成一个有机统一的整体。

关键词新闻内容是以一个独立的时期或事实为中心，对一些或典型或重大的事件或现象进行归纳，或者是从不同而又平行的几个侧面，逐个论述，以揭示某一中心内容，呈现出一种横向的结构。这些事件或现象，就新闻价值来说，并无很大差别，属于同一层次。因此，关键词新闻的主体部分被平均地分成几个分主体，以关键词为小标题，依次进行叙述或评论。

如《文摘报》2009 年 4 月 19 日的一篇新闻《关键词背后的民生》。

这篇新闻中选取了"新扶贫标准""医生兼职""消费券'发疯'""民意调查""蓝印户口""闲置公积金"等六个关键词，对每一个关键词作出评述，从这六个角度分析民生情况。这六个关键词分别统领一部分，正文内容完整、详细，每一个部分都能独立出来，成为一篇完整的新闻报道。如：

关键词：新扶贫标准

2009 年我国实行新的扶贫标准，将收入标准提高到年人均1196 元。这是在 2007 年 1067 元的基础上，根据 2008 年度物价指数作出的最新调整，并取消了将农村绝对贫困人口和低收入人口区别对待的政策。按照新标准，我国扶贫面将覆盖 4007 万人。

（《文摘报》2009 年 4 月 19 日）

这是《关键词背后的民生》一文中的第一部分，主要以"新扶贫标准"为中心展开报道。介绍了新扶贫政策的实行时间、实行内容以及实行结果，并包含有背景材料。短短的 100 字就包含了何时、何事、何地、何人、为什么和如何发生的新闻六要素，是一篇标准的新闻报道，可独立成文。

　　这些分主体彼此地位相等，是由一个中心生发出的若干个支干。彼此之间本身并没有联系，都可以独立成为一个语篇。新闻主体本身，是若干个语篇拼接而成。这些语篇来自同一个领域的不同方面，是从一定时期内这一领域所发生的时间或现象中抽取出来，经过作者的剪辑、筛选、增删、评论，最后整合在一起，构成一个新的语篇，传递一个完整的内容。这些独立的语篇并不是孤立存在，而是和更多的相关报道有着千丝万缕的联系。它存在于以其内容为线索的历时平面中，同时也存在于以其背景为主题的共时平面中。

　　如《上海金融报》2009 年 12 月 29 日的一篇报道，题目是《盘点2009 年中国经济关键词》，其中选取了"经济企稳回升""通胀预期""扩大内需""楼市'疯狂'复苏""人民币国际化""创业板上市""低碳经济"等 7 个词语作为关键词来评述 2009 年的中国经济情况。仅2009 年一年，以这 7 个关键词为主要内容进行报道的新闻篇目就多达上万条，更不消说经年累月的报道中那些多如牛毛的相关报道了。这些报道经过时间的沉积，已经成为与这篇报道互动共生的有效信息资源。该篇报道中的内容是作者对此前报道的重新整合组织而成。而当读者读到新闻内容时，读的也不仅是此时此地此篇报道的内容，还有浓缩、移位到这里的相关报道。这些文本与文本之间交叉渗透，使一连串的文本复活起来，从而帮助读者更好地解读文本。

　　关键词新闻是一种独特的"多元素结构"新闻语体范式，这种独特的"多元素结构"新闻语体范式内部的层次结构、内容成分结构不同于传统的新闻语体结构。

　　下面就通过分析关键词新闻文体的互文特点，从而进一步深入分析此类新闻语篇的构建与解读方式。

三　关键词新闻的互文特点

（一）互文空间关系

　　梵·迪克在其著作《作为话语的新闻》中，将新闻的图示结构表现在下图中：

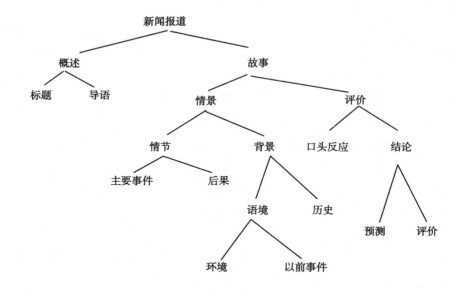

而根据上文对关键词新闻的文体特征分析，我们可以发现，关键词新闻语篇与普通的新闻具有不同的图示结构，是一种具有清晰、简洁的层级性文体结构，其层次关系可表述为下图：

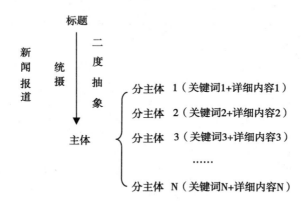

关键词新闻语篇主体本身，是由若干个分主体拼接而成。关键词新闻内容，并不是此篇新闻报道者的独有资料或原创内容，在他之前或之后还有更多的相关报道。他"或反驳此前的表述，或肯定它，或补充它，或依靠它，或以它为已知的前提，或以某种方式考虑它"。（巴赫金，1998：177）也就是说，新闻主体的每个分主体都与此前或此后的更多的相关报道产生对话，它深深地根植于广阔的社会背景和历史生活，从中汲取营养，丰富自身。而受众在读到这些内容时，对它的理解和接受，必然会受先前报道的影响，引起回忆和追溯。

关键词新闻报道的价值即在于此，即对其他相关报道的整合与摧毁，将所有有关报道纳入到自身表述范围，并同时将自己投射到整个文本空间中，已经变成了与以往有关报道交汇和互动的场所与空间，呈现出"互文性"的文本特征。

索莱尔斯曾说："任何文本都处在若干文本的交汇处，都是对这些文本的重读、更新、浓缩、移位和深化"（蒂费纳·萨莫瓦约，2003）。有关"互文性"，克里斯蒂娃（2010）表述为："任何文本的构成都仿佛是一些引文的拼接，任何文本都是对另一个文本的吸收和转换。"巴尔特认为"'互文'语言观，即文本的起源不是统一的作者意识而是多个不同声音、多个他人话语"（辛斌，2008）。而热奈特对互文性的理解较之前两者都更为具体，是指"一个文本在另一个文本的实际存在"（辛斌，2008）。

在对互文性以及先前学者对互文性的研究进行深入探讨之后，祝克懿（2010）将互文理论引入语篇研究中，并提出一种新的语篇互文性研究策略，即将函数原理运用到对互文关系的解释中，视"互文关系同于数学中的函数关系，是一种对应关系、映射关系"，从而提出了一种科学的、清晰的"描述语篇生成与理解的动态过程"的方法。用符号表示这种函数关系即是 $y=f(x)$。其中，f 表示交际动因，x 为当下文本集合，是变量；y 是源文本集合，是因变量（函数）。用此函数表示互文关系，即"交际动因不同，当下文本建构的需求意向不同，决定进入到当下文本中的源文本成分不同，进入的方式策略不同，文本整合呈现的随变面貌也不同"。

由此可以分析出一个语篇中，当下文本与源文本集合发生不同层次的结构互涉关系和不同层次的成分互涉关系。祝克懿（2010）已在其论文中运用此分析方法对一些语篇进行分析，揭示了文本生成过程。

运用函数分析方法对关键词新闻语篇进行分析，可以发现：

从语篇结构来看，有如下几个层次：

第一层：相关新闻背景；

第二层：阐述性话语≒相关新闻背景；

第三层：具体关键词≒（阐述性话语≒相关新闻背景）；

第四层：标题≒｛具体关键词≒（阐述性话语≒相关新闻背景）｝。

其中，标题与具体关键词和阐述性话语之间，具体关键词与阐述性话语之间的关系表现为在同一文本空间内的互文关系。

而与"相关新闻背景"之间的关系表现为与其他文本空间的互文关系。这种它互文关系表现在很多方面，首先是与具体关键词产生和发展的理论与实践空间发生联系；其次是与由标题锚定的同一论域内其他关键词之间产生呼应，这种呼应又包含历时呼应和共时呼应两种类型，从而提纲挈领地反应此领域的发展与变化。

（二）语义互文关系

从语篇内容成分来看，大致具有如下互文关系：首先是标题中的只表示概念义的"关键词"与具体关键词之间的抽象与具体的互文关系；其次是阐述性话语对具体关键词的阐述、解释、证明、评价等等所产生的语义关系；最后是阐述性话语与相关的文本集合之间的各种互文关系。

以《人民日报》2008 年 10 月 16 日的一篇新闻《解读医改意见六大关键词》为例：

解读医改意见六大关键词

关键词一　公益性事业

医改意见将医疗卫生事业定位为一项公益事业，明确政府在医疗卫生事业发展中的责任和职能。

北京大学教授李玲说："医改的《征求意见稿》确实体现了我国医疗卫生体制改革的一个价值取向，那就是强化政府在基本医疗卫生制度中的责任，维护公共医疗卫生的公益性，这是医改的基本点。"

中国人民大学副教授王虎峰认为，医改意见明确了我们不搞免费医疗，同时又通过对公共卫生和公立医疗机构的投入以及建立多层次的医疗保障，形成有别于国外以免费医疗或者商业保险为主的医疗模式，明确了制度框架，勾画了体制模式的雏形。

关键词二　全民医保

意见中提出，"随着经济发展，逐步提高筹资水⺀和统筹层次，缩小保障水平差距，最终实现制度框架的基本统一"。北京大学政府管理学院教授顾昕认为，意见中提出了建立覆盖城乡居民的基本医疗保障体系，将农民和居民、城镇和乡村合一，为医保体系建设指出了方向。

在医改意见中，把农民工看作职工，他们的医保有了两个选择：一是在原先的居住地，一是务工所在地。对农民工来说，一般都是从相对落后地进入经济相对发达的地区去打工，他们在务工地参加医疗保险，能够获得比较高的医疗保障水平。专家认为，如果真正能解决好流动人口的医保问题，异地医保的问题也就随之解决。

关键词三　公立医院改革……

关键词四　公共卫生服务均等化……

关键词五　建立基本药物制度……

关键词六　医药分家……

（《人民日报》2008 年 10 月 16 日）

1. 不同层次的结构互涉关系

此篇新闻报道的最底层是专家、教授等相关人员的意见及医改的《征求意见稿》等新闻背景。六个关键词的叙文属于同一个层次，是从此篇新闻报道背景中提取出来的内容，是此篇新闻报道的基础，它们相互独立，且彼此之间没有语义和形式上的连贯。六个具体关键词"公益性事业""全民医保""公立医院改革""公共卫生服务均等化""建立基本药物制度""医药分家"是第二层次，统摄六篇叙文，形成一对一的单元共同体。标题是最高层次，将六个单元共同体纳入一个语篇内，从而构成一个完整的语篇结构，构建出记者王君平在《人民日报》上发表的文章《解读医改意见六大关键词》的结构。

2. 不同层次的成分互涉关系

首先是标题"解读医改意见六大关键词"与文章主体之间的语义概

括与被概括的互文关系；其次是标题中的"医改意见"与"医改的《征集意见稿》"的简称与被简称的语义概括关系；第三是标题中只具有概念义的"关键词"与文中的六个具体关键词的抽象与具体的语义关系；最后是标题中的"医改意见"与文中多处"医改意见"的复现关系。这些内容之间的互涉关系，共同构建了记者王君平在《人民日报》上发表的文章《解读医改意见六大关键词》的内容。

其中，六个具体关键词与阐述性话语能够独立形成新的文本，这些文本之间的内容成分处于平行关系，只具有平行的横向互涉关系，不具有自上而下的纵向互涉关系。通过六个具体关键词形成的话语场平行组合在一起。因此，它们处于同一层次，应分别进行成分互涉分析。继而整体通过"标题中只具有概念义的'关键词'与文中的六个具体关键词的抽象与具体的语义关系"与"标题中的'医改意见'与文中多处'医改意见'的复现关系"，与更高层次的文本发生关系，从而形成语篇整体。

如当下文本"关键词一　公益性事业"，其直接源文本集合是有关医改的《征求意见稿》中与"公益性事业"有关的医改条例及相关事件。由于此文本与其他五个平行文本共同组成文本 A《解读医改意见六大关键词》，因此，可以将这些平行文本称为 A_1、A_2……A_6。对文本 A_1 进行不同层次的成分互涉关系分析如下：

首先，记者王军平在《人民日报》上发表的文章《解读医改意见六大关键词》中的第一个关键词"公益性事业"及其阐述性话语。

其次，"公益性事业"与"医改意见将医疗卫生事业定位为一项公益事业，明确政府在医疗卫生事业发展中的责任和职能"的解释与被解释的语义关系。

再次，北京大学教授李玲说："医改的《征求意见稿》确实体现了……这是医改的基本点。"与文章主体属于有标记引用关系。

复次，"医改的《意见征集稿》"的具体内容与"（北京大学教授李玲说：'医改的《意见征集稿》）确实体现了我国医疗卫生体制改革的一个价值取向，那就是强化政府在基本医疗卫生制度中的责任，维护公共医疗卫生的公益性，这是医改的基本点。'"的评述与被评述的语义关系。

最后……

其他五个文本，也可对其进行如上分析。

除了以上列举出的互涉关系之外，往下继续分析，仍然存在着更细密、更深层次的互涉关系，在此就不再一一列举。从对《解读医改意见六大关键词》的互文关系分析可以看出，这篇文章的建构基础是医改的《征求意见稿》及其相关事件。作者通过提取专家、学者、社会公众的反应、评论等对该事件进行二次总结概括，遴选出六个关键词作为解读医改《征求意见稿》的指向标；继而再用事件背景进一步阐述六大关键词，形成一个双向建构——解读机制：

事件　　→　提取信息 →　总结概括信息 →　具体关键词

解读↑————————————————————————↑建构

这种机制将此类新闻语篇的产生与解读投射到了整个社会与文化背景中，形成一个立体的网络空间结构，在解读文本的同时，作者和读者同时在建构文本，这打破了传统新闻语篇的线性规约与作者和读者身份的制约，提供了一种更具生命力的新闻文体范式。

第四节　关键词在关键词新闻中的功能

关键词新闻以关键词为标题、主题、分题、话题等的新闻文体类型。此类新闻文体是以关键词为主要叙述线索，使特定领域内的知识、概念有序化，形成一个辞典化的知识集合体，从而进行新闻报道或评论的新的新闻范式。以相似性为类化特征，此类新闻文体集合发展出集束性的新闻语体特征，逐渐固化、类型化为新闻语体的下位类型。

关键词原本是学术论文的一个组成部分，新闻写作者将其融入新闻写作当中，不仅充分利用了关键词"表示全文主题内容信息"的作用，而且还赋予了关键词作为新闻报道载体的独特功能。

一　文本关键词的信息解读功能

（一）信息凸显作用

"新闻作品的篇章结构在首先交代清楚基本新闻事实的前提下，要突出有新闻价值的核心部分。"（李元授、白丁，2001：143）这就要求文章要将最核心的信息放在突出的位置。

关键词新闻大多是选择最具代表性和说明性的重要概念，对某一领域或时间段内的某一事件的概括评论，凸显有关事实最具新闻价值的部分。这些概念以关键词的形式表现出来，因此，关键词就成为新闻报道中的核心部分，在整个新闻语篇中居于主要地位。一般来说，新闻作品会以独特的方式将其凸显出来，如改变字体、字号，加粗加黑，或者是直接独占一行，使之处于醒目的位置。如此一来，受众在阅读报纸时，能够迅速准确地锁定新闻内容，从而进行有所取舍的阅读，经济实用。

如 2007 年十七大召开期间，胡锦涛同志的十七大报告，洋洋数万字，内容涉及方方面面，普通受众很难准确快速地抓住报告的主要信息。而《解放日报》发表了一篇名为《十七大报告新提法新表达》（2007 年 10 月 17 日）的专题报道，记者将胡锦涛同志在十七大报告上的许多新提法、新表达进行了初步梳理，提出了八个发生变化的"关键词"，即"发展""道路""制度""人均""生态""统筹""五化""经济发展"。这八个关键词充分凸显出了胡锦涛同志报告中的创新点及重要内容，将报告的主旨精神传达给了每一个受众。这些关键词凸显核心内容，因此自身在表现形式上也有所体现。在版面设计上，八个关键词用黑体、加粗、居中、独占一行等方法得到凸显。

（二）信息概括作用

"新闻是一种图式，以一幅幅画面再现外部世界，让人们认识千姿百态的生活。"（刘建明，2007：75）而关键词，就是这一幅幅图画的标语，是对事件或现象最高度的概括。

一个新闻事件往往包含许许多多的内容，这些内容纷繁芜杂，新闻工作者通过各种新闻书写将其展现给受众。为了将最重要的信息或新闻事件的不同方面以最快速、最简明的形式传达给受众，就需要有高度的概括和总结，关键词就具有这样的功用。

如《新民晚报》2007 年 12 月 3 日的一篇文化报道《三十年风尚关键词》，记者钱亦蕉用"跟我学（Follow Me）""《少林寺》""山口百惠""春节联欢晚会""《我的中国心》""录像厅""彩票""卡拉OK""BB 机""分账大片""甲 A 联赛""《大话西游》""Internet""韩流""MBA""贺岁片""网游""唐装""海归""iPod""超女"

这 21 个词语，总结了新中国改革开放 30 年以来在流行时尚界的发展变化及独特的文化现象。每一个词语都充满了时代的印记，都代表了一段时期内中国人民的文化生活内容。

而报道同一领域的不同关键词新闻，所有的关键词形成纵向聚合，就能够直截了当地概括总结出特定领域或时期的发展变化。

如人民网就在 2005 年至 2010 年上半年针对中国楼市发表多篇文章：

《2005 年中国楼市十大关键词》为："国八条""取消房贷优惠利率""集资建房""营业税""提前还贷""房价成本清单""固定房贷利率""期房预售""房贷证券化""退房潮"。

《年终聚焦楼市：2006 年房地产市场调控十大关键词》为："升息""提高首付""90/70""廉租房制度""问责""全额征收营业税""个人所得税""土地闲置费""外资核准""土地提价"。

《热点关注：年终盘点 2007 年中国楼市九大关键词》为："住房保障""热销抢购""价涨量跌""买新房只能到郊区""小产权""股市 PK 楼市""新特区""节能房""拐点"。

《盘点 2008 楼市八大关键词》为："观望""降价""救市""退房""利率剧降""二套房贷""创辉事件""交易萎缩"。

《2009 年十大楼市关键词出炉 房价飞涨高居榜首》为："房价飞涨""蜗居""保障房""二手房""低碳""丈母娘需求""二套房贷""轨道地产""楼脆脆""迪拜危机"。

《年终盘点：2010 年房地产业五大关键词》为："调控""保障房""房产税""央企退出""加快周转"。

六篇关于中国楼市的报道，深刻阐释了每年中国楼市发生的变化、遇到的问题以及得到的教训与解决方案，对中国楼市进行了全面而系统的总结，对分析中国楼市的发展变化极为重要。

（三）信息记忆作用

我们每天要面对不断涌现、更新的新闻内容，长篇累牍的新闻报道有碍于读者对主要新闻信息的掌握，这就出现了新闻语篇的倒金字塔格式、一句话新闻、标题新闻等等对有效记忆新闻内容的方法的探索。关键词写作范式就是对提高记忆新闻内容效率的一种有益尝试。

英国脑神经学家彼得·罗塞尔在其著作《大脑的功能与潜力》（1988：157）中认为，人们在记忆和回忆信息的时候，那些意味深长的词很容易记住，在阅读时，也会无意识地记住比较难忘的词，其余的资料一般在一两秒之后就忘记了。这些最值得记忆并在无意识下记住的词，就是关键词。罗塞尔在论述中充分肯定关键词之于人的记忆与回忆的重要意义，"它们能把很多信息'锁'在记忆中，同时也是打开回忆概念的'钥匙'"。并且追溯远古时期的书面语言作为佐证："早期的书面语言包括较高比例的关键词，这大概是因为缺乏抄写的材料。抄写只限于在石头上雕字或写在树皮或干树叶上，因此必须尽可能有效地用词。……如果我们再追溯到古印度的梵语，我们会发现它的句子几乎都是关键词。"也有研究表明，记住关键词是对付遗忘的好办法。也就是说，选择关键词去记住所听到的话的内容，能够更可能多地回忆起所听到的内容，并能够大大增强对它的理解。在探讨记忆法的书籍中，也多有提到"关键词记忆法"。

罗塞尔在讲到"记笔记"这一记忆与回忆共同参与的活动时，提到一种以关键词为制作核心的"记忆图"方法。之所以以关键词为核心，是因为"所要回忆的是关键词，应该提炼和记录的也是关键词。在选择关键词时，人们要主动与信息接触。他不是半意识地把材料简单地抄下，而是立即注意到这些概念的意义和重要性，分析它们，在它们之间形成表象和联想。这样的记忆过程有极大的帮助"（彼得·罗塞尔，1988：159）。

可见，关键词能够帮助人类迅速地记忆信息或回忆信息。在记忆信息的时候，对信息进行了主动处理，可以加深对信息的理解并进一步提高对信息处理的深度；基于关键词的回忆，"可加强联想并导致概念向主题的自然群集"（彼得·罗塞尔，1988：161）。

关键词是对新闻内容的最高度的概括，是新闻内容最主要、最核心的表征，并以独立明显的形式出现在语篇中，在读者无法完全记忆新闻内容时，新闻语篇中的关键词就有助于读者在阅读过程中记忆信息以及阅读结束之后联想回忆信息。

（四）解读导向作用

新闻以报道、解说事件为主，覆盖范围广阔，面向大众，公开传播多种内容，既是信息工具，又是反映舆论、引导舆论的工具。"新闻媒介每日都在引导群众认识各种社会现象，吸引公众按照媒介的意见思考，并接受媒介的主张形成新的舆论。"（刘建明，2007：280）因此，新闻报道在很大程度上，指给了读者解读信息的一个方向。

人们对待特定事物的本质的认识，即科学概念的内容，并不是单一的、无条件的，而是多方面的、有条件的。每篇新闻报道对社会文化文本都有不同的解读，解读的目的也各不相同，从而会进行不同的解构和建构，对同一现象会产生不同的观点与认知，这样就会产生从多个不同角度不同方面对同一问题进行不同的总结概括，引导读者从不同的视角进行解读。

如有关中国2009年的楼市问题，不同的报刊和记者有不同的分析角度，概括出的关键词也就不同，从而提供给读者的视角也不相同。

《工人日报》是面向全国广大职工和工会工作者的综合性报纸，是中国工会和职工群众的喉舌，反映广大职工群众的利益和要求，替职工群众说话，为职工群众服务。因此，其发表题为《2009年中国楼市关键词盘点：地王及蜗居等入选》的楼市新闻总结出的2009年楼市关键词，首先指出了楼市的畸形繁荣与购房隐忧苦涩之困局的"地王""排号费""蜗居""楼歪歪""六连号""奢侈""无力""投资""保障房"；然后是中国楼市走出困局的破解之道"国四条""执行力""看涨""五年"；最后是向读者展示光明的未来，赋予广大工人阶级以希望的"放宽""保障计划1540户""打击囤地"和"二次房改"。全文既有对全民住房困局的批评，也有国家政策的宣传，正确引导读者解读房地产市场在2009年的发展状况。

《解放日报》作为省级党报从上海本地情况出发，发表《2009年楼市十大关键词》为："降价促销，收效显著""资金雄厚，地价升高""需求不减，成交放量""预期乐观，房价上扬""两区合并，南汇收益""迪斯尼落沪，板块惜售""保障型住房，两区试点""回报率低，高档房热销""捂盘惜售，尚未控制"和"楼房倒覆，万科接盘"。十个关键词，二十个词语，一片和谐赞扬之声，突出表现了上海房地产市场的交投活跃，使读者对房地产市场充满信心，但是却忽视了房地产市场的各种弊病和困局。

新闻中总结出的关键词是某一新闻事件中具有核心意义和指示性的词汇系统，特定时期、特定领域的发展变化集中表现在新闻关键词的解构与建构中，体现在新闻报道者对关键词的思辨、讨论和表述中，也直接影响读者对某一新闻事件的理解与思考。

二　文本关键词的语篇衔接功能

（一）篇内衔接

新闻作者用"关键词+详细叙述"向读者构造了一个个片断性的图景。由关键词统领的各部分就像搭积木一样，各板块相对独立，可单独成为一个文本，多一块少一块在结构上并不影响整体效果，但却统摄于一个标题之下，是对标题的扩展。关键词是对分主体的一度概括，标题是对关键词的二度概括。标题和关键词是类属关系，标题与关键词可单独组合成一个文本，关键词统领的分主体可以成为背景材料，是"帮助读者进一步了解新闻的内容，衬托和反映出新闻的重要性"（李元授、白丁，2001：144）。

从内容上看，新闻事实之间总是相互联系的，反映到新闻作品的篇章结构上就是衔接问题。同时，由于语篇宏观结构的制约，前后内容不能彼此毫无联系，而是要以各种联系相接在一起，先构成语篇各级局部结构，各种微语篇，最后一层层衔接构成一个语篇整体（廖艳君，2006：43）。在关键词新闻中，各个独立板块之间没有传统意义上的新闻语篇的衔接方式，如人物引语连接、新闻背景材料衔接等，而是要利用关键词作为外部衔接手段，将一个个独立的个体连接成一个完整的新闻语篇。关键词与其统摄内容共同构成新闻的分主体，成为微语篇，然后由于关键词统摄于同一个话语场，从而将微语篇结合在一起，成为一个整体。如：

2010 春夏流行关键词

国际四大时装周上的 2010 春夏系列已呈现出多样的潮流趋势。

那么，对于今年春夏季，到底什么才是值得女人掏钱买单的呢？不妨从以下关键词中一窥究竟。

透视性感

极薄的叠层是从来没有消退过的流行趋势，通过轻薄面料和诸如裸色等自然色来表现，彰显女人的性感魅力。2010春夏T台的大多数品牌系列都使用了透薄的面料，比如Marc Jacobs、GianfrancoFerre、Dolce和Gabbana和Valentino等，它们展示了许多轻盈的薄纱、雪纺和透明硬纱的叠层。John Galliano创造了各种方式呈现的透薄的袖子和透视感裙装；Miu Miu的新系列使用了透薄的面料是为了突出刺绣装饰的美，最具代表性的设计当属紧身薄纱裙，上面有大量刺绣和珠宝的装饰。

印花裤袜

请大胆地使用印花或图案，今年春夏将是一个花花世界。兼具上世纪70年代感和东欧民族感的传统佩斯利花纹会非常流行，比如温婉地铺在花枝中的肉粉色玫瑰。格子的回归非常重要，变化的尺寸和图案形成一种错配的效果，具有一种"坏品味"的故意效果。这一趋势越古怪越好，比如有天鹅、建筑感的线条、50年代的时髦绘画和故事书中的动物，而不仅仅是述说一个朋克皇后的故事，或者把不同尺寸的点子、花卉进行混搭，具有超现实主义的感觉。

万能牛仔

牛仔依旧是永恒的流行品，许多设计师在保留牛仔原有的优势之外又加以创新。牛仔裤可以说是每个mm衣橱必备的单品，简约的款式轻松百搭，而且畅通四季。它始终不受流行文化的左右，而是不断地超越流行。美国时尚小说家Lauren Weisberger在《穿普拉达的女魔头》中曾多次提到7 for all mankind，并将其称为时尚杂志办公室的唯一许可牛仔裤。它被时装编辑们称为"混搭圣品"。因为神奇的提臀直腿魔力，舒适好搭的特性使时尚的牛仔裤也渐渐成为了办公室通勤装搭配的"万能"单品之一。

（《新民晚报》2011年1月22日）

上例中的后三段文字各自独立成篇，彼此既没有语言形式上的衔接，也没有语义内容上的连贯，分别与关键词"透视性感""印花裤袜""万能牛仔"构成微语篇。由于关键词"透视性感""印花裤袜""万能牛仔"同属于"流行元素"这一话语场，因此，其阐述的内容通过关键词取得了联系，从而组成一个完整的语篇。

（二）篇外衔接

关键词新闻的内容大多是总结式新闻，自身内容完整却不封闭，新闻中的大部分内容具有潜在信息性，是对此前信息的指涉，也是对此后信息的启示。关键词作为衔接机制，将单篇独立的新闻报道与更广阔的新闻报道世界联系起来。

关键词新闻的报道者的作用只是将特定时期或领域的显著现象提纲挈领地表述出来，对相关信息进行选取、筛检、增删，重新整合旧有信息。报道者在新闻传输过程中的地位大大降低，他的作用只是向读者提供线索，由这些线索在读者的阅读中产生更多的文本。对新闻报道进行解读，要依靠读者自身对该报道的背景知识储备。

本章小结

关键词新闻是在新闻语体发展过程中，为了适应当代社会大众传播的发展而产生的一种独特的新闻语文体式。

本章首先对新闻文本关键词进行界定。新闻文本关键词是文本关键词的下位类型，是指直接参与新闻语篇构成的文本关键词，对新闻语篇的内容和形式构成都起到重要作用。新闻文本关键词与学术文本关键词都是文本关键词的一种，它们之间既有联系，也有区别。新闻文本关键词较之学术文本关键词，选词数量不定，可多可少；选词自由；往往以单独的形式出现，统摄叙文，较少以关键词群的形式单列一行；而且是组篇成文的必有成分。

本章第二节对关键词新闻进行界定和发展过程梳理。关键词新闻是运用关键词写作范式进行撰写的新闻语篇，关键词写作范式是由多个充当词目的"关键词"及其叙文组成的单元共同体组合而成。根据关键词新闻中关键词及其叙文构成的单元共同体的作用，关键词新闻可以下分为三种类型：并列组篇式关键词新闻、外接式关键词新闻和内蕴式关键词新闻。这三种关键词新闻的典型性逐渐降低，组篇式关键词新闻是运用关键词写作范式进行撰写的最为典型的类型，因此本章主要研究组篇式关键词新闻。内蕴式关键词新闻是非典型性关键词新闻。

在对关键词新闻进行界定之后，基于大量的语料，以新闻文体类型为视角，从历时和共时两个层面对关键词新闻在不同新闻文体类型中的发展状况进行描写分析，发现关键词新闻经历了一个由少到多、由单一文体类型到多样文体类型的发展过程，并且，此类新闻语篇主要集中于需要报道全面信息的通讯类报道以及要求深刻性的评论性报道，特别是针对需要全方位、深层次、多角度解读的重大事件，更需要提纲挈领地提取关键词并对其进行阐述。

本章第三节主要分析关键词新闻的语篇特点。关键词新闻与普通消息类新闻的语篇结构不同，关键词新闻语篇主要包含两个部分，即标题和主体，部分语篇含有导语和结尾。因此，首先分析了关键词新闻的标题特点与主体特点。关键词新闻的标题具有高度概括性和从属性，却不具有独立性，也不表述新闻的具体内容。关键词新闻的主体结构形式整齐划一，关键词新闻的主体部分被平均地分成几个分主体，以关键词为小标题，依次进行叙述或评论，形成马赛克式的拼接主体。

然后重点分析了关键词新闻的互文性特征。关键词新闻最重要的创作价值在于对其他相关报道的摧毁、整合，将处于同一论域内的所有信息纳入当下文本当中，并同时将自己投射到整个文本空间中，已经变成了与以往有关报道交汇和互动的场所与空间，呈现出"互文性"的文本特征，形成一个双向建构—解读机制：

事件→提取信息→总结概括信息→具体关键词

解读↑————————————————→↑建构

本章的最后一节重点讨论了关键词新闻中的文本关键词的功能。文本关键词在关键词新闻中，既有信息解读功能，又具有形式上的语篇衔接功能。

　　关键词在关键词新闻中往往单列一行，并加有形式标记以作区别，故能凸显新闻信息的核心内容；另一方面，关键词以简短的语言形式表征了特定论域内最主要、最重要、最核心的信息内容，故能起到概括、总结新闻信息的作用。由于词语是人类记忆和回忆信息时最不容易忘记的语言单位，因此，以凸显形式单独标识出的关键词，更有利于读者记忆和回忆新闻的主要信息。最后，由于关键词新闻是以关键词为纲进行叙述的写作手法，选取关键词是写作的第一要义，新闻是反映舆论、引导舆论的工具，不同的新闻写作者出于不同的目的，对同一事件所选取的关键词也不同，从而达到引导读者解读新闻信息的作用。

　　关键词在关键词新闻中的语篇衔接功能主要表现在两个方面，一是篇内衔接。关键词新闻的结构模式是多元素结构，全篇的叙述不是传统的线性叙述，而是由多个单元共同体并列拼贴而成。每个单元共同体之间并不具有语言形式上的衔接与语义上的连贯，这些单元共同体之所以能够聚合成一个完整的语篇，是因为统摄叙文的关键词之间具有形式上的衔接与语义上的连贯，它们之间具有结构上的相似性和同属于同一个论域的语义概念，因此，将分散的单元共同体组合成一个完整的语篇。二是篇外衔接。关键词新闻最大的特点在于对已有信息的摧毁与整合，每一个关键词既统摄其叙文，同时也向读者提供了获取相关重要信息的入口，关键词连接着以它为核心的所有文本集合，将读者的视野投入到广阔的文本集合当中。

　　关键词新闻是一种新的新闻语体范式，能够更有效集中地传达新闻事件，且其语体结构和特征都是对传统新闻语体的一种超越和补充，具有较高理论价值和实践价值，值得我们进一步研究和发展。

第六章

结　语

本书以系统功能语言学与篇章语言学为理论基础与指导思想，将传统的衔接连贯理论与互文性理论结合在一起，运用大量的语言事实描写与数据统计方法，从语言学角度对关键词进行系统全面的分析研究，探讨文本关键词的语篇解读与建构功能。

第一节　本书主要内容和观点

文本关键词是一种在近二十年里兴起却极有增长性的独特类型，它广泛存在于科学技术文献、新闻报道与书籍著作当中，从形式结构到信息内容都参与语篇的整体构成，是一种不仅具有词汇意义还具有语篇意义的词语类型。

本书主要分为两部分，第一部分是关键词的本体研究，第二部分是关键词的实例应用分析。

一　关键词的本体研究

从关键词的功能来看，关键词主要分为四类：密钥关键词、索引关键词、检索关键词与文本关键词。关键词是一种表征核心内容、具有重要意义的词语。前三种关键词类型在自然科学领域十分重要，是图书馆学、情报学、信息科学和计算机科学的研究重点之一。在密码学中，密钥关键词是解开暗号或密码的重点；在图书馆学和情报学中，索引关键词是表征文献的主要内容；在计算机科学中，检索关键词是获得信息的重要手段。文本关键词是关键词在人文科学领域内的发展，从表征文献主要内容，发展到表征某一论域的核心内容，从词语的指称意义发展到词语的语篇意义，参与语篇的构成，成为人文学科一种新的、极有增长性的语言现象，显示了研究的科学意义和实践价值。

文本关键词无论是存在于学术论文语篇中，还是新闻报道或书籍著作中，它都是一个相对独立而又处于不同层级的语篇单位，是语篇整体的有机组成部分。本书结合传统的衔接与连贯理论和西方的文本理论——互文理论，考察了文本关键词与语篇整体及其他组成部分之间的联系。

首先，本书对关键词整体进行了本体研究，梳理了关键词的发展过程，并从功能角度，对关键词进行了分类：密钥关键词、索引关键词、检索关键词和文本关键词。由于关键词与我们常见的标题、主题词、流行语和热词之间既有相似之处，又有很大的不同，因此本书通过将关键词与后四者进行对比，从而归纳出关键词的类型特征，并从语言学角度对其进行定义：关键词客观存在于且仅存在于特定论域空间内，向上具有阐释性，向下具有统领性，具有稳定的语言形式与语义内涵，其客观所指通常为一个概念、现象或事件。

其次，本书注意到一个新兴的、广泛应用于新闻与书籍写作当中的写作范式，即通过选取关键词，并对关键词所代表的某一论域进行叙述，形成"关键词+叙文"的组篇形式。这种写作范式，本书定义为"关键词写作范式"。这种写作范式是基于词典体发展而成的，最早由英国学者雷蒙·威廉斯用于文化批评写作，形成"关键词法"，继而发展成为欧美国家一些学者编写教材的一种方法。关键词写作范式在国内被广泛应用是在雷蒙·威廉斯的"关键词法"被介绍到中国之后。伴随着欧美理论书籍的译介传播，关键词写作范式才如火如荼地发展起来。在我国，与欧美国家一样，"关键词写作范式"也是先被用于理论书籍的写作，以关键词为纲，以对关键词的叙述为纬，对某一学科领域进行梳理、论述。我们收集到的著述就有 173 本，如汪民安主编的《文化研究关键词》就是以 153 个关键词为纲，以对关键词的叙述为纬，形成 153 个单元，集合构成了长达 60 万字的学术著作。而后"关键词写作范式"从学界进入更广阔的普通生活当中，成为一种具有蓬勃生命力的写作范式。运用于艺术创作、较为典型的词典体小说是韩少功的《马桥词典》。

　　这种写作范式是从词典体发展而成，关键词与其叙文的关系同词典、百科全书中的词目与释文的关系相似，但又有很大的不同。这些不同正是关键词写作范式的重要特点。本书通过二者的对比，总结出关键词写作范式的特点：选词贵专贵精，关键词之间平等且有机关联，编排可依据内在逻辑。叙文的表达方式与写作内容多种多样、灵活多变，允许作者由个人创作，并取决于作者的个人背景与写作目的。而"词目＋释文"的写作特点是求全求备、彼此孤立，按照音序字顺排列词条，释文撰写必须客观陈述，运用科学的语言和科技文献体例，最大程度降低撰写者的个人主观成分。

　　关键词写作范式相较于传统的写作范式具有很明显的优势。它能够更好地组织信息，概括信息，对信息进行深度加工，用最简单的语言形式有效地发挥文献的最大信息量。并且，每一个关键词都是进入相关论域的一个切入口，是对相关论域纵切面的一个剖析，通过它，能够迅速进入论域的核心。关键词写作范式还构成开放性文本。运用关键词写作范式进行书写的语篇，由于是由"关键词＋叙文"构成的各个单元共同体组合而成，因此，彼此之间相互关联而又相对独立，读者不必按照传统的阅读方式从头至尾顺序阅读，而是可以根据自己的需要从任何一个关键词切入进行阅读，而不影响文本解读，读者被赋予了开放、自由的阅读空间。另外，作者运用散点透视的写法进行写作，具有全知性，是一种非聚焦型叙事视角，这就提供给作者以灵活、开放的写作空间。关键词写作范式是一种空间性写作范式。关键词写作范式的层级性以及关键词之间构成的环形空间，是一种基于空间而非时间序列的写作方式，读者不再是通过一个个的动作序列来解读文本，而是打乱时间让读者从空间去解读文本内容。

　　关键词写作范式凭借其自身的优点，越来越受到学者、作者和读者的喜爱，被广泛应用到写作当中。

二　文本关键词的实例应用研究

　　在对关键词的本体以及由关键词发展而来的关键词写作范式进行了描写与分析之后，本书接下来进行了两个应用研究，分析学术语篇中的文本关键词和运用关键词写作范式进行创作的新闻语篇及其中的文本关键词。

（一）学术文本关键词

学术文本关键词从形式到内容，都参与学术论文语篇的构成。学术文本关键词是学术论文语篇的前置部分不可缺少的一部分。国家相关标准文件都规定学术论文必须标引关键词，且位置固定，位于摘要之后、正文之前，是学术论文规范化的一个重要参考指标。

本书在综述了前人对学术文本关键词的研究之后，发现对学术文本关键词的本体研究还很不充分，从而不能从本质上解决关键词的标引问题，不能以科学、严谨、具有说服力的研究成果证明标引原则的可行性与必要性，并在一定程度上阻碍了有关学术文本关键词的应用开发研究。

本书认为学术文本关键词对学术论文语篇有两大功能。

1. 信息概括功能

关键词是对学术论文内容最高度的概括凝练，是处于提炼信息的最顶端。学术文本关键词、标题、摘要和正文，构成一个以正文和参考文献、注释共同组成基座的金字塔结构，从上至下依次为关键词、标题、摘要和正文。从下往上，内容越来越精炼、越来越核心；从上往下，内容越来越丰富、越来越充实。它们之间充满了互动共生、环环相扣的关系。所以说，关键词之所以为关键词，就是因为它是文本内容最核心、最精华之所在。

学术文本关键词的提取表现出明显的名词化倾向，这有利于关键词对学术论文内容的概括——用具有指称功能的名词表示事物、过程、现象、结论、关系等。一般来说，关键词表征学术论文的研究对象或范围、研究方法或理论、研究目的及意义、研究结论或结果四个方面，每一方面又可分为若干个下位范畴。关键词群内部的排列顺序一般是：研究对象或研究学科领域范围→研究成果→研究方法→其他研究对象→其他关键词。这一顺序最为符合人们的认知规律与认知期待。

不仅如此，学术文本关键词群内部各关键词之间还表现出一定的逻辑语义关系。按照这些逻辑语义关系看关键词之间的关系，能够帮助读者获取关键词之间的关联性，以最小的努力获取最大的信息量。本书总结了 16 种语义关系。

2. 语篇建构功能

学术文本关键词不仅对学术论文语篇有概括提炼的作用，对学术论文语篇还有一定的建构作用，特别是摘要语篇。传统的系统功能语言学提出的衔接连贯理论主要探讨的是只具有单一层级的语篇内部字、词、句（小句）、段落等之间的衔接与连贯问题，较少讨论多层级语篇，层级与层级之间的衔接与连贯问题。关键词与摘要处于学术论文语篇整体的不同层次，它们是语篇整体的一部分，彼此之间也存在形式上的衔接与语义上的连贯。本书在对传统的衔接与连贯问题特别是词语衔接研究的基础之上，将互文视角引入对衔接与连贯问题的分析当中，打破局限于单一层级语篇内部的传统衔接连贯视角，立体分析了学术文本关键词以词汇衔接手段与其他语义手段进入摘要语篇、建构摘要语篇的方式。

基于以上对学术文本关键词概括与建构学术论文语篇的分析，从语言学角度提出了 5 条提取关键词的原则，即选取指称性较高的词语，标引学术论文的 5 个核心内容，按照逻辑顺序进行排列，增强关键词之间的逻辑关系以及易于标题和摘要的建构。

（二）新闻文本关键词

本书最后重点研究了运用关键词写作范式进行撰写的新闻语篇，以及此类新闻语篇中的文本关键词。

运用关键词写作范式进行写作的新闻，本书称为关键词新闻。此类新闻产生于 20 世纪 90 年代末，短短 20 年间，此类新闻数量有大幅度提高，且运用到各类新闻报道当中，呈现出蓬勃发展的良好局面。

根据"关键词+叙文"构成的单元共同体在新闻写作中的作用，此类新闻类型又可以分为三类：并列组篇式关键词新闻、外接式关键词新闻和内蕴式关键词新闻。并列组篇式关键词是若干个关键词及其叙文平行拼贴，组成新闻语篇主体；外接式关键词新闻是关键词及其叙文外接于新闻主体，属于新闻正文的副文本；内蕴式关键词新闻是指只有关键词参与语篇内容构成，而没有对关键词展开叙述，关键词在形式与内容上参与语篇构成的方式都与前两者相异，是一种非典型性关键词新闻。由于并列组篇式关键词新闻是最为典型的运用关键词写作范式进行撰写的新闻，因此本书主要研究并列组篇式关键词新闻，辅之后两者比较分析。

　　关键词新闻语篇与普通的新闻语篇大不相同。关键词新闻语篇，整篇新闻是一个整体，由标题概括新闻的主要内容。主体被平均分配为几个平行并列的分主体。这些分主体的格式与内容具有完整性和单一性的特点，并各由一个关键词统领。关键词与分主体一起，对标题具体展开叙述。其中标题为根，内容为花，而关键词就是连接根与花的茎脉，是一种典型的"多元素结构"新闻语体范式，表现出独特的语体特点。

　　关键词在关键词新闻中起到信息解读和语篇衔接的作用。它可以凸显新闻主要信息，总结概括新闻核心内容，并有利于读者记忆和回忆新闻信息，有利于新闻写作者选择有倾向性的内容引导舆论。另一方面，关键词将各个独立的信息单元共同体衔接起来，构成一个完整的新闻语篇，并与篇外更广阔的新闻文本发生联系，向读者提供获取更多有关信息的切入点。

　　本书从语言学角度，运用多种语言学理论对关键词进行了系统的研究。并以学术论文语篇和新闻语篇作为实例，重点研究了文本关键词的语篇功能。

参考文献

辞书类

辞海编辑委员会编纂，2010，《辞海》（第 6 版），上海辞书出版社。

大辞海编辑委员会编纂，2011，《大辞海·语词卷》，上海辞书出版社。

来新夏主编，1991，《图书馆学情报学档案学简明辞典》，南开大学出版社。

沈孟璎编著，2009，《新中国 60 年新词新语词典》，四川辞书出版社。

王绍平编，1990，《图书情报词典》，汉语大词典出版社。

王向峰主编，1987，《文艺美学辞典》，辽宁大学出版社。

夏征农编，2003，《大辞海·语言学卷》，上海辞书出版社。

阎景翰等主编，2002，《写作艺术大辞典》（修订本），陕西人民出版社。

《中国大百科全书》总编委会编，1994，《中国大百科全书》，中国大百科全书出版社。

——，2009，《中国大百科全书》（第 6 版），中国大百科全书出版社。

中国科学技术情报研究所、北京图书馆主编，1991，《汉语主题词表》（增订本），科学技术文献出版社。

中国社会科学院语言研究所词典编辑室，2012，《现代汉语词典》（第 6 版），商务印书馆。

Merriam-Webster Inc，1984，*Webster's Ninth New Collegiate Dictionary*，Berkley：University of California Press.

Oxford Dictionaries，2000，*Concise Oxford English Dictionary*，Oxford University Press.

——，2001，*The New Oxford Dictionary Of English*，Oxford University Press.

R. R. K. Hartmann and F. C. Stork，1973，*Dictionary of Language and Linguistics*，London：Applied Science Publishers LTD.

标准类

《GB 6447—86：文摘编写规则》，1986，中国标准出版社。

《GB 7713—87：科学技术报告、学位论文和学术论文的编写格式》，1987，中国标准出版社。

《GB/T 3179—92：科学技术期刊编排格式》，1992，中国标准出版社。

《GB/T 3860—2009：文献叙词标引规则》，2009，中国标准出版社。

《CAJ-CD B/T 1—1998：中国学术期刊（光盘版）检索与评价数据规范》，1999，中国学术期刊（光盘版）编辑委员会。

《关于在学术论文中规范关键词选择的决定（试行）》，2002，中国科协学会学术部。

《中国高等学校社会科学学报编排规范》，2000，中华人民共和国教育部办公厅。

著作类

［英］安德鲁·埃德加，2009，《哈贝马斯：关键概念》，杨礼银、朱松峰译，江苏人民出版社。

［俄］巴赫金，1998，《对话、文本与人文》，白春仁、晓河等译，河北教育出版社。

［英］彼德·罗塞尔，1988，《大脑的功能与潜力》，付庆功、滕秋立编译，中国人民大学出版社。

毕强、杨达、刘甲学、宋绍成，2004，《超文本信息组织技术》，科学技术文献出版社。

蔡济永，2007，《文本解读与意义生成》，华中科技大学出版社。

蔡玮，2010，《新"新闻语体"研究》，学林出版社。

曹天生、张传明，2008，《本科生学士学位论文写作指南》，安徽人民出版社。

辞书研究编辑部编，1985，《词典和词典编纂的学问》，上海辞书出版社。

常晨光，2008，《功能语言学与语篇分析新论》，北京大学出版社。

常思敏，2008，《科技论文写作指南》，中国农业出版社。

常政，1985，《词典、百科词典和百科全书》，上海辞书出版社。

陈耳东、陈笑呐、陈英呐，2005，《佛教文化的关键词》，天津古籍出版社。

陈汝东，2001，《认知修辞学》，广东教育出版社。

陈思和，2002，《中国当代文学关键词十讲》，复旦大学出版社。

陈望道，2001，《修辞学发凡》，上海教育出版社。

陈耀盛主编，2004，《网络信息组织》，科学技术文献出版社。

程祥徽，2000，《语言风格学》，广西教育出版社。

［美］大卫·宁等，1998，《当代西方修辞学》，常昌富、顾宝桐译，中国社会科学出版社。

［法］蒂费纳·萨莫瓦约，2003，《互文性研究》，邵炜译，天津人民出版社。

丁建新，2007，《叙事的批评话语分析》，重庆大学出版社。

丁金国，2009，《语体风格分析纲要》，暨南大学出版社。

［瑞士］费尔迪南·德·索绪尔，1980，《普通语言学教程》，高明凯译，商务印书馆。

［荷］冯·戴伊克，1993，《话语·心理·社会》，施旭、冯冰译，中华书局出版社。

傅德岷、钱国纲，1991，《学术论文写作导论》，四川科技出版。

符淮青，1986，《词的释义》，北京出版社。

符淮青，1996，《词义的分析和描写》，语文出版社。

高宁远、蔡罕，2010，《新编现代新闻采访写作教程》，浙江大学出版社。

葛本仪，2006，《汉语词汇研究》，外语教学与研究出版社。

［英］韩礼德、哈桑，2007，《英语的衔接》（中译本），张德禄等译，外语教学与研究出版社。

韩少功，2009，《马桥词典》，作家出版社。

何家梁，1992，《科技文风与语言规范》，中国标准出版社。

何永康主编，2002，《写作学》，江苏古籍出版社。

何自然，1988，《语用学概论》，湖南教育出版社。

胡欣编著，2011，《写作学基础》（第 3 版），武汉大学出版社。

胡亚敏，2004，《叙事学》，华中师范大学出版社。

胡裕树，1995，《现代汉语（重订本）》，上海教育出版社。

胡壮麟，1989，《系统功能语法概论》，湖南教育出版社。

——，1994，《语篇的衔接与连贯》，上海外语教育出版社。

——，2000，《功能主义纵横谈》，外语教学与研究出版社。

黄国文，1987，《语篇分析概要》，湖南教育出版社。

——，2004，《语篇分析的理论与实践——广告语篇研究》，上海外语教育出版社。

黄国文、王宗炎，2002，《语篇与语言的功能》，外语教学与研究出版社。

黄海龙，2011，《唐朝的风情》，山西人民出版社。

黄建华，2001，《词典论》，上海辞书出版社。

贾彦德，1999，《汉语语义学》，北京大学出版社。

蒋永新等编著，1999，《现代科技信息检索与利用》，上海大学出版社。

金铠，2009，《语篇的词汇模式理论与实践》，西南交通大学出版社。

吉林科学技术情报研究所编，1976，《科技文献检索》，科学技术局。

［英］雷蒙·威廉斯，1991，《文化与社会》，吴松江、张文定译，北京大学出版社。

——，2005，《关键词：文化与社会的词汇》，刘建基译，生活·读书·新知三联书店。

黎千驹，2007，《模糊语义学导论》，社会科学文献出版社。

黎运汉，1990，《汉语风格探索》，商务印书馆。

黎运汉、盛永生，2009，《汉语语体修辞》，暨南大学出版社。

李国辉、汤大权、武德峰，2003，《织与检索》，科学出版社。

李向明，1982，《写作常识》，广播出版社。

李兴昌，1995，《论文的规范表达——写作与编辑》，清华大学出版社。

李元授、白丁，2001，《新闻语言学》，新华出版社。

李振麟，1978，《语言研究集》，复旦大学出版社。

廖炳惠，2006，《关键词200》，教育出版社。

廖秋忠，1992，《廖秋忠文集》，北京语言学院出版社。

廖艳君，2006，《新闻报道的语言学研究》，湖南大学出版社。

刘建明，2007，《新闻学概论》，中国传媒大学出版社。

刘明华、徐泓、张征，2002，《新闻写作教程》，中国人民大学出版社。

刘森林，2007，《语用策略》，社会科学文献出版社。

刘思，2006，《语用学与语篇学》，中国文史出版社。

刘苏君、谢贞，1996，《护理研究与论文写作》，北京医科大学与中国协和医科大学联合出版社。

刘延章主编，2007，《面向网络信息：数据库与搜索引擎》，西北工业大学出版社。

鲁迅，2003，《阿Q正传》，天津人民出版社。

路德庆主编，20001，《普通写作学教程》，商务印书馆。

罗式胜，1994，《文献计量学概论》，中山大学出版社。

［法］罗兰·巴特，2000，《S/Z》，屠友祥译，上海人民出版社。

［法］罗兰·巴尔特①，2008，《写作的零度》，李幼蒸译，中国人民大学出版社。

---

① 罗兰·巴尔特与罗兰·巴特为同一人，均指法国文学理论家 Roland Barthes，由于译者不同，译法也有所不同。笔者采用罗兰·巴特译法。

吕叔湘，1976，《现代汉语语法提纲》（油印本）。

——，1982，《中国文化要略》，商务印书馆。

［英］M. A. K. Halliday，2008，《功能语法导论》，外语教学与研究出版社。

马正平，2002，《高等写作学引论》，中国人民大学出版社。

［捷克］米兰·昆德拉，2003，《不能承受的生命之轻》，许钧译，上海译文出版社。

——，2004，《小说的艺术》，董强译，上海译文出版社。

［塞尔维亚］米洛拉德·帕维奇，1998，《哈扎尔辞典》，戴骢、南山、石枕川译，上海译文出版社。

苗壮，1998，《笔记小说史》，浙江古籍出版社。

倪晓建主编，1998，《信息加工研究》，北京图书馆出版社。

聂仁发，2009，《现代汉语语篇研究》，浙江大学出版社。

牛炳文、刘绍本主编，2004，《现代写作学新稿》，学苑出版社。

［英］诺曼·费尔克拉夫，2003，《话语与社会变迁》，殷晓蓉译，华夏出版社。

潘宇鹏，1989，《科技写作与规范》，西安交通大学出版社。

彭漪、柴同文，2010，《功能语篇分析研究》，外语教学与研究出版社。

钱敏汝，2001，《篇章语用学概论》，外语教学与研究出版社。

秦文华，2006，《翻译研究的互文性视角》，上海译文出版社。

邱均平，1988，《文献计量学》，科学技术文献出版社。

邱明正，1993，《审美心理学》，复旦大学出版社。

邱业祥，2009，《圣经关键词研究》，宗教文化出版社。

［美］屈承熹，2005，《汉语认知功能语法》，黑龙江人民出版社。

——，2006，《汉语语篇语法》，北京语言大学出版社。

［法］热拉尔·热奈特，1990，《叙事话语·新叙事话语》，王文融译，中国社会科学出版社。

——，2001，《热奈特论文集》，史忠义译，百花文艺出版社。

［英］萨伊德，2000，《语义学》，吴一安导读，外语教学与研究出版社。

［法］斯珀波、威尔逊，2008，《关联：交际与认知》，蒋严译，中国社会科学出版社。

司有和、蒋瑞松，1987，《大学写作教程》，武汉大学出版社。

邵飘萍，1989，《实际应用新闻学》，上海书店。

沈国芳编，1996，《当代实用写作学》，南京师范大学出版社。

沈开木，1996，《汉语话语语言学》，商务印书馆。

束定芳，2000，《现代语义学》，上海外语教育出版社。

——，2004，《语言的认知研究》，上海外语教育出版社。

——，2008，《认知语义学》，上海外语教育出版社。

宋均芬，2002，《汉语词汇学》，知识出版社。

苏宝荣，2000，《词义研究与辞书释义》，商务印书馆。

——，2008，《词汇学与辞书学研究》，商务印书馆。

孙汝建，2006，《修辞的社会心理分析》，上海外语教育出版社。

谭学纯、朱玲，2001，《广义修辞学》，安徽教育出版社。

谭学纯，2004，《修辞研究：走出技巧论》，安徽大学出版社。

田海龙，2009，《语篇研究：范畴、视角、方法》，上海外语教育出版社。

［荷兰］托伊恩·A. 梵·迪克①，2003，《作为话语的新闻》，曾庆香译，华夏出版社。

［法］托多罗夫，2008，《巴赫金对话理论及其他》，蒋子华、张萍译，百花文艺出版社。

［美］卫真道，2002，《篇章语言学》，徐赳赳译，中国社会科学出版社。

［美］W. C. 布斯，1987，《小说修辞学》，华明、胡晓苏、周宪译，北京大学出版社。

王德春、陈瑞端，2000，《语体学》，广西教育出版社。

王夫玉，2007，《农业科技论文写作》，东南大学出版社。

王瑾，2005，《互文性》，广西师范大学出版社。

王珏，2001，《现代汉语名词研究》，华东师范大学出版社。

---

① 托伊恩·A. 梵·迪克与冯·戴伊克为同一人，均指荷兰学者 Van Dijk，由于译者不同，译法也有所不同。笔者采用梵·迪克译法。

王寅，2007，《认知语言学》，上海外语教育出版社。

王岳庭、沈传龙，1992，《数学教学研究与论文写作》，杭州大学出版社。

王占馥，2003，《思维与语言运用》，广东教育出版社。

汪晖，1996，《旧影与新知》，辽宁教育出版社。

万书辉，2007，《文化文本的互文性书写：齐泽克对拉康理论的解释》，巴蜀书社。

翁瑞琪，1993，《软件工程师实用手册》，天津大学出版社。

伍铁平，1999，《模糊语言学》，上海外语教育出版社。

［日］西川直子，2001，《克里斯托娃——多元逻辑》，王青、陈虎译，河北教育出版社。

辛斌，2007，《辛斌语言学选论》，复旦大学出版社。

——，2007，《批评语言学：理论与运用》，上海外语教育出版社。

谢晖，2007，《新闻文本学》，中国传媒大学出版社。

谢天吉，1983，《科技情报检索课程教材第 1 篇：情报检索基础知识》，西安交通大学图书馆。

徐赳赳，2010，《现代汉语篇章语言学》，商务印书馆。

——，1995，《语义学》（修订本），语文出版社。

徐致光，1990，《实用医学写作》，陕西人民教育出版社。

徐志民，2008，《欧美语义学导论》，复旦大学出版社。

许力生，2006，《文体风格的现代透视》，浙江大学出版社。

杨安翔、赵锁龙主编，2004，《现代应用文写作教程》，东南大学出版社。

姚衍春、赵文智，1996，《论文写作基础》，中央党校出版社。

［美］约翰·费斯克等，2004，《关键概念：传播与文化研究辞典》，李彬译，新华出版社。

袁晖、宗廷虎，1995，《汉语修辞学史》（修订本），山西人民出版社。

袁晖、李熙宗，2005，《汉语语体概论》，商务印书馆。

袁晖，2000，《二十世纪的汉语修辞学》，书海出版社。

袁津生、李群、蔡岳，2008，《搜索引擎原理与实践》，北京邮电大学出版社。

　　［美］詹姆斯·费伦，2002，《作为修辞的叙事》，陈永国译，北京大学出版社。

　　张必隐，1992，《阅读心理学》，北京师范大学出版社。

　　张德禄，1998，《功能文体学》，山东教育出版社。

　　张德禄、刘汝山，2003，《语篇连贯与衔接理论的发展及应用》，上海外语教育出版社。

　　张德禄，2005，《语言的功能与文体》，高等教育出版社。

　　张弓，1963，《现代汉语修辞学》，天津人民出版社。

　　张积玉，1994，《社科期刊撰稿与编辑规范十二讲》，陕西师范大学出版社。

　　张举玺，2006，《实用新闻理论》，河南大学出版社。

　　张琪玉，1983，《情报检索语言》，武汉大学出版社。

　　——，1997，《情报语言学基础》，武汉大学出版社。

　　——，2004，《情报检索语言实用教程》，武汉大学出版社。

　　张志毅、张庆云，2007，《词汇语义学与词典编纂》，外语教学与研究出版社。

　　章宜华，2002，《语义学与词典释义》，上海辞书出版社。

　　章宜华、雍和明，2007，《当代词典学》，商务印书馆。

　　赵毅衡，2015，《符号学：原理与推演》，南京大学出版社。

　　郑贵友，2002，《汉语篇章语言学》，外文出版社。

　　郑明辰，2001，《政研论文的写作》，煤炭工业出版社。

　　郑远汉，2004，《修辞风格研究》，商务印书馆。

　　周荐，2004，《词汇学词典学研究》，商务印书馆。

　　周楷，2000，《美术专业毕业论文写作》，广西美术出版社。

　　周日安，2010，《名名组合的句法语义研究》，中国社会科学出版社。

　　朱德熙，1982，《语法讲义》，商务印书馆。

　　朱礼生、朱江，1997，《论文写作与答辩》，江西高校出版社。

　　朱行能、张益梅、孙霞秋，1993，《经济论文写作教程》，纺织工业出版社。

朱永生，1993，《语言·语篇·语境》，清华大学出版社。

——，2004，《功能语言学导论》，上海外语教育出版社。

——，2005，《语境动态研究》，北京大学出版社。

祝克懿，2007，《新闻语体探索——兼论语言结构问题》，海风出版社。

Bakhtin，M. M，1981，*The Dialogic Imagination*：*Four Essays*，trans. C. Emerson and MHolquist，Austin TX：University of Texas Press.

Barthes，R.，1979，*From Work to Text*，*Excerpts*，V. Harari ，ed.，*Textual Strategies*：*Perspectives in Post - structuralists Criticism*，London：Methuen & Ltd.

Beaugrande，R. and W. Dressler，1981，*Introduction to Text Linguistics*，London and New York：Longman.

FaircloufhNarman，1995，*Critical Discourse Analysis*：*The Critical Study of Language* ，London：Longman.

Graham Allen，2000，*Intertextuality*，London and New York：Routledge.

HallidayandHasan，1985，*Language Context and Text*：*Aspect of Language in a Social—Semiotic Perspective*，Victoria：Deakin University.

Kristeva，Julia .1984，*Revolution in Poetic Language*，trans. Margaret Waller ，New York：Columbia University Press.

Kristeva，Julia and Troil Moi eds，1986，*The Kristeva Reader*，New York：Columbia University Press.

Matim，B. and Mason，1990，*Discourse and the Translator*，London and New York：Longman.

VanDijk，T. A.，1977，*Text and Context*：*Explorations in the Pragmatics of Discourse*，London：Longman.

论文类

包敏，2011，《〈马桥词典〉与〈哈扎尔辞典〉比较研究》，硕士学位论文，延边大学。

薄守生，2012，《〈中国现代语言学史散步〉：关键词写法的中国语言学思想史之开篇》，《语文知识》2012 年第 2 期。

［美］布莱德雷·温特顿，2004，《当词语超于含义之时》，崔婷译，《当代作家评论》2004 年第 4 期。

陈道谆，2011，《"词汇"里的人生——从现代语言学视角解读韩少功的〈马桥词典〉》，《名作欣赏》2011 年第 13 期。

陈光祚，1987，《数值数据库及其情报服务》，《武汉大学学报》（社会科学版）1987 年第 4 期。

陈平，1987，《话语分析说略》，《语言教学与研究》1987 年第 3 期。

陈平原，2008a，《学术史视野中的"关键词"（上）》，《读书》2008 年第 4 期。

——，2008b，《学术史视野中的"关键词"（下）》，《读书》2008 年第 5 期。

陈思和，1997，《〈马桥词典〉：中国当代文学的世界性因素之一例》，《当代作家评论》1997 年第 2 期。

陈燕侠，2011，《网络热词的时代心理和精神特征》，《新闻爱好者》2011 年第 11 期。

成军、文旭，2009，《词项的概念指向性——陈述与指称的语义理论》，《外语教学与研究》2009 年第 6 期。

程锡麟，1996，《互文性理论概述》，《外国文学》1996 年第 1 期。

——，2002，《叙事理论概述》，《外语研究》2002 年第 3 期。

——，2007，《叙事理论的空间转向——叙事空间理论概述》，《江西社会科学》2007 年第 11 期。

储丹丹，2010，《文史类学术论文摘要语篇的互文分析》，硕士学位论文，复旦大学。

崔蓬克，2012，《当代汉语流行语概念的再界定》，《当代修辞学》2012 年第 2 期。

戴炜华，2000，《语篇分析中的篇际分析和语言分析》，《外国语》2000 年第 1 期。

戴耀晶，1999，《语境在言语交际中的解释功能》，《吉安师专学报》（哲学社会科学版）1999 年第 8 期。

邓隽，2011，《解读性新闻中的互文关系——兼论互文概念的语言学化》,《当代修辞学》2011 年第 5 期。

丁春,2004,《关键词标引的若干问题探讨》,《编辑学报》2004 年第 2 期。

丁加勇,2004,《论流行语语义的不确定性及其发展前景》,《华中科技大学学报》(社会科学版) 2004 年第 4 期。

董毅士,1999,《农业期刊学术论文关键词标引刍议》,《情报学报》1999 年第 s1 期。

杜金榜,2008,《试论语篇分析的理论与方法》,《外语学刊》2008 年第 1 期。

范颖,2005,《论互文结构与互文建构》,《中国文学研究》2005 年第 3 期。

冯惠玲、李宪,1989,《中国档案分类法的理论与使用方法》,《山西档案》1989 年第 3 期。

甘莅豪,2006,《中西互文概念的理论渊源与整合》,《修辞学习》2006 年第 5 期。

高航,2010,《参照点结构中名词化的认知语法解释》,《汉语学习》2010 年第 3 期。

高山,2006,《虚构与还原:〈马桥词典〉的文体动机与叙事策略》,《当代评论》2006 年第 11 期。

郜元宝,1997,《超越修辞学——我看〈马桥词典〉》,《小说评论》1997 年第 1 期。

龚自振,2006,《试论中文搜索引擎之关键词检索》,《河南图书馆学刊》2006 年第 3 期。

管雪,2011,《网络流行词的演变:新词——热词——词媒体》,《新闻世界》2011 年第 9 期。

郭锐,2000,《表述功能的转化和"的"字的作用》,《当代语言学》2000 年第 1 期。

韩敬体,1993,《论〈现代汉语词典〉释义的一般原则》,《辞书研究》1993 年第 5 期。

浩洁,2011,《词典体:延展更大的信息空间——以韩少功的〈马桥词典〉为例》,《太原大学教育学院学报》2011 年第 4 期。

洪子诚、孟繁华，2002，《期许与限度——关于"中国当代文学关键词"的几点说明》，《南方文坛》2002 年第 3 期。

胡培安，2012，《流行语的语言学界定及特征》，《华侨大学学报》（哲学社会科学版）2012 年第 1 期。

胡裕树、范晓，1994，《动词形容词的"名物化"和"名词化"》，《中国语文》1994 年第 2 期。

黄国文，2006，《语篇分析与话语分析》，《外语与外语教学》2006 年第 10 期。

黄国营，1982，《"的"字的句法、语义功能》，《语言研究》1982 年第 1 期。

黄璐，2011，《中西学术视阈中的雷蒙·威廉斯研究》，《江西师范大学学报》（哲学社会科学版）2011 年第 6 期。

黄擎，2011a，《论雷蒙·威廉斯"关键词批评"的反辞书性》，《江西社会科学》2011 年第 1 期。

——，2011b，《雷蒙·威廉斯与"关键词批评"的生成》，《外国文学研究》2011 年第 4 期。

——，2011c，《文学研究中的"关键词批评"现象及反思》，《浙江大学学报》（人文社会科学版）2011 年第 41 期。

——，2012，《当代文学研究中的"关键词写作"现象》，《山东师范法学学报》（人文社会科学版）2012 年第 4 期。

黄振定，2005，《结构主义的翻译创造性与主体性》，《中国翻译》2005 年第 1 期。

黄忠顺，2003，《笔记小说的发扬与小说观念的归根——论〈马桥词典〉的文体》，《荆州师范学院学报》（社会科学版）2003 年第 4 期。

江舟群，2005，《学术论文关键词不"关键"现象分析》，《浙江工商大学学报》2005 年第 4 期。

姜洪伟，2001，《〈马桥词典〉的文体实验》，硕士学位论文，苏州大学。

蒋严，2002，《论语用推理的逻辑属性——形式语用学初探》，《上海外国语大学学报》2002 年第 3 期。

孔令达，1992，《"名$_1$+的+名$_2$"结构中心名词省略的语义规则》，

《安徽师大学报》1992 年第 1 期。

赖茂生，1985，《新的情报技术之二——电视信息检索系统》，《大学图书馆通讯》1985 年第 2 期。

［奥地利］雷纳·温特，2009，《雷蒙·威廉斯的著作及其对当今批评理论之意义》，王行坤译，张瑞卿校，《首都师范大学学报》（社会科学版）2009 年第 5 期。

黎锦熙、刘世儒，1957，《汉语语法的科学体系和学科体系》，《北京师范大学学报》1957 年第 2 期。

——，1962，《语法术语通释》，《北京师范大学学报》1962 年第 4 期。

李建红，2006，《从互文性角度看文章标题的翻译》，《外国语言文学》2006 年第 2 期。

李蕾，2002，《散点透视的对抗策略——评〈马桥词典〉的词典叙述方式》，《延边大学学报（社会科学版）》2002 年第 2 期。

李妙晴，2007，《互文分类与翻译》，《中山大学学报论丛》2007 年第 12 期。

李明，2003，《文本间的对话与互涉——浅谈互文性与翻译之关系》，《广东外语外贸大学学报》2003 年第 6 期。

李明洁，2009，《从语录流行语到词语流行语》，《修辞学习》2009 年第 3 期。

——，2011，《流行语的符号本质及其意指结构》，《语言文字应用》2011 年第 4 期。

——，2012，《流行语的概念梳理与符号学的新观察》，《符号与传媒》2012 年第 1 期。

李曙光、辛斌，2007，《巴赫金的超语言学理论与交际能力的培养》，《淮阴工学院学报》2007 年第 2 期。

李曙光，2009，《语篇分析中的互文性与对话性》，《外语与外语教学》2009 年第 12 期。

李熙宗、霍四通，2001，《语体范畴化的层次和基本层次》，《修辞学习》2001 年第 3 期。

李熙宗，2004，《关于语体的定义问题》，《烟台大学学报》（哲学社会科学版）2004 年第 4 期。

李小虎，2001，《标注关键词的逻辑要求》，《山东师大学报》（人文社会科学版）2001 年第 5 期。

李玉平，2004，《"影响"研究与"互文性"之比较》，《外国文学研究》2004 年第 2 期。

——，2006，《互文性新论》，《南开学报》（哲学社会科学版）2006 年第 3 期。

廖秋忠，1986，《汉语篇章中的连接成分》，《中国语文》。

林华红，2009，《〈马桥词典〉的修辞世界》，硕士学位论文，福建师范大学。

蔺璜，2005，《定语位置上名词的句法表现及其语义特征》，《山西大学学报》2005 年第 2 期。

刘春涌、刘艳玲，1999，《学术论文关键词的重要性和标引规则》《新疆教育学院学报》1999 年 S1 期。

刘大为，1992，《语义蕴涵于修饰性成分的移动》，《世界汉语教学》1992 年第 1 期。

——，1995a，《流行语与流行文化（上）》，《中文自学指导》1995 年第 2 期。

——，1995b，《流行语与流行文化（下）》，《中文自学指导》1995 年第 3 期。

刘海燕，1998，《词典体小说的编纂与阅读方式》，《中州大学学报》1998 年第 4 期。

刘萍，2004，《图书馆检索系统利用关键词检索的必要性》，《图书馆学研究》2004 年第 2 期。

刘坛茹，2010，《关键词研究在中国当代文艺理论建构中的价值》，《济南大学学报》（社会科学版）2010 年第 4 期。

娄开阳、徐起赳，2012，《新闻语体中连续报道的互文分析》，《当代修辞学》2012 年第 3 期。

娄琦，2004，《语篇的解读与互文性》，《牡丹江师范学院学报》（哲学社会科学版）2004 年第 1 期。

陆艾五、潘建农，1998，《对科技论文依据〈汉语主题词表〉标引关键词问题的思考》，《编辑学报》1998 年第 3 期。

陆丙甫，1981，《动词名词兼类问题——也谈汉语词典标注词性》，《辞书研究》1981 年第 1 期。

陆俭明，2003，《对"NP+的+VP"结构的重新认识》，《中国语文》2003 年第 5 期。

陆扬，2010，《文化与文化研究》，《文化艺术研究》2010 年第 3 期。

罗婷，2001，《论克里斯多娃的互文性理论》，《国外文学》2001 年第 4 期。

吕兆格，2010，《新词——热词——流行词》，《语文知识》2010 年第 3 期。

盲童，1997，《〈马桥词典〉的独创性（〈马桥词典〉与〈哈扎尔辞典〉之比较）》，《书屋》1997 年第 3 期。

毛浩然、徐赳赳，2010，《单一媒体与多元媒体话语互文分析——以"邓玉娇事件"新闻标题为例》，《当代修辞学》2010 年第 5 期。

孟庆湖，1992，《灰色聚类分析在期刊开发利用评价方面的应用》，《情报理论与实践》1992 年第 1 期。

闵云童，2007，《文本的影响与对话——当代互文理论的理论层次分析》，载《兰州学刊》2007 年第 7 期。

墨哲兰、陈家琪、张三夕、萌萌、鲁枢元，1996，《〈马桥词典〉的语言世界》，《当代作家评论》1996 年第 5 期。

南帆，1996，《〈马桥词典〉：敞开和囚禁》，《当代作家评论》1996 年第 5 期。

欧阳绵，1990，《模糊（Fuzzy）情报检索智能系统初探》，《中国系统工程学会模糊数学与模糊系统委员会第五届年会论文选集》1990 年 8 月。

彭可君，1992，《关于陈述和指称》，《汉语学习》1992 年第 2 期。

秦海鹰，2004a，《人与文，话语与文本——克里斯特瓦互文性理论与巴赫金对话理论的联系与区别》，《欧美文学论丛》第 3 辑。

——，2004b，《互文性理论的缘起与流变》，《外国文学评论》2004 年第 3 期。

——，2006，《克里斯特瓦的互文性概念的基本含义及具体应用》，《法国研究》2006 年第 4 期。

——，2008a，《罗兰·巴尔特的互文观》，《法国研究》2008 年第 1 期。

——，2008b，《从结构分析到文本分析——追寻罗兰·巴尔特批评方法的演变轨迹》，《文化与诗学》2008 年第 2 期。

秦文华，2005，《翻译主体定位的互文性诠释——由 "话在说我" 引发的思考》，《解放军外国语学院学报》2005 年第 4 期。

秦秀白，1997，《 "体裁分析" 概说》，《外国语》1997 年第 6 期。

冉永平，1997，《话语分析的语用学基础》，《外语与外语教学》1997 年第 1 期。

单正平，2004，《中国语境中的文本分析——兼论一种新的批评倾向》，《郑州大学学报》（哲学社会科学版）2004 年第 5 期。

邵永强，2003，《学术论文中的关键词及其选取方法》，《现代情报》2003 年第 11 期。

沈传尧，2000，《学术论文中的关键词及其选取方法刍议》，《图书馆杂志》2000 年第 8 期。

沈家煊，2012，《 "名动词" 的反思：问题和对策》，《世界汉语教学》2012 年第 1 期。

石定栩，2005，《动词的 "指称" 功能和 "表述" 功能》，《汉语学习》2005 年第 4 期。

孙圣薇，1987，《对我国检索类刊物的评价与建议》，《江苏图书馆学报》1987 年第 1 期。

汤建民、徐炎章，2006，《学术论文的互文性及思考》，《自然辩证法研究》2006 年第 9 期。

涂艳丽，2005，《互文性在解释语篇连贯中的作用——以 "Some Day My Prince Will Crawl" 为例》，《武汉科技学院学报》2005 年第 9 期。

王宏鑫、邱均平，2000，《21 世纪文献计量学的发展趋势》，《高校图书馆工作》2000 年第 4 期。

王洪岳，2004，《元叙事与互文性》，《郑州轻工业学院学报》（哲学社会科学版）2004年第4期。

王蒙，1997，《道是词典还小说》，《读书》1997年第1期。

韦唯，2012，《2009至2011年网络流行语的特征及其语用问题》，《英语广场》2012年第7期。

［韩］文贞惠，1998，《表属性范畴的"N₁（的）N₂"结构的语义分析》，《世界汉语教学》1998年第1期。

［韩］文贞惠，1999，《"N₁（的）N₂"偏正结构中N₁与N₂之间语义关系的鉴定》，《语文研究》1999年第3期。

吴建中、张琪玉，1996，《情报检索语言的发展趋势——关于图书馆未来的对话之九》，《图书馆杂志》1996年第4期。

夏旭初，1992，《论技术开发中的情报保障及情报方略》，《现代情报》1992年第1期。

夏中华，2010，《关于流行语流行的基本理据的探讨——基于近三十年汉语流行语的考察与分析》，《语言文字应用》2010年第2期。

——，2012，《关于流行语性质问题的思考》，《语言文字应用》2012年第1期。

项晓敏，2004，《对巴尔特零度写作理论的再读解》，《复旦学报》（社会科学版）2004年第4期。

辛斌，1998，《新闻语篇转述引语的批评性分析》，《外语教学与研究》1998年第2期。

——，1999，《语篇的对话分析初探》，《外国语》1999年第5期。

——，2000，《语篇互文性的语用分析》，《外语研究》2000年第3期。

——，2006，《互文性：非稳定意义和稳定意义》，《南京师范大学学报》2006年第3期。

——，2007，《转述言语与新闻语篇的对话性》，《外国语》2007年第4期。

——，2008，《语篇研究中的互文性分析》，《外语与外语教学》2008年第1期。

辛斌、赖彦，2010，《语篇互文性分析的理论与方法》，《当代修辞学》2010年第3期。

熊锡源，2005，《互文性概念在翻译研究中的应用》，《文化批评与翻译研究》，外文出版社 2005 年版。

徐赳赳，1996，《篇章中的段落分析》，《中国语文》1996 年第 2 期。

——，2005，《van Dijk 的话语观》，《外语教学与研究》2005 年第 9 期。

徐赳赳、张丽娟，2010，《文章缩写的互文分析》，《语言科学》2010 年第 3 期。

徐烈炯，1989，《结构层次的心理基础》，《汉字文化》1989 年第 z1 期。

徐玉臣，2009，《名词化的生成机制、类型及功能的新视界》，《外语教学理论与实践》2009 年第 2 期。

徐仲佳，2012，《论〈马桥词典〉的"思想"与叙事之裂痕》，《中国现代文学研究丛刊》2012 年第 6 期。

杨廷郊，1980，《机编关键词文摘索引的形态及特征》，《中国科学院第一次图书馆情报学科学讨论会论文集》（下），中国科学院图书馆。

杨祖希，1985，《辞书类型和辞书学的结构体系》，《词典和词典编纂的学问》，上海辞书出版社。

姚振武，1996，《汉语谓词性成分名词化的原因及规律》，《中国语文》1996 年第 1 期。

［英］伊格尔顿，1998，《纵论雷蒙德·威廉斯》，王尔勃译，转引自刘纲纪主编《马克思主义美学研究》（第 2 辑），广西师范大学出版社。

张均、韩少功，2004，《用语言挑战语言——韩少功访谈录》，《小说评论》2004 年第 6 期。

张琪玉，1993，《汉语关键词法探讨》，《图书馆论坛》1993 年第 1 期。

——，1998a，《汉语题内关键词索引的一种编制方法》，《图书馆理论与实践》1998 年第 1 期。

——，1998b，《汉语题内关键词索引的另一种编制方法》，《图书馆理论与实践》1998 年第 4 期。

──，1999，《汉语题内关键词索引的第三种编制方法》，《图书馆杂志》1999 年第 11 期。

──，2001a，《网络信息检索工具增强关键词检索功能的措施》，《图书馆杂志》2001 年第 1 期。

──，2001b，《网络信息检索用语言的发展趋势》，《图书馆杂志》2001 年第 3 期。

──，2004，《关于自然语言检索问题》，《图书馆论坛》2004 年第 6 期。

张三夕，1996，《转向"语词"的小说──评韩少功新著〈马桥词典〉》，《新东方》1996 年第 4 期。

张新杰、邱天河，2009，《语篇连贯研究综述》，《外语与外语教学》2009 年第 10 期。

张新颖，1996，《〈马桥词典〉随笔》，《当代作家评论》1996 年第 5 期。

赵国新，2011，《西方文论关键词──雷蒙·威廉斯》，《外国文学》2011 年第 3 期。

赵宪章，2002，《词典体小说形式分析》，《南京大学学报》（哲学·人文科学·社会科学）2002 年第 3 期。

郑庆君，2007，《"互文"型手机短信及其语篇特征探析》，《语言教学与研究》2007 年第 5 期。

朱德熙，1961，《关于动词形容词的"名物化"的问题》，《北京大学学报》1961 年第 4 期。

［法］朱莉娅·克里斯蒂娃，2012，《词语、对话和小说》，祝克懿、宋姝锦译，黄蓓校，《当代修辞学》2012 年第 4 期。

朱玲，2009，《〈马桥词典〉的修辞世界》，硕士学位论文，福建师范大学。

朱姝，2003，《如何写好学术论文的摘要和关键词》，《黑河科技》2003 年第 3 期。

朱水涌，2004，《关键词、话语分析与学术方法》，《当代作家评论》2004 年第 2 期。

朱永生，2006，《名词化、动词化与语法隐喻》，《外语教学与研

究》2006 年第 2 期、

祝克懿，2000，《文体与语体关系的思考》，《修辞学习》2000 年第 3 期。

——，2005a，《新闻语体的交融功能》，《复旦学报》（社会科学版）2005 年第 3 期。

——，2005b，《"作为话语的新闻" VS "News as discourse"？》，《修辞学习》2005 年第 5 期。

——，2009，《超文本的语篇功能与发展空间构想》，《修辞学论文集》（12），黑龙江人民出版社。

——，2010a，《20 世纪社会政治关键词"革命"的互文语义考论》，《福建师范大学学报》2010 年第 2 期。

——，2010b，《互文：语篇研究的新论域》，《当代修辞学》2010 年第 5 期。

——，2011，《元语篇与文学评论语篇的互动关系研究》，《当代修辞学》2011 年第 3 期。

——，2012，《克里斯蒂娃与互文语篇理论》，《中国社会科学报》2012 年第 10 期。

［法］兹维坦·托多洛夫，1989，《文学作品分析》，黄晓敏译，张寅德编选《叙述学研究》，中国社会科学出版社。

后　记

　　还记得 2008 年 3 月，在一个雨后爽朗的初春周末，我怀着一颗无比忐忑而又无比欣喜的心情，第一次走进了复旦大学的校门。那一刻，注定将永远定格在我的记忆的深处，终身不将忘怀！

　　也是从那一刻起，我成了一位复旦人，融入到了复旦这个大家庭中。在求学的五年中，时时刻刻不敢忘记自己身上这份荣耀与责任，以此激励我在生活中、在学习中、在科研中不断地进取与拼搏。再过不久就要离开这座神圣的殿堂了，但是她五年来赋予我的精神与意志，将永远陪伴着我的成长！

　　五年来的复旦生活，有欢喜，有幸福，也有辛苦。

　　最欢喜的是能够在复旦这座学术殿堂里浸润五载，受益匪浅。这五年来，复旦为我提供了最广阔的学术空间与科研沃土，使我从初进校园的新学小生，成长为了一名合格的科学研究人员。在这里，有德才兼备的师长对我循循善诱，润物无声；在这里，有诲人不倦的名家学者为我们演讲说道，字字珠玑；在这里，有勤奋刻苦的同学与我一起春诵夏弦，力学不倦。访名师，听名家，思己过，悟真言。五年的复旦生活，不仅提高了自己的科研能力，而且培养了我认真负责的态度和一丝不苟的精神，这是我终身受益不尽的！

　　最幸福的是，在复旦，我遇到了人生中第二位母亲——我的导师祝克懿先生！祝老师在这五年来，如慈爱的母亲悉心呵护自己年幼的女儿一般给予了我无尽的关怀与照顾。她不仅在学业上是我的指路明灯，在生活上、在精神上，她都无私地奉献她的一切。每一次遇到困难，每一次遇到问题，每一次收获喜悦，祝老师都在身边陪我一起解决和分享！

所以说，在复旦的五年里，最幸福的就是遇到了祝妈妈！

　　还有就是结识了一群不离不弃、永远都会陪在我身边的挚友，以及亲如姐妹的同门师姐、师妹。无论我身处何种境地，她们总是第一时间来到我身边，给予我莫大的帮助与关爱，让我这个漂泊在异乡的人儿不再孤单与寂寞。

　　而最辛苦的莫过于撰写博士毕业论文了。想当初，每天起早贪黑地待在图书馆里，风雨不改，遇到个什么重要考试，更是要早早地去图书馆占位子。常常是抬起沉痛的颈椎，太阳已从东山走到了西山。俗话说的"冬练三九，夏练三伏"，在写论文的过程中算是尝了个淋漓尽致。冬天北风呼啸、雨雪飘零；夏日烈日炎炎、暴雨如注，都不能改变写论文的这条路，这份心。那份毅力与坚持，现在想来还不敢相信那是自己。而每天连出门吃个饭，和同学之间聊的话题都是论文、论文、论文！每次说不要谈论文了，可是不知不觉又会回到了这个话题上。每天的喜怒哀乐都紧紧联系着论文的进展情况。多少次因为一个灵光乍现，可以起床披衣，挑灯夜战；多少次因为一个瓶颈滞碍，可以茶饭不思，彻夜难眠！每天行走在图书馆与寝室之间的不再是一个血肉饱满的人，而是一个只剩下躯体与论文的毕业生！其实经历过这个阶段的人都知道，这番辛苦是要从身体上剥三层皮，而精神上却是无比的满足与不知疲倦的。写作的时候，内心是焦虑的，却是异常平静的，仿佛纷扰的尘世间除了我与论文，其他都已不复存在，有时，甚至是"我"都已化入到论文当中，不知今夕何夕了……想来，这份内心的平静，今后是不可得的了。

　　"宝剑锋从磨砺出，梅花香自苦寒来。""不经一番寒彻骨，哪得梅花扑鼻香？"从未如此深刻地体会这两句话的含义，如今，算是刻骨铭心了！

　　五年时间，说长不长，说短也不短，但总如流水般匆匆而过。这本书，是五年求学科研生涯的一份报告，不枉费这五年的青春；也是之后这么多年继续科研工作的始端，不辜负这五年的积淀。

　　在最后，我想再一次感谢这么多年曾经帮助过我的所有师长、同学与朋友。希望在以后的人生道路上，我们仍然能够继续并肩前行！